Sebastian Karnatz · Uta Piereth
Alexander Wiesneth

»umb die vest prunn«

Geschichte, Baugeschichte
und der Prunner Codex

Mit einem Beitrag
von Susanne Raffler

Bayerische Schlösserverwaltung:
Forschungen zur Kunst- und Kulturgeschichte
Band XI

Sebastian Karnatz · Uta Piereth
Alexander Wiesneth

»umb die vest prunn«

Geschichte, Baugeschichte
und der Prunner Codex

Mit einem Beitrag
von Susanne Raffler

Bayerische
Schlösserverwaltung

INHALTSVERZEICHNIS

Nordfassade von Burg Prunn mit teilweise aufziehbarer Holzbrücke

Prunn, auf einem Felsen hoch über der Altmühl gelegen, ist eine Burg mit allem, was dazugehört: spektakuläre Lage, Bergfried, Mauer, Torbau, Graben, Wohnbau und Wappen. Sie ist auch der Ort, an dem eine der ältesten Handschriften des Nibelungenlieds gefunden wurde, der sogenannte Prunner Codex. Nach der aufwendigen Restaurierung des Dachstuhls, die 2010 abgeschlossen werden konnte, erfahren jetzt auch die Räume dieser Ritterburg eine wunderbare Aufwertung. So wird sich eine Dauerausstellung mit der Burg und ihren Besitzern auseinandersetzen und außerdem den wertvollen Handschriftenfund in den Blickpunkt stellen. Neben dieser inhaltlichen Neuausrichtung ist es der Bayerischen Schlösserverwaltung gelungen, den prächtigen Palas der mittelalterlichen Anlage der Öffentlichkeit wieder zugänglich zu machen.

Dieser Dreiklang von Geschichte, Architektur und Literatur prägt die Beiträge in diesem Band, der erstmals die Entwicklung der Burg aus unterschiedlichsten Blickwinkeln bespricht. Hier spiegeln sich auch die Organisation und das Leitbild der Bayerischen Schlösserverwaltung wider: Baugeschichte, Besitzergeschichte, Kunstgeschichte und Objektrestaurierung greifen ineinander. Aus der intensiven Zusammenarbeit entstehen neue Erkenntnisse, die sowohl die Wissenschaft als auch die Ausstellungsbesucher bereichern werden.

Ich bin mir sicher, dass die Ergebnisse der Untersuchungen nicht nur für die regionale Forschung von besonderer Bedeutung sein werden. Sie zeigen, wie vielfältig die Kulturlandschaft Bayerns auch außerhalb der vermeintlichen Zentren ist, und bestärken die Schlösserverwaltung in ihrer Auffassung, neben den großen, besucherintensiven Objekten gerade auch die kleinen Objekte zu pflegen und in den Fokus der Öffentlichkeit zu rücken.

Befördert wurde die Arbeit der Schlösserverwaltung durch den vielfachen Zuspruch der Fachkollegen aus Bibliotheken, Archiven und Universitäten, der schließlich im Zuge der Vorbereitungen der Ausstellungseröffnung auch zu einem wissenschaftlichen Kolloquium auf der Burg Prunn führte. Die Ergebnisse dieser Veranstaltung haben die Beiträge in diesem Band angeregt. Zu danken haben wir der Stiftung Vera und Volker Doppelfeld für Wissenschaft und Kultur für die personelle Unterstützung der wissenschaftlichen Erforschung der Burg, der Bayerischen Volksstiftung/Bayerische Einigung e. V. für die Finanzierung des Kolloquiums, der Bayerischen Staatsbibliothek München für die Möglichkeit zur intensiven Erforschung des Codex und nicht zuletzt für die Ausleihe der Handschrift an den Ort ihrer Auffindung. Großer Dank für die Unterstützung der Forschungen gebührt auch dem Bayerischen Hauptstaatsarchiv, den Staatsarchiven Amberg und München, dem Staatlichen Bauamt Landshut, dem Bayerischen Landesamt für Denkmalpflege, der Kommission für bayerische Landesgeschichte und den zahlreichen Ratgebern aus Museen, Universitäten und Privatarchiven. Sie alle haben dazu beigetragen, unseren Blick auf ein herausragendes Denkmal bayerischer Kulturgeschichte – auf die Burg Prunn – zu schärfen.

Bernd Schreiber
Präsident

Abb. 1 ▪ Burg Prunn von Westen gesehen

PRUNN UND SEINE BURGHERREN – EINE WECHSELVOLLE GESCHICHTE

Uta Piereth

Burg Prunn erfreut sich als Sehenswürdigkeit zahlreicher Kurzdarstellungen in der Burgen- oder Reiseliteratur. Die Geschichte der Burgbesitzer jedoch wurde bislang wissenschaftlich kaum oder nur sehr knapp und oft ohne fundierte Quellengrundlage behandelt, wie im Folgenden deutlich wird. Im Zusammenhang mit den Vorarbeiten zur musealen Neupräsentation von Burg Prunn trat nun klar zutage, dass der landeshistorische Rang und die durchaus auch darüber hinausreichende Bedeutung der Besitzer eine kohärente Beschreibung und Aufwertung verdienen.[1] Dies soll hier als Ausgangspunkt für weitere Forschungen geschehen.

1. DIE PRUNN-LAABER – ERSTE HERRSCHER UND ERBAUER DER BURG

1.1 Name und Lage

Burg Prunn beeindruckt besonders durch ihre Lage auf dem 70 Meter hoch aufragenden Felssporn über der Altmühl. Ihr Name mag im Zusammenhang mit einer im Dorf sprudelnden Trinkwasserquelle stehen, die eine Ansiedelung attraktiv machte.[2] Im Laufe der Jahrhunderte ist stets auch von Forellenbächen und Fischteichen bei Prunn die Rede. Als Lebensgrundlage spielte dies eine beachtliche Rolle. Der Ort war zudem geschickt gewählt, da drei wichtige Altwege hier vorbeiführten: derjenige an der Altmühl entlang in Ost-West-Richtung, ein zweiter von Landshut zum Donauübergang von Irnsing über Laimerstadt zur Altmühlbrücke bei Prunn durch den Prunner Forst Richtung Hemau im Norden und schließlich eine dritte von Kipfenberg im Westen über die Höhen nach Regensburg führende Trasse.[3] Der Ort lag also auch in geostrategischer Hinsicht günstig für den Ausbau einer Herrschaft in Verbindung mit damaligen Macht- und Handelszentren.

Der Burgbau selbst geht, anders als eine alte Beschreibung ihn charakterisierte, nicht auf die Reste einer »Römerburg« zurück.[4] Gemeint war damit vor allem der mächtige Bergfried mit Buckelquadern. Den ließen allerdings erst um 1200 die Herren von Prunn hier errichten. Vielleicht verlagerten sie auch zu diesem Zeitpunkt ihren Sitz von der Tallage nach oben. Ganz im Stil der Zeit war ihre Burg damit zugleich Wehrbau, Sitz und weithin sichtbares Symbol ihrer Herrschaft.

1.2 Die Herren von Prunn-Laaber

Doch wer waren die ersten Herren von Prunn? In der Literatur zu Prunn galt bisher das Jahr 1037 als erste Erwähnung der Burg und ihrer Burgherren.[5] Tatsächlich findet sich in einer Geisenfelder Urkunde unter den hochadeligen Zeugen ein »Wernher von Prun«[6] und damit die früheste Nennung eines Prunner Herrn, allerdings nicht die einer Burg. In den nächs-

Abb. 2 ▪ Graf Babo von Abensberg mit seiner Familie,
Tafelgemälde, 15. Jh. (Herzogskasten Stadtmuseum Abensberg)

ten Jahren tauchen wiederholt – zumeist innerhalb altadeliger Zeugenreihen – Werinher und ein Berchtold von Prunn auf.[7] Damit fallen zwei Namen, die tatsächlich ab dem 12. Jahrhundert vielfach belegt sind, für die Prunner Herren. Berthold I. galt bisher im Allgemeinen als »Gründer« der Herrschaft von Prunn-Laaber-Breitenegg um 1080.[8] Obwohl eine direkte genealogische Herleitung nicht möglich ist, geht die Forschung davon aus, dass sie von Babo I. von Abensberg (976–1002) abstammten, jenem mächtigen und mit sagenhaften 40 Kindern gut in die Zukunft vernetzten Burggrafen von Regensburg, dessen Geschlecht im Donaugau und auch in der Region Riedenburg im Altmühltal ein Herrschaftszentrum hatte.[9] Die Familie hatte mehrere Linien. Diejenigen der Burggrafen von Regensburg und der Landgrafen von Stefling starben 1184/96 aus, die Breitenegger im ersten Drittel des 13. Jahrhunderts, die Lutzmannsteiner 1268. Die Linie der Prunn-Laaber hielt sich dagegen in einer benennbaren Sohnesfolge von Berthold I. bis zu Wernher V. von Prunn (1232–1247), dann trennte sich mit Wernher VI. bis Wernher VII. (1280–1292) die Prunner von der jüngeren Linie der Laaber von Hadamar II. (1275–1337) bis zu Hadamar VII., mit dem die Laaber 1475 ausstarben. Die Prunn-Laaber verfolgten politische Ziele wohl im Einvernehmen mit der Breitenegger Linie. Wernher VI. von Prunn hatte durch Heirat mit der Erbin dieses Familienzweigs 1275 schließlich auch die Herrschaft Breitenegg erworben und benannte sich danach. 1293 verkaufte sie allerdings sein Sohn Wernher VII. bereits wieder. Vetter Hadamar II. erwarb Breitenegg 1302 für die Laaber-Linie zurück,[10] und bis ins 15. Jahrhundert blieb Breitenegg in deren Besitz,[11] ab dem 14. Jahrhundert sogar mit dem Status der Reichsunmittelbarkeit.

1.3 Rang und Bedeutung

Die Prunn-Laaber waren damit ein altadeliges Geschlecht. Sie hatten nicht nur das Dynastensterben Bayerns in der ersten Hälfte des 13. Jahrhunderts überlebt, sondern sich sogar glänzend behauptet. Als mächtige Edelfreie stellten sie neben Geschlechtern wie den Abensbergern, Ortenburgern und Leuchtenbergern die Oberschicht des spätmittelalterlichen bayerischen Adels.[12] Sie versuchten, in gutem Verhältnis mit den emporstrebenden bayerischen

Herzögen aus dem Hause Wittelsbach eine selbstständige Landesherrschaft zu behaupten und auszubauen. Andererseits gehörten sie aber geradezu zum »Kern der familia des Herzogs«[13] und wirkten so am Ausbau und der Stabilisierung der wittelsbachischen Herrschaft in Bayern mit. Familienmitglieder nahmen ab dem 12. Jahrhundert bereits an zahlreichen Landtagen teil und begleiteten die Herzöge. Die Herren von Prunn-Laaber wurden immer häufiger als Schiedsleute, Schlichter und Unterhändler in herzoglichen Streitsachen eingesetzt. Persönlich enge Beziehungen unterhielten etwa Hadamar I. als Vertrauter und auch Hofmeister mit Ludwig II., vor allem aber die Generationen danach: Hadamar II., zeitweiliger Bürgermeister von Regensburg, und Hadamar III. (1316– um 1361) sowie der Verwandte Hainrich von Stein als Bischof von Regensburg (1340–1347) waren mit Ludwig IV., dem nachmaligen Kaiser Ludwig dem Bayer, sehr verbunden, als dessen treue Gefolgsleute sie an der Schlacht von Gammelsdorf und allen politisch wie finanziell schwierigen Situationen des Herzogs und Reichsoberhaupts beteiligt waren. Von ihm bekamen sie dafür unter anderem Jagdrechte in ganz Bayern verliehen und mehrere Herrschaften und Güter verpfändet.[14]

Ein Teil ihrer Selbstständigkeit lag aber auch in der Allianz mit Kaiser und Reich begründet, die sich manifestierte in der Teilnahme an Reichstagen und Kriegen.[15] Der Einfluss der Prunn-Laaber rührte zudem von ihren verantwortlichen Aufgaben im Rahmen kirch-

Abb. 3 ▪ Laaber, Ausschnitt aus einer Karte zum »Ambt und Gericht Hembawer« von Jörg Knod, Juli 1561, kol. Zeichnung (BayHStA, München, Plansammlung 3682)

lichen Besitzes her. Aus Bamberg empfingen sie bischöfliche Lehen wie Niederschambach oder die Güter um Sinzing, von Kloster Biburg das Lehen Espinlohe, an Kloster Pielenhofen und besonders am mächtigen Kloster Weltenburg hatten sie Vogteirechte – an Letzterem vielleicht schon ab 1217, gewiss aber mit Wernher von Prunn/Breitenegg ab 1261.[16]

1.4 Rechtsstatus

Auf dieser Basis und dank Besitz, der ihnen als freies Eigen[17] gehörte, waren die Herren von Prunn-Laaber vom 11. bis zum 13. Jahrhundert in einer Position, die sie vermutlich selbst zur Ausübung der hohen Straf- und Zivilgerichtsbarkeit berechtigte und damit zunächst dem »Zugriff des herzoglichen Justizapparates noch gänzlich«[18] entzog. Damit hätten sie auch die Rechtsprechung innegehabt in den Fällen von Diebstahl, Totschlag, Notzucht und Straßenraub inklusive dem Recht, die Todesstrafe zu verhängen sowie über Fragen von Grund und Boden zu entscheiden. Hoheitsrechtlich gehörte die Herrschaft der Prunn-Laaber damit zu den Enklaven im herzoglichen Bereich.

Eine Hofmark, wie Fischer und Schmid meinen,[19] war Prunn zu diesem frühen Zeitpunkt – zumindest im Sinn des Hofmarksgerichts – ziemlich sicher aber (noch) nicht. Die frühesten Verwendungsbelege für diesen Begriff im engeren Verständnis finden sich überhaupt nur sehr sporadisch vor dem 15. Jahrhundert und obendrein mit einer anderen inhaltlichen Füllung.[20] Später verstand man darunter etwas typisch Bayerisches: »Hofmarch … begreifft die Nidere Gericht / zu Latein ›iudisdictionem simplicem‹, ausser dass Malefitz«.[21] Gemeint war damit der Komplex von unmittelbar zu einem Adelssitz oder Kloster gehörigen Grundstücken, Gebäuden und Gütern mit allen daran haftenden Rechten, zu denen im weiteren Sinn dann auch die niedere Gerichtsbarkeit, Scharwerksleistungen, Steueranlage- und Einheberecht und militärisches Musterungswesen gehörte; allerdings unterstand die Hofmark im Bereich der Hochgerichtsbarkeit dem Landesherrn.[22]

1.5 Der Bau der Burg

Zur Bedeutung und zum Selbstverständnis der Herren von Prunn-Laaber passt es sehr gut, dass die Befunde als Bauzeit prominenter Teile der Burg die Jahre um 1200 nahelegen.[23] Bild- und Archivquellen mit Aussagekraft über die Burg selbst in dieser Periode sind keine bekannt, aber das Phänomen spricht für sich. Damals müssen die Herren von Prunn-Laaber aus den geschilderten historisch-politischen Gründen zu den Mächtigen in Bayern und der Region gerechnet werden. In der Blütezeit des Burgenbaus als einschlägiger Repräsentationsform des Adels war die Errichtung eines symbolträchtigen und auch funktionstüchtigen Herrschaftssitzes – weithin sichtbar, mit großem Bergfried – eine für sie naheliegende Beglaubigungsform von Herrschaft im frühen 13. Jahrhundert. Burgen sind auch lesbar als Stein gewordene Macht ihrer Bewohner, sie veranschaulichen deren politischen Einfluss, die militärische Stärke, den gesellschaftlichen Rang, Rechte und Pflichten[24]. Ähnliche Bauformen finden sich zum Beispiel in der Burg Laaber oder der benachbarten Randeck[25]. Auch die Wahl des Orts ist typisch für die Herren von Laaber, die ohnehin einen Sinn hatten für verkehrsgeographisch günstig gelegene Machtzentren.[26]

Abb. 4 ▪ Löwe vom
Donautor in Kelheim
mit Rautenwappen,
Ende 14. Jh., Kalkstein
(Archäologisches Museum
der Stadt Kelheim, 1758)

1.6 Die Region Kelheim um 1200

Die Epoche um 1200 war in der Region Kelheim eine außergewöhnlich wichtige: Herzog Ludwig I. (1173–1231) verlagerte den Schwerpunkt politischer Handlungen, Entscheidungen und Ereignisse von Regensburg nach Kelheim.[27] Deshalb – und weil er hier nicht nur gerne wohnte, sondern auch ermordet wurde – erhielt er auch den Zunamen »der Kelheimer«. Regensburg[28] war die alte Hauptstadt Bayerns gewesen. Es stellte lange den Schlüssel zur Herrschaft in Bayern dar. Allerdings entwickelten sich dort spätestens im Laufe des 12. Jahrhunderts bürgerliche, bischöfliche und königliche Interessen so stark, dass schon Herzog Heinrich der Löwe ab den 1160er-Jahren aus der Stadt abgedrängt wurde und die herzogliche Macht sich in Regensburg nicht behaupten konnte. Die handelsmächtige Stadt erlangte schließlich bis 1245 mit einer Reihe von Privilegien ihre Selbstständigkeit und wurde reichsfrei.

In Kelheim, ebenfalls im zentralen Donauraum gelegen, gab es damals bereits eine Pfalzgrafenburg, ein ummauertes, halbkreisförmiges Areal mit quadratischem Bergfried an der Donaubrücke, sowie frühe Siedlungsbereiche am Fuß des Michaelsbergs und beim heutigen Gmund. Seit etwa 1120 waren die Wittelsbacher hier die Pfalzgrafen; sie hatten schon sehr früh Ministerialen eingesetzt und konnten sich gegen konkurrierende Mächte am Ort behaupten. Auch Geschlechter wie die Abensberger hatten sie in ihrem treuen Gefolge, wodurch diese vermutlich an den Grafentitel gelangten.[29] Unter Ludwig I. wurde aus Burg und »forum« Kelheim eine veritable »civitas«. Sie ist damit eine der frühesten wittelsbachischen Städtegründungen.[30] Natürlich konnte es kein Äquivalent zu Regensburg sein, aber doch – zusammen mit anderen Städtegründungen in ähnlicher Distanz – einen kontrollierenden

Ich Wernher von Praiteneke der junge tun chont allen den die disen brief sehent oder horent lesen, daz ich min burch ze Brunne mit allem dem daz dar zu gehort leute edel und unedel, und gut, ze holtze ze dorfe und ze velden, besucht und unbesucht, daz min recht aigen ist gewesen, und da mich dz erlaubt minen herren hern Ludwigen dem durchleuchtigen ze Reine und hertzogen ze Baiern und sinen erben verchaufft han umb achzich phunt Regenspurger phenninge, der mich min herre gewert hat, und ze rehten aigen gegeben han und sol auch des selben gutes, und der selben leute sin und siner erben gewer sin, als recht ist, und unz min min aun [...] genant vater her Wernher von Praiteneke und min lieber swager Ulrich von dem Staine die dar umb mit mir gelobt habent unuschaidenlichen, waz auch under den selben leuten und gut lehen ist, daz han ich im auch verchaufft mit dem vorgenanten gut umb die selben phenninge, und sol im daz auf geben, daz von den herren von den ich ez ze lehn han und ain startigung tun der er und sin rat ze rat werdent. Er hat auch die selben burch ze Brunne mit allem dem daz dar zu gehort leute, und gute als ez da vor geschriben stet mir, und minem vorgenanten swager Ulrichen von dem Staine ze rehtem lehen her wider gelihen, ez si min aigen gewesen oder min lehen von andern herren mit sogetan bescheidenhait, daz wed ich noch min vorgenant swag noch wir baide mit einander noch unser erben die wir gewinnen der selben burge mit allem dem daz dar zu gehort leute, und gute als ez vor benant ist niht an sullen werden, wed mit chauffe noch mit verlihen noch mit deheinen andern sachen gegen niemen, wan mit des selben mines herren des hertzogen Ludwiges oder siner erben hant willen, und gunst, noch anders niht da mit tun, daz in oder sinen erben ze schaden mochte chomen. Ubergreiff sie aber ich daz ich min vorgenant swag oder wir baide mit einander oder unser erben sachtent sin wir baide oder unser erben gevallen an allem dem rehte daz wir oder unser erben von lehnschaft her an haben und sie uellet an widerrede an den vorgenanten minen herren den hertzogen Ludwigen oder an sin erben. Ist abe daz ich der selben leute oder gutes icht an werden ze durchschlechte oder anders, ich oder min vorgenant swager oder unser erben baider so suln wir gegen niemen anwerden wan gegen minem vorgenanten herren dem hertzogen Ludwigen oder sinen erben. Und sol uns der unsern erben er oder sin erben dar umb tun, swaz sechse bescheiden man die baidenthalben dar zu genomen werden haizzent, und zwischel dunket und suln auch wir die selbe nemen auf die zil als die selben sechse geschaiden. Sich hat auch min liebiu gwest chunigunt mines vorgenanten swagers hausfrawe durch allez des rehtes daz si von aigenschaft an den selben leuten und gut het und daz si dar auf nimmer mere deham ansprache ze nimmet, und daz du tadinch also stæt beliben han ich disen brief versigelt mit minem insigel und die vorgenanten Wernh von Praiteneke der alte und Ulrich von dem Staine min chont mit disem brief daz du vor geschriben tadinch und der gewer ist und unser rat willen und gunst geschehen sint und daz ich Wernher mit minem sun und ich Ulrich mit dem selben minem swager gelobt haben unuschaiden lichen unserm vorgenantem herren dem hertzogen Ludwigen daz wir sin und siner erben gewer sin der selben leute, und des selben gutes, als recht ist. Und dar zu bin ich Ulrich von dem Staine und auch min erben od ich erben gewinne gebunden, gehalten allez daz, daz da vor geschriben stet und zelev halten allez daz, da mich, und min erben dirre brief zu bindet. Und darumb ze einem offenen ur chunde und statichait haben wir die vorgenanten Wernh und Ulrich die brief mit unsern insigeln besigelt. Wir Wernher der alte und Wernher der junge von Praiteneke veriehen auch daz dirre brief unserm vordern brief da wir uns ze dienst und auch ze niht anwedern an gegen unserm vorgenantem herren dem hertzogen Ludwigen und gegen sinen erben ze iarn gebunden haben niht scha ette Ulrich der junge nu von dem vorgenanten unserm herren dem hertzogen Ludwigen ze lehn empfangen ha min erben da sin wir und unser erben min und gebunden als uns dirre brief vor bindet. Des sint gezeuch myns obristen schribers und mayn chunrat der ertzpriest von Esket sin schrib her Ebhart von den hove her hainrich von Sunderstain, her Ulrich der Marschach von Langenuelt hr hainrich von Garrenstain her Lamhart d forstmain[...] von wehburch her chunrat von walte Ulrich von pfaffenhouen her hainrich d[...] folling, Dietrich und Dietz von horchssenach, Betholt von Streze chunrat von Suldenwar mendorf Ebhart von porrpach, hainrich von wangowe, Otte von Bohstain, Otte d Tegndorf, hainrich d hannenbou, Albrecht der Lerhenueld, marquart von Lichtsneke, Ulrich von Sorennos Sander sdorf, Arnolt von Snacpach, hainrich von Getritelsach Uch von dachawe und and glaubhaf warn tausent ich leute. Daz ist geschehen ze dachawe und ist auch d brief da gegeben, do von christes geburte waren tausent iar zwai hundt iar und in dem ahte und achzgisten iare der mitchen in der gefmnost wochen.

Gürtel um die Metropole bilden und mit diesem zusätzlichen Zentralort die herrschaftlichen Verhältnisse der Region im eigenen Interesse stabilisieren.[31] Ludwigs Nachfolger Otto II. (1206–1253) sorgte für den Ausbau dieses zentralen städtischen Herrschaftsstützpunkts, was mit dem Bau der Neustadt nach der Mitte des 13. Jahrhunderts abgeschlossen war.

Noch bevor Landshut und ab etwa 1255 auch München verstärkt in den Fokus wittelsbachischer Aufmerksamkeit gerieten, war es also die Gegend an Donau und Altmühl, die das Epizentrum Bayerns ausmachte – ein früher Pfeiler im Ausbau der wittelsbachischen Landesherrschaft. Im Zusammenhang mit dem Aufstieg Kelheims ist auch die Bedeutung der anderen Burgen in der Nähe zu sehen. In der Hand wichtiger Gefolgsleute der Wittelsbacher war etwa, neben Abensberg, ab 1228 auch die Burg Flügelsberg an der unteren Altmühl. 1255 gelangte Ludwig II. in den Besitz vom Amt Riedenburg; die Begehrlichkeiten seines Hauses richteten sich auf Randeck. Prunn reiht sich in diese Serie ein,[32] waren doch die Herren dort den wittelsbachischen Herzögen im 13. Jahrhundert wohlgesonnen.

1.7 Verkauf Prunns 1288 an die Wittelsbacher

Einschneidend für die Geschichte der Burg ist der Verkauf von Prunn an Herzog Ludwig II. am 15. Mai 1288 durch Wernher VII. »von Praiteneck« mit 33 edlen und unedlen Leuten und allem Zugehör um 80 Pfund Regensburger Pfennige. Im gleichen Atemzug erhielt Wernher die Burg von Ludwig für sich und seinen Schwager Ulrich von Stein zu Lehen. Unter den zahlreichen Zeugen dieses Aktes war auch ein Ortenburger.[33] Ein solches Verfahren scheint auf den ersten Blick ungewöhnlich, belegt aber einmal mehr, dass das Lehenssystem in der historischen Realität deutlich komplexer war als landläufig gedacht.[34] Auch zeigt der Akt freiwilliger »Rück-Belehnung«, dass offenkundig die Prunn-Laaber ein vertrauensvolles, enges Verhältnis mit dem oberbayerischen Herzog pflegten. Ihnen brachte der Verkauf Bargeld und einen mächtigen Schirmherrn. Auch passte dieser Verkauf hauspolitisch zu demjenigen der Breitenegger Güter wenige Jahre später.[35] Dem Herzog verschaffte der Prunner Kauf einen territorialen Zugewinn in zentraler Lage Bayerns und die »Einverleibung« eines weiteren edelfreien Herrschaftssitzes. Auch in dieser Urkunde ist im Zusammenhang mit Prunn nicht von Hofmark die Rede, sondern schlicht von »lehen«, und Wernher formuliert: »min reht aigen ist gewesen«.[36]

Interessant mit Blick auf die Frauen aus dem Hause Prunn-Laaber ist die Tatsache, dass sich die Schwester von Wernher VII., Kunigunde (gest. 1318), die mit besagtem Ulrich von Stein oder Altmannstein verheiratet war, in einer eigenen Urkunde wenige Tage später mit diesem Verkauf einverstanden erklärte, sich jedoch die darin ausgenommenen Dörfer Echenried (Reut) und Echendorf vorbehielt.[37] Sie hatte also als Miterbin durchaus eigene Rechte. Mit ihrem Gemahl zusammen ist sie mehrfach in den Quellen als handelndes Subjekt greifbar; auch Wiguläus Hund fand bei seinem Aufenthalt auf Prunn um das Jahr 1567 noch deutschsprachige Briefe, die dies belegen.[38]

Abb. 5 ▪ Verkaufs- und Belehnungsurkunde zwischen Wernher von Breitenegg und Herzog Ludwig, 19. Mai 1288, Pergament (BayHStA, München, Kurbayern Urkunden 15018)

2. DIE FRAUNBERGER VON HAAG ALS HERREN ZU PRUNN

2.1 Besitzerwechsel

Bis dieser Gelehrte die Burg besuchte, vergingen allerdings Jahrhunderte, in denen Prunn einer anderen Familie gehörte: Die Fraunberger von Haag übernahmen in der ersten Hälfte des 14. Jahrhunderts die Herrschaft auf Prunn als Lehensträger des oberbayerischen Herzogs. Einige Daten kursieren hierzu. Unhaltbar ist gewiss die Nennung des Jahres 1311, in dem Prunn bereits namensgebend für Hans I. (1317–1381) gewesen sein soll[39] – allerdings ist dies ein historiographischer Kurzschluss: Hund bezog sich auf Aventin und schon dieser hatte fälschlich die im zweiten Bundesbrief des niederbayerischen Adels 1347 Unterzeichnenden – darunter Hans I. von Prunn – auf die ottonische Handveste von 1311 bezogen.[40] Erst das Jahr 1338 gilt als Jahr des Kaufs von Prunn durch die Fraunberger.[41] Ab dann gibt es auch zahlreiche Nennungen des Hans zu Prunn und seiner Nachfahren. Sie übernahmen das Wappen der Fraunberger von Haag: die Gurre, das heißt den Schimmel in Silber auf rotem Feld, das noch heute die Talseite von Burg Prunn ziert und zu mancher Sage Anlass gab.[42]

2.2 Viele Linien, gemeinsamer Ehrgeiz

Die Fraunberger waren im Gegensatz zur Familie Prunn-Laaber kein edelfreies Geschlecht, sondern stiegen aus dem herzoglichen Ministerialendienst auf.[43] Seit 1230 sind sie historisch bezeugt. Durch die Heirat Seifrids I. (1231–1267) mit einer Gurre gelangte die Familie in den Besitz und die Nachfolge der Grafschaft Haag.[44] Seifrid erhielt schon 1245 ein wichtiges kaiserliches Privileg für die hohe Gerichtsbarkeit dort,[45] durfte also über Erbe und Eigen, über Leib und Leben von Straftätern urteilen. Dies war auch die argumentative Grundlage für spätere Bemühungen um die Reichsunmittelbarkeit Haags. Unter Seifrids Enkeln wurden die Besitzungen geteilt: Seifrid III. (1265–1317) erhielt die Haag'schen, Wittilo (1260–1281) die Fraunberg'schen Güter, das Wappen führten sie gemeinsam. Diese zwei Linien spalteten sich später noch weiter auf. Die Prunner Linie mit Seifrids Sohn Hans I. war nur eine von vielen,[46] der Zusammenhang mit Haag blieb im Falle Prunns aber immer eng.

Lange Zeit übten die Fraunberger verschiedenste Aufgaben für die Wittelsbacher aus. Seifrid I. war bereits Landrichter unter Herzog Otto II., Seifrid III. bekleidete seit 1304 das Pflegamt zu Hohenburg am Inn. 1280 und 1291 war er sogar Geisel für die Herzöge Heinrich und Ludwig. Hans III. zog mit seinen Leuten für Herzog Stephan in den Krieg.[47] Die Dienste für die Landesherren, insbesondere die niederbayerischen Herzöge, setzten sich in den folgenden Generationen fort, auch bei den Prunner Herren, nach Seifrid also Hans I., dann Hans III. (1359–1372), der unter anderem Hofmeister von Herzog Stephan und Pfleger zu Wolfstein war. Generell orientierten sich die Fraunberger inklusive der Prunner Linie eher auf Niederbayern.[48] Doch waren gerade um die Jahrhundertmitte verschiedene Familienmitglieder auch treue Gefolgsleute Ludwigs des Bayern und seines Sohnes Markgraf Ludwigs des Brandenburgers in Tirol.[49] Hans III. von Prunn war seit 1359 verheiratet mit

Abb. 6 ▪ Burg Prunn auf dem Felssporn von der Talseite der Altmühl her gesehen

HAG

18

Agnes von Gufidaun und am Tiroler Krieg beteiligt, Konrad Fraunberger von Haag war Hofmeister Ludwigs des Brandenburgers, dann Statthalter in Trient (1357–1363), sein Bruder Seifrid dessen Küchenmeister. Zum Hofmeister Herzog Stephans und später von dessen Gemahlin am Ingolstädter Hof wurde der Sohn Hans' III. von Prunn, Hilpolt, ernannt. Hans VII. von Prunn war unter anderem auch Hofmeister der oberbayerischen Herzöge Johann und Sigmund und begleitete in dieser Funktion mit seiner Frau, der Hofmeisterin, 1463 eine herzogliche Tochter auf ihrem Brautzug nach Mantua.[50] Die Landesteilung 1392 hatte für einen endgültigen Schnitt in der Zuordnung Prunns gesorgt, das nunmehr eindeutig zum Münchner Landesteil gehörte. Auf den oberbayerischen Landtafeln sind die Prunner Herren von 1425 bis 1485 immer verzeichnet; an den Landtagen nahmen sie bis 1516 teil, realisierten also Pflichten und Rechte von Landsassen des oberbayerischen Herzogs.[51]

Die Fraunberger verstanden es, rasch wachsenden Wohlstand aufzubauen, Hand in Hand mit zunehmender Macht. Nicht zuletzt geschickte »Immobilien«-, Geld- und Pfandpolitik gegenüber den stets geldbedürftigen Wittelsbachern sorgten dafür, dass die Familie größeres Gewicht bekam. Hilpolt etwa erwarb 1396 Burg Giebing bei Haag als Pfandbesitz. Verschiedene Herren – und selbst Damen wie »Anna die Fraunbergerin« – liehen den Herzögen größere Geldsummen im 14. und 15. Jahrhundert, und der Verkauf der Burg Egg im Bayerischen Wald an den niederbayerischen Herzog brachte ein Vermögen.[52] Der Burgenbesitz der Fraunberger vergrößerte sich im späten 14. und im 15. Jahrhundert permanent und erstreckte sich über eine große Region: Unter anderem gehörte der Familie ab 1400 Massenhausen bei Freising, seit 1412 das Wasserschloss am Inn bei Gars, und die stattliche Hohenburg am Inn, deren Vögte sie seit 1304 waren, hatten sie 1377 bis 1436 sogar als Pfandbesitz. Die Höhenburg Falkenfels samt Zaitzkoven im Gericht Mitterfels gelangte um 1420 an Hans Fraunberger; Burg Rathmannsdorf brachte Georg II. 1420 teilweise durch Kauf, den Rest dann 1422 gewaltsam in Familienbesitz. Seit jenem Jahr saß in Laberweinting Wilhelm von Fraunberg.[53]

Auch im Bauwesen äußerte sich diese Tendenz selbstbewusster und nach Eigenständigkeit strebender Familienpolitik: Die Burgen wurden standesgemäß ausgebaut, nicht nur Haag, sondern auch Prunn[54]. Außerdem legten die Fraunberger auf Kirchenstiftungen und -ausstattungen Wert, allen voran in St. Wolfgang nahe Haag und in Kirchdorf unter Sigmund, aber schon früher in Prunn, wo 1372 von einer insgesamt umfangreichen Frühmessstiftung unter Hans I. die Rede war und sogar schon von einem Kaplan. Möglicherweise ist in diesem Zusammenhang der Bau der Dorfkirche von Prunn zu sehen.[55]

2.3 Der Aufstieg der Familie: Dienstmann – Ritter – Graf

Aus dem Dienstadel stammend, galt der Ehrgeiz der Fraunberger aber höheren gesellschaftspolitischen Zielen. Zeittypisch schlugen sie den Weg über Turnierteilnahmen ein. Im 14. und in der ersten Hälfte des 15. Jahrhunderts zählten sie, ganz besonders auch die Prunner Herren, nicht nur als turnierfähig, sondern sogar als herausragende Turnierkämpfer.[56]

Abb. 7 ■ Burg Haag, Wandmalerei im Antiquarium der Residenz München, Hans Donauer, um 1588

Schon Hans I. war in Regensburg Turniervogt. Bekannt waren dann Hans III., sein Bruder Wilhelm, Hilpolt und Wolfgang als Turneure. Besonders Hans VII. hatte sich einen großen Ruf erkämpft mit seinen sagenhaften 364 geschlagenen Gegnern in 27 Turnieren, die er unbesiegt verlassen haben soll.[57]

Dass von den Prunner Herren Hilpolt, Peter und Hans wie ihre Vettern den Rittertitel führten, scheint dabei passend. Die Bezeichnung als »Ritter« spiegelt in diesem Fall die gesamte komplexe, dynamische Begriffs- und Bedeutungsgeschichte wider.[58] Sie meinte zum einen berittene Kämpfer. Da sich Ausrüstung und Fernbleiben von der Scholle früher nur die wenigsten leisten konnten, war dies traditionell ein Aktionsfeld der Adeligen. Seit den Kreuzzugszeiten verknüpfte sich auch das Ideal des »miles christianus« damit, also ein Kampf im Dienst christlicher Ziele. Die Übung für den Einsatz, außerhalb realer Gefechte und Kriege, hatte hier seine Begründung. Zum anderen wurden auch Unfreie mit solchen ritterlichen Aufgaben von ihren Herren betraut. Sie erhielten zum Ausgleich für diesen Dienst oder auch die Gefolgschaft Lehen. Gelang der Aufstieg in die Freiheit, war im hohen und späten Mittelalter ein weiterer, grundsätzlicher Karriereweg in den Adelsstand gegeben, wenngleich zunächst von Altadeligen natürlich gering geachtet. Ab dem hohen Mittelalter überlagerten dann auch höfische und literarisch geprägte Ideale das Ritterbild samt den Gepflogenheiten des Turniers in all seinen Facetten.[59] Mit der Zeit wandelten sich Ritterbegriff und Turnierwesen aber noch weiter. Ab dem 14. Jahrhundert erlebte beides einen zweiten Höhepunkt. Nun ging es im Turnier um eine artifizielle, verfeinerte Form der Selbstdarstellung und auch der Sozialisierung der Ritteradeligen. Es diente, wie Fleckenstein betonte, der Integration des Rittertums in die Adelsgesellschaft.[60] Die Ausrüstung (Pferd, Stechzeug usw.) ebenso wie der Festcharakter des Turniers entwickelten sich zu echten Kostenfaktoren. Der Tjost, der ritterliche Zweikampf, rückte immer stärker in den Vordergrund. So konnte sich der Ritter individuell und insbesondere auch von seiner kostbaren Ausstattung her am besten profilieren – vor dem breiten Publikum, aber nicht zuletzt auch vor den ausrichtenden, hochrangigen Damen und Herren. Die Fraunberger von Prunn sind typische und namhafte Vertreter dieses gesellschaftlich arrivierten Turnieradels des späten Mittelalters. Sie hatten auch auf diesem ritualisierten – und durch Turniergesellschaften geordneten – Weg Akzeptanz beim älteren Adel gesucht und gefunden.[61] Den Aufwand dafür wie überhaupt für die gesteigerten Anforderungen rittergemäßen Lebens konnten sie aufgrund ihres Vermögens bestreiten. Ihr Sozialprestige nahm zu.[62]

Auf diplomatischem Weg suchten die Fraunberger ebenfalls die Selbstständigkeit und Rangerhöhung. Dabei half nicht die Orientierung an den wittelsbachischen Herzögen, sondern jene am Reich. Der Hebel, den Georg III. von Haag 1433/34 nutzte, war das kaiserliche Privileg von 1245, über das er versuchte, zur Reichsunmittelbarkeit vorzudringen. Er appellierte an Kaiser Sigismund, ihm die Grafschaft Haag formal als Reichslehen zu verleihen. Tatsächlich gibt es die kaiserliche Lehensurkunde im Mai 1434 und, nach einer neuen Aufteilung der Grafschaft, erneut im Juli 1437, nun mit der halben Grafschaft für Hans VI.[63] Für Haag selbst waren die Fraunberger also unabhängig von den bayerischen Herzögen – was diesen nicht gefallen konnte. Hans VI. betrieb auch einen familiären Erbeinigungsvertrag, der 1453 von den Häuptern der fünf Linien (von Haag, zu Massenhausen, zu Prunn, von Altfraunberg, zu Haidenburg, zu Hubenstein) unterschrieben wurde und besagte, dass die Ältesten jeden Hauses Lehen und Güter verleihen können, der gesamte Besitz und die Schlösser aber nur im Mannesstamme vererbbar seien. Erst wenn keine männlichen Erben mehr vorhanden wären, sollten Frauen erben können.[64] Dies erhielt gerade mit Blick auf die Linie Haag-Prunn später beträchtliche Bedeutung. Einen weiteren Erfolg in Richtung Rangerhöhung erzielten Hans VI., Georg IV. und Hans VII. von Prunn

1465: Sie wurden samt ihrer Erben angesichts ihrer Verdienste für Kaiser und Reich von Kaiser Friedrich III. in den Reichsfreiherrenstand erhoben und erhielten zugleich das Recht, in rotem Wachs zu siegeln.[65] Nun waren sie dem Herzog und seinem Hofgericht auch in der persönlichen Gerichtsbarkeit entzogen. Und es waren die Basis für die Reichsunmittelbarkeit Haags und eine eigene ständige Beteiligung an der Reichspolitik gegeben – etwa in Gestalt der Teilnahme an Reichstagen und der Verpflichtung zu eigenen Beiträgen für Reichskriege. 1481 war auch dieser Schritt vollzogen.[66]

Angesichts der Einigung von 1453 entschloss sich Hans VI. von Haag zu einer Erblösung, die für die Prunner Verwandten sehr wichtig werden sollte. Als »donatio inter vivos«, also in Form einer Übertragung der Herrschaftsrechte noch zu Lebzeiten von Hans VI., erklärte das betagte, aber sohnlose Oberhaupt der Haager Familie, dass die

Abb. 8 ■ *Gurre-Wappen mit Helmzier aus dem Adelsdiplom zur Erhebung Sigmunds von Fraunberg und seiner männlichen Erben in den Grafenstand, 31. Mai 1509 (BayHStA, München, Kurbayern Urkunden 23472)*

Grafschaft als Reichslehen seinem »Vetter« Sigmund von Prunn, dem Sohn von Hans VII., und seinen Erben zufallen solle.[67] Damit erbten die Prunner das Reichslehen der Grafschaft Haag, was 1478 vom Kaiser bestätigt wurde.[68] Unter Sigmund, von dem gleich noch die Rede sein wird, vollendete sich schließlich der Aufstieg der Fraunberger dieser Linie durch die Erhebung in den erblichen Grafenstand im Jahre 1509.[69]

Für Prunn bedeutete dies eine sensible Rechtssituation, blieb die dortige Herrschaft doch kontinuierlich dem oberbayerischen Herzog untertan; die Prunner Herren selbst jedoch waren zugleich seit Hans VII. und vor allem seit Sigmund auch eigenständig aufgrund ihrer reichsrechtlichen Stellung.

Abb. 9 ▪ Epitaph von Hans VII. (1405–1478) sowie seiner zweiten Ehefrau Margarethe (gest. 1480) in der ehemaligen Pfarrkirche Prunn, heute Expositurkirche Unserer Lieben Frau, Rotmarmor

2.4 Charakterköpfe

■ Hilpolt

Eine Reihe von Persönlichkeiten der Fraunberger Herrscher zu Prunn verdient es, näher vorgestellt zu werden. Nach Hans, dem Gründer dieser Linie, der ein für damalige Verhältnisse stattliches Alter erreichte und sehr tatkräftig war, ist dies zunächst vor allem einer seiner Enkel, Ritter Hilpolt.[70] Er war der zweite Sohn Hans' III. zu Prunn und der Agnes von Gufidaun, einer Tochter aus gutem Tiroler Haus. Urkundlich erwähnt wird er zuerst 1381, gestorben ist er vor 1432. Seine Heirat mit Martha von Laiming, Tochter des herzoglichen Rats Ritter Erasmus von Laiming, stellte eine gute Partie dar.[71] Um den geldwerten Briefnachlass eines weiteren weiblichen Familienmitglieds[72] stritt er jahrzehntelang mit seinem Vetter Hans von Fraunberg zu Massenhausen. Überhaupt war Hilpolt ein ebenso kampfeslustiger, durchsetzungsfähiger wie durchaus auch auf lukrative Geschäfte ausgerichteter Herr: Im Unterschied zu seinem Bruder Peter vermochte er den wittelsbachischen Herzögen, die stets knapp bei Kasse waren, eine ganze Reihe stattlicher Darlehen zu überlassen. Dafür erhielt er gute Zinsen oder attraktive Pflegschaften sowie Burgen oder Herrschaften als Pfänder. Bezahlten die Herren nicht, verschaffte er sich selbst durch Pfändung oder Fehde sein Recht – durchaus gemäß ritterlichen Gepflogenheiten und unter Berufung auf die Vereinbarungen. Dies tat er ungeachtet der amtlichen oder sonstigen rechtlichen Verpflichtungen gegenüber den Herzögen. Denn in Landshut zum Beispiel war Hilpolt 1397/98 Stadtrichter, den Münchner Herzögen gegenüber war er Lehensmann mit Prunn – was ihn nicht daran hinderte, um 1400 gegen die Landshuter, 1404 gegen die Münchner Fehde zu führen und sich im letzteren Fall für die nicht zurückgezahlten herzoglichen Schulden an den städtischen Steuern schadlos zu halten. Vielleicht stand auch die heftigste Fehde, jene mit der Stadt Nürnberg 1409 bis 1414, im Zusammenhang mit der Reklamation seiner Rechte; allerdings brachte ihm der Überfall eines Kaufmannszugs mit dem fürstlichen Geleit Herzog Johanns außer einer schiedsrichterlichen Einigung vermutlich als Spätfolge auch eine päpstliche Exkommunikation (1418) ein. Die eigene oder vom Ritter verwaltete Burg diente übrigens im Falle solcher Fehden immer sowohl als Ausgangspunkt wie als sicherer Rückzugsort.[73]

Dass Hilpolt auch im Rahmen der Familienpolitik einen gewissen Ehrgeiz und Anspruch hatte, zeigen zwei Dinge: Die Frage der Lehensvergabe aus Haager Hand wollte er nicht einfach unbestritten seinem Vetter Hans von Fraunberg zu Massenhausen als Ältestem der Linie überlassen, was ein Vertrag des Jahres 1420 beweist, in dem schließlich eine friedliche Einigung erzielt wurde. Unter Hilpolt müssen außerdem die Wandmalereien auf Burg Prunn, seinem Wohn- und Herrschaftssitz, angefertigt worden sein, die ein für Süddeutschland bemerkenswertes Panorama familiären Burgenbesitzes entfalten.[74]

■ Hans VII.

Ein Sohn von Hilpolt und Martha von Laiming war Hans VII., geboren 1405 und gestorben 1478.[75] In der Pfarrkirche zu Prunn steht sein prächtiger Grabstein aus Rotmarmor. Sofort ist daran ablesbar, dass er ein Ritter wie aus dem Bilderbuch war: beeindruckend, mit einer prächtigen Rüstung, umgeben von den Abzeichen jener vier Ritterorden[76], zu denen er gehörte, und durch die feine Ausarbeitung des Steins als anspruchs- und niveauvoller Herr ausgewiesen. Seine Anfänge liegen ebenfalls ganz »vorschriftsmäßig« im Kriegsdienst als Knappe bei Herzog Wilhelm im Alter von 20 Jahren. Den Ritterschlag muss er später, am 19. März 1452, auf der Tiberbrücke in Rom durch Kaiser Friedrich III. anlässlich dessen Krönung erhalten haben.[77] Hans lebte auf Prunn und weitete seinen Herrschaftsbereich dort durch zahlreiche Ankäufe aus.[78] Allerdings war er oft auch nicht an seinem Sitz anzutreffen, denn zahlreiche Amtsgeschäfte forderten seine Anwesenheit andernorts. Schon Wiguläus Hund schrieb über ihn, er habe »vil Empter gehabt«, die meisten für die oberbayerischen Herzöge: Er war 1434 bis 1436 Landrichter zu Hirschberg und Pfleger zu Riedenburg, 1438/39 Oberrichter zu Straubing sowie lange Jahre (1436–1461) geschätzter Rat der oberbayerischen Herzöge. Ein einflussreiches Amt hatte er inne als Hofmeister bei den Herzögen Sigmund und Johann (1460–1465 und 1467–1468)[79]. Den Hofmeistern oblag die Leitung im Rat, im Hofgericht und über die Verwaltung allgemein. Sie gehörten somit zu den wichtigsten Amtsleuten der herzoglichen Regierung. Auch als Gesandter beim Kaiser und am französischen Königshof (1459) war Hans VII. von Fraunberg zu Prunn im Einsatz. Für den niederbayerischen Herzog Ludwig war er Pfleger zu Landshut (1463–1473), sein Rat und vielfach sein Schiedsrichter. Auf kirchlicher Seite hatte er die Funktion eines Rats von Bischof Leonhart von Passau, einem Verwandten, inne und war unter anderem auch Pfleger zu Aicha im Landgericht Passau (1438–1442). Vor allem aber war er erfolgreicher und geschätzter Hauptmann zu Regensburg von 1439 bis 1460; so zeichnete er auch meist.[80]

Als »berühmter Reutersmann und Speerstecher« hatte sich Hans VII., wie schon berichtet, darüber hinaus sehr profiliert. Bis heute kursieren über seine Turnierkünste und sein unbesiegtes Schwert sagenhafte Geschichten.[81]

Verheiratet war Hans zweimal, jeweils mit einer bereits verwitweten Dame gleichen Standes. 1429 fiel die Wahl auf Anna Schenk von Geyern, in erster Ehe Frau des Marschalls von Wansheim. Mit ihr hatte Hans Sohn Sigmund, der eine wichtige Persönlichkeit wurde. Anna stiftete testamentarisch im Jahr 1451 allein schon 1 000 Gulden aus ihrem eigenen Vermögen für das Familiengrab in der Pfarrkirche zu Prunn und eine ewige Messe, außerdem Paramente und Jahrtagsmessen.[82] In zweiter Ehe war Hans VII. 1458 mit einer Verwandten verheiratet: Margarethe, Tochter des Rats Hans von Fraunberg zu Haidenburg, Witwe von Degenhart Hofer zu Süntring. Sie überlebte Hans um zwei Jahre, wie auf seinem Epitaph vermerkt ist. Auch sie genoss Ansehen am herzoglichen Hof in München.

■ Sigmund und sein Sohn Wolfgang

War Hans VII. mit all seinen rühmlichen Auftritten und Aufgaben, seinen Einsätzen an vielen Stellen und dem Aufstieg in den Reichsfreiherrenstand (1465) bereits eine prominente Erscheinung weit über die Region hinaus, so trifft dies in verstärktem Maß für seinen Sohn Sigmund (1445–1521) zu. In aller Kürze heißt es bei Hund über ihn: »… ein runder geschickter Mann, der sich durch sein Dienst vnnd Geschicklichkeit hoch hinfurthon/hat vil Empter gehabt.«[83] Schon in jungen Jahren schickte ihn sein Vater, selbst durchaus weit gereist, nach Frankreich zu Hans von Fraunberg zu Laberweinting, der dort Marschall bei Karl VII. war. Der stattete den begabten jungen Mann 1460 mit Geld aus und empfahl ihn zur weiteren Ausbildung an den französischen Königshof Isabeaus de Bavière. Ein erster Karriereschritt im Werdegang Sigmunds war damit gemacht. Als er zurückkam und um das

Erbe des Verwandten aus Laberweinting streiten musste, war ein Teil der Kompromisslösung, dass er 1467 Margaretha von Aichberg zur Gemahlin nahm. Zur Hochzeit erhielten sie von Hans und seiner Frau »Schloss Prunn mit einem guten Teil Hausrat und Getreide schuldenfrei samt Bau, Rossen mit Zubehör samt 5 Bau...wesen, Wagen, Pflug, Baugeschirr und was dazugehört.«[84] Sie versprachen, das Schloss baulich zu erhalten und den Eltern einen Wohnsitz auf Prunn zu bewahren. Große Bedeutung hatte schließlich das Jahr 1476 mit der Erbregelung des Hans von Fraunberg von Haag zu Massenhausen, der den Prunner Verwandten Sigmund als Erben der (reichsunmittelbaren) Haager Linie einsetzte. Zwar gab es auch hier später Querelen wegen konkreter Erbansprüche, aber Sigmund setzte sich durch und spielte fortan auf der großen politischen Bühne: Für viele Mächtige in Bayern übte er schiedsrichterliche Tätigkeiten aus. Für die Herzöge Ludwig und Georg von Niederbayern war er ein wichtiger Berater, Marschall, häufig Gesandter, fast schon Freund seit 1470.[85] Er verstand es aber auch, sich mit dem oberbayerischen Herzog Albrecht IV., seinem Herrn, wegen Prunn ins Benehmen zu setzen.[86] Schwierig wurde es allerdings angesichts der Landshuter Erbfolgeauseinandersetzung, in der es heikler war, diesen Spagat unbeschadet zu überstehen. Als Testamentsvollstrecker Herzog Georgs neigte er zur Durchsetzung der Ansprüche Pfalzgraf Ruprechts gegen jene Herzog Albrechts. Die Interessen des Kaisers mischten sich hinein, es kam zum Krieg. Dass der Kaiser am Ende profitierte und Albrecht mit dem Herzogtum Niederbayern belehnt wurde, ist bekannt.[87] Einigermaßen erstaunlich ist aber, wie stabil dessen ungeachtet die Position Sigmunds blieb. Stärke bezog dieser besonders aus der Wertschätzung, die ihm von kaiserlicher Seite zuteil wurde. Er wurde nach Herzog Georgs Tod kaiserlicher Rat Maximilians I., führte wichtige Legationen in die Niederlande und nach England und wurde in recht hohem Alter 1512 noch zum Richter am Reichskammergericht berufen.[88] 1509 hatte er die Erhebung in den erblichen Grafenstand erwirkt, nannte sich fortan nur noch »von Haag«. Etwa zu diesem Zeitpunkt ließ sich Sigmund portraitieren, wohl von Hans Holbein dem Älteren, den der Graf mehrfach in Augsburg getroffen haben könnte.[89] Das Bildnis zeigt einen reichen, mit Gold durchwirkten Kleidern, Hermelinkragen und schweren Goldketten ausgestatteten Herrn mit den Abzeichen des Kammerrichteramts und der Grafenwürde vor einem Ehrentuch in Brokatanmutung. Es ist eine feine Selbstdarstellung für zeitgenössische wie posthume Betrachter, denen sich ein standes- und rechtsbewusster Mann mit gehörigem Repräsentationsbedürfnis zeigt.

1521 legte Sigmund sein Testament nieder.[90] Darin regelte er die Form seines Begräbnisses, wohltätige Stiftungen und das Erbe seiner Herrschaft. Seine Söhne waren vor ihm gestorben. So verfügte er, dass die Enkel Ladislaus und Leonhard die Grafschaft ungeteilt und hälftig innehaben sollten; seine weiblichen Enkel Margaretha und Maximiliana erhielten je 6 000 Gulden, davon 2 000 in Kleinodien. Auch seine Töchter, verheiratet mit einem Herrn von Closen und mit einem von Stauff, sollten ein ordentliches Legat bekommen. Prunn selbst hatte er schon 1493 seinem Sohn Wolfgang und dessen Gemahlin als Wohnsitz übergeben gemäß dem Heiratsvertrag, mit der Verpflichtung, alles gut instand zu halten.[91]

Sigmund und Margaretha hatten fünf Kinder. Der älteste Sohn[92] Wolfgang oder Wulf muss bald nach der Eheschließung geboren sein; er starb kinderlos wohl 1518. Als er – noch sehr jung - 1484 seine Verwandte, Kunigunde von Fraunberg von Haag, heiratete, wurde den beiden Prunn als Wohnsitz offiziell übergeben.[93] Kurz vor der faktischen Übernahme

Abb. 10 ■ Sigmund von Fraunberg (1445–1521) als Stifter auf einem
Altar der Kirche St. Wolfgang, St. Wolfgang im Lkr. Erding, 1484–1490

1493 hatte die Burg im Zusammenhang mit dem sogenannten Löwlerkrieg allerdings stürmische Zeiten erlebt: Wolfgang schloss sich dem niederbayerischen Adelsbund der Löwler bald nach dessen Gründung 1489 in Cham an.[94] 46 Ritter und Edle verliehen sich darin Form und Satzung, beschrieben die Bundesinsignien wie die 16-gliedrige Löwenkette, in deren Mitte eine Lilie zu sehen war[95]. Auslöser für die Bildung dieser adeligen Interessengemeinschaft war die herzogliche Forderung einer Kriegssteuer, um damit Söldner anzuwerben – was die Ritter als Angriff auf ihre Vorrechte und Aufgaben verstanden. Es kam zu einem brutal geführten Krieg. Herzog Albrecht eroberte und brach 1491 etliche Burgen, darunter Köfering, Flügelsberg – und Prunn. Wie umfassend die Burg betroffen war,[96] ob es über die Beschlagnahme von Gütern durch herzogliche Truppen hinaus auch Zerstörungen gab und wenn ja, wie gravierend diese – etwa an der Ostseite oder dem Torbau – waren, ist nicht klar. Die noch heute auf Prunn zu besichtigen alte Bergfriedtür, die dendrochronologisch auf die Zeit 1515 bis 1520 datierbar ist[97], dürfte auf gewisse Erneuerungsmaßnahmen nach diesen Ereignissen zurückzuführen sein. Bald darauf jedenfalls konnte Wolfgang seine Burg wieder in Besitz nehmen; 1493 versöhnte sich Herzog Albrecht mit den meisten seiner adeligen Gegner, darunter auch Wolfgang. Ihn ernannte er dann sogar zu seinem Pfleger in Abensberg, Landrichter in Burglengenfeld und Rat.[98] Obwohl im Rahmen der Parteinahme Sigmunds im Landshuter Erbfolgekrieg vermutlich auch das Verhältnis des Prunner Herrn zum oberbayerischen Herzog stark abgekühlt war, muss sich das Verhältnis bis zum Lebensende des Fürsten 1508 wieder so erwärmt haben, dass Wolfgang bei der Trauerfeier den Helm Albrechts trug und Mundschenk beim Leichenschmaus war. 1509 wurde er, wie sein Vater und Bruder, zum Reichsgrafen ernannt.

■ Kunigunde

Besondere Erwähnung verdient auch seine Ehefrau Kunigunde, Tochter des Wolfgang Fraunberg von Haag und der Margaretha von Fraunhofen, geboren 1461.[99] Sie brachte ein stattliches Heiratsgut und darüber hinaus eigene Erbmasse mit, selbst nach dem ausdrücklichen Verzicht auf das väterliche Erbe. Sie verfügte über Güter aus dem Besitz ihrer Vettern und vor allem ihrer Mutter, der weitgehend aus der verpfändeten Hofmark Riding bestand.[100] Sie war eine Herrin mit eigenen Rechten, vergab selbst Lehen, verlieh immer wieder gehörige Geldsummen, stiftete das Spital in Haag und übte in Vertretung Sigmunds und nach dem Tod seiner Söhne herrschaftliche Aufgaben aus.[101] Dies alles geschah primär von Prunn aus, wo sie bis ins hohe Alter von 96 Jahren »gar wol und karglich« lebte.[102] In dem wohl wenige Jahre nach ihrem Tod aufgestellten Inventar[103] ist ein »Frauenzimmer« benannt, das bestimmt den von ihr primär bewohnten Raum bezeichnete. Ihr Hab und Gut vererbte sie an ihren Neffen Ladislaus.

■ Ladislaus

Ladislaus (1505–1566) schließlich war der schillerndste unter den Fraunbergern, die mit Prunn in Verbindung zu bringen sind. Unbenommen aller Qualitäten charakterisierte ihn Hund wohl zu Recht als »seltzamen Kopff«.[104] Als Kind Leonhards II. und der Amalie von Leuchtenberg wuchs er mit seinem Bruder Leonhard III., mit dem es im Erwachsenenalter bis zu dessen Tod 1541 permanent Streit gegeben haben muss,[105] und den Schwestern

Abb. 11 ▪ Halbtaler mit Halbfigurenportrait Ladislaus'
von Haag, Devise »Cvm labore et deo ivvante«, 1547,
Silber (Staatliche Münzsammlung, München)

Margaretha und Maximiliana auf. Letztere heiratete Karl von Ortenburg, mithin einen Vertreter einer anderen mächtigen, selbstbewussten bayerischen Altadelsfamilie, die weitgehend erfolgreich den Anspruch behauptete, reichsunmittelbar und damit unabhängig von
herzoglicher Herrschaft zu sein. Nach dem Tod des Ehemanns wurde 1553 Joachim von
Ortenburg zum Vormund der unmündigen zwei Töchter Anna Maria und Veronika bestellt,
Maximiliana heiratete später ein zweites Mal.[106] Diese Nichten Ladislaus' und der gräfli-
che Vormund sollten später im Zuge der Erbverteilungen aufgrund des Hausvertrags von
1453 und des Testaments von Sigmund von 1521 eine ebenso große Rolle spielen wie die
andere Schwester Margaretha. Diese nahm im Laufe der Jahre verschiedene Anläufe zu
heiraten, geeignete und willige Kandidaten hatten sich gefunden – doch es war der miss-
liebige Bruder Ladislaus, der dies meist vereitelte,[107] vermutlich, weil er die Mitgift nicht
bezahlen wollte.

Er selbst hatte in erster Ehe eine Tochter aus bestem Hause geheiratet: Maria Salome
war die Tochter von Markgraf Ernst von Baden und damit bemerkenswerterweise eine Partie aus protestantischem Umfeld. Die Beziehung muss bis zum Tod Maria Salomes 1551
von großer wechselseitiger Zuneigung geprägt gewesen sein. Überlebende Kinder waren
den beiden jedoch nicht beschieden.[108] Für eine erneute eheliche Verbindung richtete der
ambitionierte – und vor allem nach wie vor dynastisch auf (männliche) Erben angewiese-
ne – Ladislaus seinen Blick gar nach Italien. Die zweite Braut stammte aus der Familie des
Herzogs von Ferrara. Die Hochzeit mit Emilia Gräfin de Piis und Carpi fand mit enormem
finanziellen Einsatz 1555 statt.[109] Allerdings erwies sich dies als fulminante Fehlinvesti-
tion, denn schon binnen Kurzem gab es mit Braut und Schwiegerfamilie ein Zerwürfnis.

Wie Hund beschreibt, habe sich Ladislaus »mit ihr, ihrer Mutter und Freundtschafft zertragen, sonderlich bey Hertzog Hercules von Ferrar dermassen in Unwillen vnd Ungnad gerathen, das sie von ihme in ein Closter gangen, nimmer zu ihme gewölt.«[110] Vermutlich war der Graf nicht bereit gewesen, alle Begehrlichkeiten zu erfüllen, was zu einem Mordversuch an ihm geführt haben soll, auf jeden Fall aber dazu, dass er sich – noch immer erbenlos – zurückzog und sich um die Auflösung dieser Ehe bemühte. Das gelang ihm freilich nicht. Deshalb mussten alle weiteren Eheanbahnungen scheitern, darunter auch die mit Margarethe von Trenbach ab 1557, die gleichwohl bis zu ihrem Tod an seiner Seite blieb. Kinder aus dieser Verbindung blieben illegitim. Das galt auch für die 1560 heimlich, bezeichnenderweise auf Prunn zur Welt gebrachte Tochter, die vom evangelischen Pfarrer Hemaus auf den Namen Maria Salome getauft wurde und anschließend in Dorf Prunn zur Pflege gelassen wurde.[111]

Seit dem italienischen Eheprojekt war Ladislaus finanziell unter Druck geraten. Das führte unter anderem 1557/58 zu Überlegungen, Burg Prunn an die Stadt Nürnberg zu verkaufen, was jedoch nicht realisiert wurde.[112] Eine weitere Belastung und rechtlich ein starkes Stück war die Geiselnahme des Grafen durch Herzog Albrecht im Jahr 1557, die zur Einigung über verschiedene strittige Fragen zwischen den beiden führen sollte. Gegen mehr als 20 000 Taler Lösegeld kam Ladislaus frei, strengte aber selbstverständlich sofort eine Klage am Reichskammergericht gegen Albrecht an.[113]

Überhaupt war das Verhältnis zum wittelsbachischen Herzog stets schwierig. Einerseits war die politische Lage eigentlich seit 1509 eindeutig und bestätigte die Stärke des Grafen: Für Prunn war Ladislaus zwar Landsasse des oberbayerischen Herzogs, für Haag aber ein reichsunmittelbarer und unabhängiger Herrscher. Auch hatte der Graf 1541 vom Kaiser das Münzprägerecht für Haag erhalten.[114] Das allein hätte schon als Stachel im Fleisch des bayerischen Territorialfürsten genügt. Als dann aber Ladislaus 1556 außerdem persönlich und 1559, auf der Basis des Augsburger Religionsfriedens, mit der gesamten Grafschaft ins protestantische Lager wechselte, reformierte Prediger nach Haag holte und etwa 2 000 Untertanen protestantischen Bekenntnisses hatte, sorgte das für ein gehöriges Maß an konfessioneller und politischer Unruhe im Herzen Altbayerns. Der Fraunberger gehörte zum Kern jener Adelsfronde, die sich 1556 bis 1566 gegen Albrecht gebildet hatte, mit einem Kreis um Graf Joachim von Ortenburg, dem Freund, Verwandten und Gesinnungsgenossen des Haager Grafen. Ladislaus war mithin also einer der politischen Hauptgegner Albrechts.[115]

Auf der anderen Seite standen die hartnäckigen Bemühungen des Herzogs, eben jene absolute Sonderstellung des Haager innerhalb des wittelsbachischen Territoriums zu beseitigen, und zwar möglichst auf Dauer. Tatsächlich erreichte Albrecht 1555 als Meilenstein dieser Politik von Kaiser Karl V. die schriftliche Zusage, dass die Reichsgrafschaft Haag im Falle eines Ablebens von Ladislaus ohne männlichen Erben an Albrecht verliehen werde. Als Begründung wurden die Verdienste und Kaisertreue der Familie in den Kriegen 1546 und 1552 angeführt. Selbstverständlich hatte Ladislaus jahrelang versucht, eine solche Lehensexpektanz zu verhindern bzw. rückgängig zu machen. Aber dieser Punkt ging definitiv und folgenreich an den Wittelsbacher.[116]

Vor dem Hintergrund dieses spannungsgeladenen persönlichen wie politischen Verhältnisses der beiden ist ein Blick auf die Standesportraits, die derselbe Maler von beiden im

Abb. 12 ■ Herzog Albrecht V. von Bayern, Hans Mielich, 1555, Öl/Leinwand (Bayerisches Nationalmuseum, München, R 2556, Leihgabe der Staatsgemäldesammlungen)

Abb. 13 ▪
Ladislaus von
Haag, Hans
Mielich, 1557,
Öl/Leinwand
(Sammlungen
des Fürsten
von und zu
Liechtenstein,
Vaduz-Wien,
GE 1065)

etwa gleichen Zeitraum im exakt selben Format schuf, interessant. Albrecht hatte sich 1555 von seinem Hofmaler Hans Mielich als Ganzfigur in strenger Kleidung, vor dem Hintergrund eines Vorhangs und in Begleitung eines heraldisch aussagekräftigen, aber auch in der Realität geschätzten Löwen darstellen lassen.[117] Wie ein Pendant passt dazu die pikanterweise von Ladislaus ebenfalls bei Albrechts Hofmaler in Auftrag gegebene Version von 1557.[118] Geschmückt mit prunkvollen Gewändern und Attributen, im Hintergrund die Burg Haag, steht der Graf zwischen einem Tisch mit einem orientalischen Teppich und einem noch exotischeren Tier, dem Leoparden. Diese Selbstdarstellung ist eine auf den Zentimeter gleich große, bewusste Replik auf Albrechts Portrait, eine eindrucksvolle und kompetitive, jedem ins Auge springende visuelle Übertrumpfung des Wittelsbachers. Auch nach 1555 hatte der Fraunberger also keineswegs klein beigegeben.

Bevor vom Ende der Fraunberger-Herrschaft in Haag und Prunn die Rede sein wird, sind zumindest einige Bemerkungen nötig zum Verhältnis des Grafen zu Kaiser und Reich. Schon früh fiel die militärische Begabung und Tapferkeit Ladislaus' auf. Er wurde 1524 in das kaiserliche Heer aufgenommen, bald darauf zum kaiserlichen Administrator der Abtei San Dionisio in Mailand, dann zum Hauptmann im Krieg gegen die Franzosen ernannt. Allerdings geriet er in französische Gefangenschaft, aus der er nur dank einer saftigen Lösegeldzahlung seiner Tante Kunigunde, nicht jedoch des Kaisers freikam. Empört darüber wechselte Ladislaus daraufhin die Seiten – und verfiel 1529 prompt in die Reichsacht. Sein Besitz, darunter die Burgen Haag und Prunn, wurde im März eingezogen. Diese reichsrechtlichen Schritte konkretisierten die bayerischen Herzöge Wilhelm und Ludwig, sicher in diesem Fall nicht ohne eine gewisse Genugtuung. Interessanter- und korrekterweise wurde in einem Schreiben ausdrücklich angeordnet, dass Gräfin Kunigunde als »die Allt Frau zu Vermacht auf dem Schloss Pronn« samt ihrem Zubehör nicht belangt werden dürfe. Auch bei diesem Problem halfen Ladislaus seine Tante und einflussreiche Vermittler. Wenige Jahre später wurde er wieder in seine Rechte und in den 1530er-Jahren sogar wieder als kaiserlicher Heerführer eingesetzt. Auf Reichsebene bot er selbst in fortgeschrittenem Alter noch seine Kriegsdienste an.[119]

Im August 1566 starb Ladislaus von Haag – ohne legitimen männlichen Nachfolger. Damit trat der Fall ein, der nach der Lehensexpektanz von 1555 das Erbe des Grafen Herzog Albrecht V. von Bayern zusprach. Als oberster Lehensherr belehnte Kaiser Maximilian am 21. März 1567 den Wittelsbacher mit der Reichsgrafschaft Haag.[120] Doch ganz ohne Einbußen konnte er nicht davon profitieren, denn unmittelbar nach dem Tod des Grafen meldeten viele Parteien ihre berechtigten Erbansprüche an,[121] die es zu befriedigen oder abzuwehren galt. In den wichtigsten Fällen wie bei den drei weiblichen Haupterbberechtigten fanden sich letztlich Kompromisse. Mit der schon betagten Schwester Ladislaus', Margaretha, schloss er 1568 einen Vertrag, der ihr eine angemessene jährliche Apanage zusicherte – ein, wie es formuliert wurde, »statlicher Underhalt für die wenigen tage die ich hier auf diesen erdpoden zuleben hab« –, die Zahlung eines Hofmeisters, lebenslanges, standesgemäßes Wohnrecht und andere Einkünfte. Dafür verzichtete die Gräfin auf all ihre

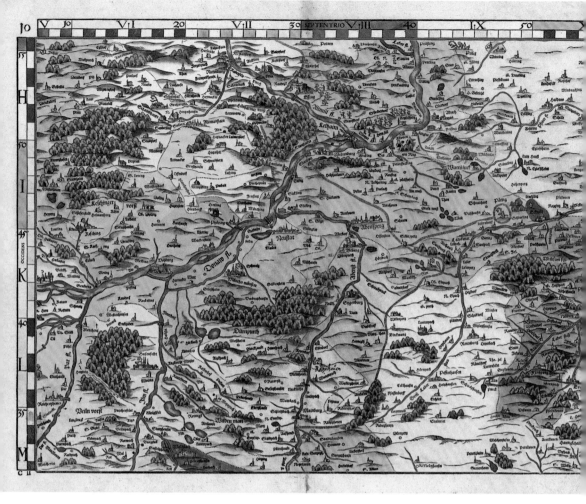

Abb. 15 ▪ *Bayerische Landtafel 10, Philipp Apian, 1568,*
kol. Holzschnitt (Landesamt für Vermessung und Geoinformation, München)

Ansprüche am Erbe ihres Bruders, inklusive ihrem Anteil an der Herrschaft Prunn.[122] Indes kam Margarethe nicht mehr lange in den Genuss dieser Lösung, denn sie starb schon 1569. Für die beiden Töchter der anderen Schwester und Karls von Ortenburg, Anna Maria und Veronika, handelte ihr langjähriger Vormund und Onkel Joachim von Ortenburg ebenfalls eine lukrative Lösung aus, die schließlich 1569, nachdem beide 1568 geheiratet hatten, durch ihre Ehemänner Hartmann von Liechtenstein und Eitel Friedrich zu Hohenzollern rechtskräftig vollzogen wurde. Auf der Grundlage dieser weitgehend finanziell abgegoltenen Regelung waren auch die Ansprüche dieser beiden Blutserbinnen erledigt; explizit wurden in diesem Zusammenhang auch »all unser Recht unnd gerechtigkhait, die wir an Brunn und seiner Zugehör gehabt, wissentlich abvergeben, abgetreten und eingeraeumbt«.[123] Zu-

34

sammen mit Joachim von Ortenburg gaben damals wohl die drei Haupterbinnen auch das stolze Hochgrab in Auftrag, das heute im Bayerischen Nationalmuseum zu bewundern ist.[124]

Die Rolle, die in dieser Zeit der Ortenburger spielte, ist von einer gewissen Brisanz. Da er zwölf Jahre lang der Pflegevater der Nichten von Ladislaus gewesen war, lag eine Fortsetzung der fürsorglichen Rolle nach dessen Tod nahe. Er wurde darüber hinaus so etwas wie der Nachlassverwalter der gesamten Güter.[125] Für einen regelrechten herzoglich veranlassten Einsatz als Pfleger gibt es hingegen keinen Beleg.[126] Das ist auch nicht weiter verwunderlich, denn er war ja lange Jahre dem Wittelsbacher ebenso ein Dorn im Auge wie Ladislaus, war doch auch der Ortenburger 1563 zum protestantischen Glauben übergewechselt und hatte durch seinen Unabhängigkeitsanspruch und seine Bedeutung bei der Adelsfronde den Verdacht des Ungehorsams gegen den Landesherrn auf sich gezogen. Erst wenige Monate vor dem Tod Ladislaus' hatte sich Joachim im Mai 1566 mit seinem einstigen Kontrahenten Albrecht versöhnt.[127] Beiden Parteien dürfte wichtig gewesen sein, nun nicht erneut in Konflikt zu geraten. So mögen die Kompromisse und Handlungsspielräume im Zusammenhang mit dem Haag'schen Erbe zu erklären sein.

Dies war ein nachweislich sehr reiches und attraktives im materiellen Sinn, noch ungeachtet der rein politischen Verhältnisse. Mit dem Aussterben der Haager Fraunberger versuchte man offenkundig, den gesamten Besitz möglichst rasch zu erfassen. Für Haag sind verschiedenste, ob des darin dokumentierten Wohlstands beeindruckende Inventare vorhanden, die über dortige Silber-, Pelz-, Gewand-, Kleinodien- oder auch große Urkundenbestände Aufschluss geben.[128] Prunn dagegen hatte wohl zumindest in späteren Jahren für Ladislaus keine hervorgehobene Bedeutung mehr; schon 1558 wurde es als Hofmarksherrschaft charakterisiert, mit acht zugehörigen Dörfern und 80 Untertanen.[129] Aber auch für Prunn gibt es aus der Phase des Besitzerwechsels ein Inventar – das bisher nicht publik war und nun hier im Anhang abgedruckt ist.[130] Es stellt uns gewiss nur einen Teil des mobilen Guts auf der Burg vor; vermutlich muss man sich mindestens ein weiteres Verzeichnis dazu denken, das auch Möbel, Gemälde, Geschirr, Wäsche und Ähnliches erfasste. Viele Räume sind immerhin konkret bezeichnet, wenn auch durch die Reihenfolge keine Zuordnung zum heutigen Zustand möglich ist. Was aufgeführt ist, zeigt für die sakrale Nutzung der Burgkapelle eine standesgemäße Ausstattung. Ansonsten erinnert es aber primär daran, dass derartigen Adelssitzen auch landwirtschaftliche Funktionen zukamen. Vermutlich war das Niveau des 1566 auf Prunn vorgefundenen Guts im vollen Umfang nicht besonders hoch, weil die Burg schon geraume Zeit vom Grafen selbst nicht mehr genutzt wurde.

Eine kleine Begebenheit lässt gleichwohl aufmerken: Der Haag'sche Diener Hans Hainrich wurde nämlich im Frühjahr 1567 zusammen mit dem Hofbauern Jörg Pew und einem Kompagnon dabei erwischt, als sie bei Nacht über das Dach in die Burg Prunn einstiegen und versuchten, zwei Silberkelche sowie einen Erbbrief zu entwenden. Dummerweise fasste man sie bei der Aktion, die wohl im April stattgefunden hatte – ob auf eigene Rechnung oder noch im Sinne des verstorbenen Grafen, ist unklar. Sie wurden vor Gericht gestellt.[131] Immerhin blitzt da der Gedanke auf, es könnten womöglich direkt nach dem Tod des Grafen mit mehr Erfolg noch andere Dinge von Wert schnell und heimlich weggeschafft worden sein. Dass in diesem Moment mittelalterliche Schriftstücke allgemein als Schätze erachtet worden wären, ist übrigens sehr unwahrscheinlich.[132]

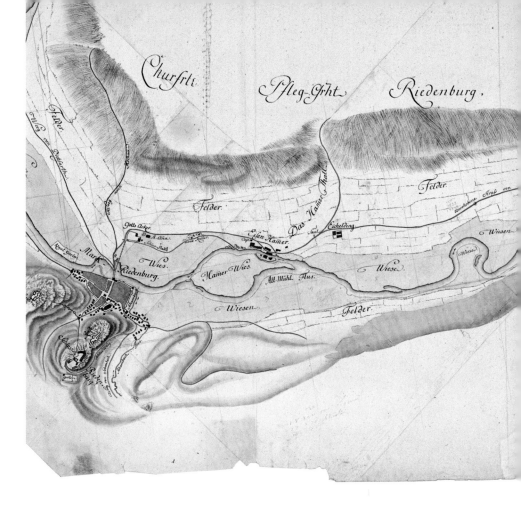

3. LANDSASSENSITZ UNTER DEN KÖCKH

Kaum war die Inventur gemacht, verkaufte Herzog Albrecht am 30. Mai 1570 Schloss und
Hofmark Prunn an seinen Rat Karl Köckh zu Bodenmais und Mauerstetten für 18 000 Gulden.[133] Damit herrschte in der Burg an der Altmühl endlich wieder ein treu ergebener Mann
des Landesfürsten. Da sowohl Albrecht V. als auch Wilhelm V. Köckh offenbar wirklich
schätzten, ließen sie ihn in einem präzise beschriebenen Gebiet sogar auf Rot- und Schwarzwild jagen.[134] Karl Köckh war gleichwohl kein Mann, der sich nur über sein Wohl- und Freizeitverhalten profiliert hätte. Er war lange Jahre Hofrat und Kammermeister der Herzöge
Wilhelm und Maximilian. Als er am 20. November 1592 starb, hinterließ er acht Kinder[135]
und ein stattliches Vermögen, denn er war ein sehr erfolgreicher Montanunternehmer durch
seine rechtzeitige Beteiligung am Eisenvitriolabbau und -handel in Bodenmais. Außerdem
besaß er unter anderem mehrere Eisenhämmer im Bayerischen Wald und einen Eisenvertrag mit dem Schiffmeister von Essing. Glocken soll er selbst mitgegossen haben, vielleicht
auch eine der beiden in Prunn vorhandenen.[136] Gerade die montanunternehmerische Seite
baute sein Sohn Christoph aus, der 1593 die Prunner Herrschaft geerbt hatte.[137] Schon 1589
betrieb dieser in Prunn ein »Teuchschmidwerch«, das bis 1630 bestand und guten Absatz

Abb. 16 ▪ *Eisenhammer von Neuenkehrsdorf nahe Riedenburg in einer Karte zur Altmühl, 1797, kol. Zeichnung (BayHStA, München, Plansammlung 6974)*

hatte.[138] 1596 oder Anfang 1597 kaufte Christoph das Hammerwerk Neuenkehrsdorf, das auf das Jahr 1480 zurückgeht. Damals hatte Purkhart Kerstorfer von Herzog Albrecht IV. nahe Riedenburg eine Mühle erworben, um dort einen Eisenhammer zu errichten. Die Lage am Wasser war hier wie auch in Essing günstig für Betrieb und Belieferung des Werks. Eisenstein bezog man zum Beispiel von Amberg auf der Vilz, lud ihn auf der Erzschütte zu Regensburg aus und fuhr ihn auf Donau und Altmühl mit Schiffen Richtung Riedenburg. Die Hammerwerke der Altmühl, so auch dasjenige in Neuenkehrsdorf, verarbeiteten vorzugsweise das hochwertige Eisenerz aus dem Dogger[139] und produzierten – mit eigener Marke – Schieneisen. Aus dem Jahr 1595 existiert sogar eine exakte Betriebsbeschreibung des Werks, seiner Kosten und des Bestands. 1599 machte Köckh mit einigem Aufwand die Altmühl von Riedenburg bis Kelheim schiffbar, was die Rentabilität seiner Unternehmungen gewiss steigerte. Außerdem erwarb er vor 1606 ein Lehendrittel am Sitz Aicholding.

Entsprechend seinem wirtschaftlichen Erfolg bemühte sich Christoph zusammen mit seiner Frau Maria von Lerchenfeld auch um eine Modernisierung und bauliche Umgestaltung der Burg zu einem nunmehr veritablen Landsassensitz. Die Baumaßnahmen am Tor- und Kemnatenbau müssen 1604 zu einem gewissen Abschluss gekommen sein, wie die mehrfach stolz angebrachten Doppelwappen mit Jahreszahl vermuten lassen. Nach dem Tod

Christophs gingen das Hammerwerk und die Mühle Neuenkehrsdorf sowie Schloss Prunn, die Hofmark und das Lehendrittel Aicholding 1621 zunächst an Karl Köckh,[140] nach dessen Tod 1636 an den Hofkammerrat und Münchner Kastner Heinrich Köckh, allerdings in entwertetem, 1635 auch völlig verwüstetem Zustand: Der allgemeine Niedergang des Oberpfälzer Bergbauwesens war durch die Auswirkungen des Dreißigjährigen Kriegs noch dramatisch beschleunigt worden. Der Reichtum der Köckh war ebenso dahin wie das florierende Hammerwerk. Ein Schuldbrief des Jahres 1629 wurde auf dem Erbschaftsweg weitergereicht,[141] aber der Ruin und notwendige Verkauf der Besitztümer waren nicht mehr abzuwenden.

4. EIN GENERAL ALS SCHLOSSHERR

1646 kaufte ein General des Kurfürsten von Bayern Schloss und Hofmark Prunn (wie auch das Hammerwerk Neuenkehrsdorf und das Lehendrittel Aicholding), der offenbar mit einigen finanziellen Ressourcen durch die lange Kriegszeit gekommen war. Generalwachtmeister Georg von Truckmiller, der sich bis zum Ende der Kämpfe immer wieder Maximilian als Heerführer angeboten hatte, erhielt dazu von seinem Herrn auch die »Hindergerichtsbarkeit auf einschichtigen Gütern« seiner erworbenen Hofmark Prunn.[142] Dieser Besitzer hinterließ keine Spuren im Bau selbst, jedoch im kirchlichen Umfeld. Seine Frau Katharina wurde 1669 bestattet und hat einen Grabstein in der Dorfkirche zu Prunn. 1649 wütete auch in der Region Riedenburg die Pest und man hatte außer den Kriegs- auch etliche Pesttote zu beklagen.[143] Georg selbst soll ein Gelübde abgelegt haben, eine Kapelle »Maria Hilf« zu erbauen, wenn seine Familie und Herrschaft verschont blieben. Er starb erst 1659 – und löste daher sein Versprechen ein, ließ im nahe gelegenen Emmenthal die kleine Pestkirche erbauen und 1651 von Sebastian Denichius von Regensburg weihen, wovon die Inschrift am Portal unterrichtete.[144] Eine Generation später, am 28. Mai 1672, verkauften die Töchter Georg von Truckmillers Schloss und Hofmark an den Rektor des Ingolstädter Jesuitenkollegs Jacob Rassler und seine Nachfolger für nur noch 31 000 Gulden.[145]

5. SCHLOSS UND HOFMARK PRUNN IM BESITZ DER INGOLSTÄDTER JESUITEN

Die Gelegenheit, Prunn samt der Hofmark auf der Basis des Verzeichnisses von 1613 und »andern darüber eingehändigten Register, Brief, Bücher und Urkunden, darzue gehörigen Schloss und Kappellen Hofbau, Dörffern, auch einschichtigen pertinentien«[146] sowie dem Hammerwerk Neuenkehrsdorf und dem Wildbann zu erwerben, verdankte das Ingolstädter Jesuitenkolleg dem großherzigen Testament des soeben erwähnten Sebastian Denichius.
    Doch wer war dieser Herr?[147] Am 3. August 1596 wurde er in Ingolstadt geboren. Sein Vater war der namhafte Jurist und Professor Joachim Denichius. Sebastian studierte in Ingolstadt und Bologna, wurde zum Doktor der Philosophie und Theologie promoviert und 1621 in Rom zum Priester geweiht. Schon 1622 nahm ihn das Domkapitel in Regensburg in seine Reihen auf, später auch das Augsburger. 1650 ernannte ihn der Papst zum Titularbischof von Almira und Weihbischof von Regensburg; damals führte er außerdem den Titel eines herzoglichen Rats. Er starb am 6. Dezember 1671. Den Ingolstädter Jesuiten muss er

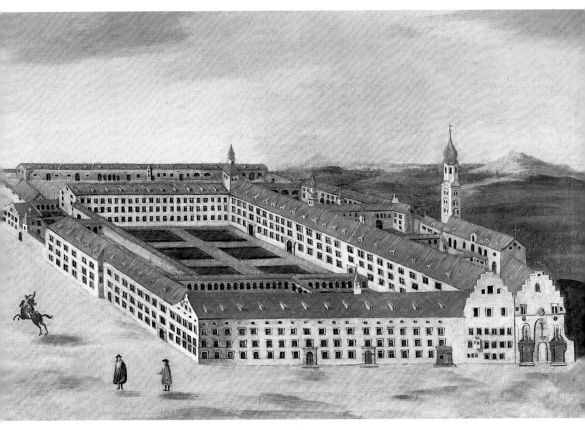

*Abb. 17 ▪ Jesuitenkolleg Ingolstadt, Ausschnitt, 17. Jh., Öl/Leinwand
(Bayerisches Nationalmuseum, München, R 7583)*

sich sehr verbunden gefühlt haben, denn schon in einer ersten Testamentsfassung von 1654, schließlich in der letztgültigen vom 22. Mai 1568 verfügte er, dass sein immerhin beträchtliches finanzielles Erbe dem dortigen Kolleg zugute kommen solle. Auch seine Bibliothek vermachte er dorthin. Darüber hinaus legte er den Grundstock für ein umfangreiches Stipendienprogramm zugunsten 14 mittelloser Theologie- und Philosophiestudenten, das immerhin bis 1772 Bestand hatte und ausgebaut wurde.

Was nun Prunn und die dortigen Besitztümer anbelangt, so galt es damals nach den Kriegs- und Krisenjahren wohl einiges wieder aufzubauen.[148] Die Mühe sahen die Jesuiten offenkundig als lohnende Investition an. Sie inspizierten die Hofmark insgesamt gründlich und brachten sie auf Vordermann.[149] Als Hammerherren in Neuenkehrsdorf betrieben sie einen Waffenhammer und versuchten 1688 sogar, eine neue Mühle zu errichten.[150] Die land- und forstwirtschaftliche Nutzung der Hofmark soll nach tief greifenden Sanierungsmaßnahmen in den gut 100 Jahren unter Ingolstädter Kuratel eine Wertsteigerung auf 75 000 Gulden gebracht haben.[151] Damit war Prunn ökonomisch gesehen durchaus wieder ein attraktives Gut.

Diese Aufwertung schlug sich auch im Äußeren des Gebäudes nieder. Zunächst ließen die Ingolstädter umgehend ab 1673 den Dachstuhl komplett erneuern, und für die umfassenden Baumaßnahmen der Zeit gibt es ab 1676 Rechnungen über verschiedene Materiallieferungen, über Arbeiten von Zimmermann, Maurer, Glaser, Tagelöhnern und anderen.[152] Die Burg wurde also unter den Jesuiten nochmals den aktuellen Bedürfnissen ihrer Nutzer und Bewohner angepasst. Dazu gehörten eine damals sehr repräsentativ umgestaltete Kapelle ebenso wie wohnlich und modern ausgestattete Räume im Palastrakt. Doch der Jesuitenorden wurde 1773 aufgehoben und ein erneuter Besitzerwechsel stand für die Herrschaft Prunn an.

6. IM ZEICHEN DES KREUZES: PRUNN UND DIE MALTESER

Nach einigen Jahren des rechtlichen Vakuums übernahmen am 6. März 1781, nicht schon 1773, wie häufig fälschlich behauptet, die Malteser bayerischer Zunge Prunn.[153] Auch die Benennung als Johanniterordens-Kommende taucht in den Quellen bis 1817 gerne auf. Allerdings scheint den Maltesern Prunn nicht besonders am Herzen gelegen zu haben, denn aus den ersten Jahren existieren nicht einmal Kirchenrechnungen für die Schlosskapelle und bis zur Auflösung des Ordens 1822 waren die Herrschaft und wohl auch die Burg selbst ziemlich heruntergewirtschaftet. Der letzte Ordenskomtur Graf Waldkirch muss zudem auf äußerst unkorrekte Weise sein Amt versehen haben, denn er wurde bis 1851 gerichtlich wegen Veruntreuung von Stiftungskapital in Prunn belangt.[154]

Abb. 18 ▪ Weihwasserbecken in der Kapelle auf Burg Prunn mit Malteser-Kreuz

7. PRUNN IN STAATSBESITZ

Im Jahr 1823 gelangte die ehemalige Malteser-Kommende Prunn samt Schloss, Jäger-, Gerichtsdiener-, Schäferhaus, Schafstall und Scheune an den Staat. »Diese Gebäude waren in ruinösem Zustand, besonders das Schloßgebäude«, heißt es in den Akten.[155] Sofortige Sicherungsmaßnahmen waren an der Brücke, dem Dach und einem Teil der Mauer sowie den Glasfenstern nötig. Noch größeren Nachdruck erhielt diese Forderung nach Restaurierungsmaßnahmen auf den energischen Einsatz König Ludwigs I. hin, der allgemein an den mittelalterlichen Bauwerken seines Königreichs ein besonderes Interesse hatte. Prunn konkret betreffend heißt es in einem Schreiben der königlichen Baubehörde in Ingolstadt vom 2. Oktober 1827: »Im Namen seiner königlichen Majestät, nach seinem allerhöchsten Reskript vom 21. vorigen Monats soll das alte Bergschloß zu Prunn nicht veräußert, sondern die der Baufälligkeit halber zu treffenden Verfügungen Antrag erstattet werden.«[156] Die großen Restaurierungsmaßnahmen wurden von Ingolstadt aus betreut; später war das Landbauamt Regensburg für den Erhalt zuständig. 1829 gab es eine teilweise öffentliche Versteigerung der zum Schloss und zur Kapelle gehörigen Mobilien. Leider hat sich das entsprechende Inventar im Akt nicht erhalten.[157] Eine weitere Restaurierung fand unter Regierungspräsident Ziegler und Kreisbaurat Bernatz statt.[158] Damals muss die Burg auch halbprivat als Wohnung genutzt worden sein, wie in einem Inventar von 1893 aufscheint.[159] Dieses Dokument, das im Anhang publiziert ist, geht auf eine exakte Erfassung aus dem Jahr 1857 zurück und ist die einzige vollständige historische Bestandserfassung des Burgbaus.

Im frühen 20. Jahrhundert ist von einem baulichen Vorfall und zwei historisch bemerkenswerten Momenten im Zusammenhang mit Prunn zu berichten. 1912 stürzte die nordwestliche Hofstützmauer ab und musste in den folgenden Jahren wieder errichtet werden. 1914 konnte das Bauamt dann bereits vermelden, es befänden sich die »Gebäulichkeiten des Bergschlosses Prunn ... im allgemeinen in gutem baulichem Zustande. ... Alle früheren Wohn- und Wirtschaftsräume sind mit gut schließenden Fenstern und Türen versehen: z.T. sind sie bescheiden eingerichtet.«[160] Der Besuch des Bergschlosses war 1922 schon gegen eine »mäßige Gebühr unter Aufsicht des Schloßwartes gestattet, wenngleich wiederholte Inventardiebstähle auch hier zur Vorsicht mahnen.«

1919 traf sich auf Prunn eine reformorientierte, bayerische Abspaltung des Deutschen Pfadfinderbunds. Die dort Tagenden erklärten sich zu »neudeutschen Pfadfindern«, die eine militärische Orientierung ihrer Vereinigung ablehnten und sich stärker an der Wandervogelbewegung ausrichten wollten. Miteinander erarbeiteten sie das sogenannte Prunner Gelöbnis, das später weiter ausformuliert und eingesetzt wurde.[161]

1922 fand dann vom 6. bis 8. August auf Prunn ein Ereignis ganz eigener Art und mit durchaus markanten Folgen statt: der sogenannte Bundestag des damals größten Jugendbunds in Deutschland, eines Wanderbunds jüdischer Jugendlicher mit dem Namen Blau-Weiß, zu dem viele namhafte Mitglieder gehörten wie zum Beispiel Norbert Elias. Im August 1922 formierte sich auf Prunn aus Blau-Weiß freilich etwas völlig Verändertes, eine zionistische Vereinigung mit Anmutungen einer Armee und konkreten politischen Zielen. Die sogenannten Prunner Gesetze, die den Wandel festhielten, beschloss man am Ende auf Prunn gemeinsam. Ein Teilnehmer beschrieb bewegt das Erlebnis: »Ich werde nie vergessen, wie stolz ich war, als Walter Moses mir auf dem Bundestag in Schloß Prunn die Blau-Weiß-Nadel überreichte, und wie wir damals jenen Schwur wiederholten, den über 2 500 Jahre zuvor die Juden im babylonischen Exil geschworen hatten: Wenn ich dein vergäße, o Jerusalem, möge meine rechte Hand verdorren.«[162] Dies alles wurde von den Blau-Weiß-Führern wenig später dokumentiert und publiziert.[163]

Das nächste für die Geschichte Prunns einschneidende Datum ist erst das Nachkriegsjahr 1946: Die Bayerische Schlösserverwaltung übernahm im November die Burg und Rudolf Esterer leitete Maßnahmen zur baulichen Sanierung ein.[164] Um 1950/51 hatte man auch das Innere unter der Verantwortung von Luisa Hager durchgehend »instandgesetzt«.[165] In diesem Zustand war die Burg über Jahrzehnte zu sehen. 2010 konnten der Dachstuhl komplett saniert und das Dach neu gedeckt werden. 2012 schließlich ist es möglich, eineinhalb Geschosse des Palas baulich dazuzugewinnen und museal in die Neupräsentation einzubeziehen.[166]

8. ZUSAMMENFASSUNG

Die Geschichte der Herren von Prunn reicht in den Quellen bis in die erste Hälfte des 11. Jahrhunderts zurück. Vermutet wird ein genealogischer Zusammenhang mit dem sagenhaften Babo, Burggraf von Regensburg. Eine Linie Prunn-Laaber-Breitenegg ist durchgehend ab Berthold im Jahr 1080 greifbar. Zu altem Adel und einem freien Geschlecht gehörig, ließen sie ihrer Position entsprechend die Burg als stolzes Symbol und wehrhaften Sitz auf dem Felssporn errichten. 1288 zogen sie es jedoch vor, Burg und Herrschaft an den oberbayerischen Herzog Ludwig I. zu verkaufen und sich damit umgehend wieder belehnen zu lassen. Oberster Lehensherr der Prunner war damit bis zum Ende des Alten Reichs der Herzog, später Kurfürst in München. Die Fraunberger von Haag kauften Prunn wohl 1338. Diese aufstrebende, herzogstreue Ministerialendynastie besetzte seither mit einem Zweig die Burg. Ab 1476 beerbte der Prunner Familienzweig die mächtigeren Haager Verwandten und stieg kurz darauf sogar zur Reichsunmittelbarkeit dieser Grafschaft auf. Einzelne Vertreter der Familie des 15. und 16. Jahrhunderts waren prominente und auch landeshistorisch wie reichspolitisch wichtige Persönlichkeiten, etwa Hans VII., Sigmund oder Ladislaus. Mit Letzterem, einem äußerst streitlustigen, selbstbewussten Herrn und Widersacher Albrechts V. von Bayern, starb allerdings die Fraunberger Dynastie von Haag auch zu Prunn aus. Der Herzog kam wieder in Vollbesitz der Fraunberger Herrschaft; 1570 verkaufte er Prunn an einen treuen Gefolgsmann, den Rat und Montanunternehmer Karl Köckh. Mit dieser Besitzerfamilie fand zugleich eine Verlagerung der Interessen rund um Prunn statt, denn nunmehr standen wirtschaftliche Faktoren wie Erwerb, Nutzung und Ausbau des Eisenhammers in Neuenkehrsdorf im Vordergrund. Der Erfolg dieser Unternehmungen ermöglichte immerhin auch den Ausbau der Burg um 1600 zu einem veritablen Landsassensitz. Bevor die Jesuiten von Ingolstadt 1672 Prunn übernahmen, war es damit aber kriegs- und krisenbedingt ziemlich bergab gegangen. Den Jesuiten gelang es, die Hofmarksherrschaft wieder funktionstüchtig und einträglich auszuüben und Schloss- und Kapellenbau repräsentativ zu modernisieren. Diesem Aufschwung folgte ein erneuter Niedergang unter den Maltesern 1781, bis Prunn endgültig 1823 in die Obhut des Staates kam. Die Anordnungen König Ludwigs I. veranlassten auch für Prunn erste denkmalpflegerische Fürsorge, die seit 1946 die Bayerische Schlösserverwaltung obwalten lässt.

Abb. 19 ▪ Gästebuch der Burg Prunn mit chronikalischer Zusammenfassung für das Jahr 1912, Aquarell, Burg Prunn

L. Weinberger

Chronik 1912

Am 4. Juli um die Mittagszeit
stürzte ein Teil der südwestl. Brüs-
tungsmauer i. Schlosshofe ein, so
dass die Steine bis ins Tal hinab
kugelten. Die Schuld trug der Efeu,
der armsdicke Wurzeln in das Ge-
mäuer getrieben hatte. Es wurden
die nötigsten Aufräumungsarbeiten
u. Schutzvorrichtungen gemacht, wofür mit den gewöhnlichen Ausbesserungen insgesamt 1325 M. aus-
gegeben wurden. ~ In frohen
Gästen sah die Burg 1109. ~
Regensburg, den 31. Dez. 1912
k. Landbauamt:

Brunstt

ANMERKUNGEN

1   Ein Kolloquium mit einschlägig fachlich bewanderten Spezialisten aus den Bereichen der bayerischen Landesgeschichte, Mediävistik, des Archivwesens, der Kunstgeschichte und oberpfälzer Burgenkunde im Juli 2011 ermunterte und bestätigte die vorgetragenen Thesen und Erkenntnisse. Allen Teilnehmern und bes. auch der Bayerischen Volksstiftung e. V. als Mitveranstalterin sei für den Einsatz und das Mitdenken an dieser Stelle nochmals aufrichtig gedankt.

2   So schon beschrieben bei Wening 1701, S. 92 f.

3   Auer 2008, S. 304 und 326, sowie ders. 1998, bes. S. 31.

4   Mayer 1838, S. 311. Ders. 1832. Der erste wissenschaftlich und in Quellenbelegen nachvollziehbare Beitrag zu Prunn ist zu finden in Hofmann/Mader (Bearb.) 1908, S. 102–113.

5   Z. B. in Fischer/Schmid 1996, S. 4. In Scheuerer 1999 (als reduzierter Aufsatz Scheuerer 1980) heißt es S. 21 nur vage: »Der neue Familienzweig der Babonen errichtete in der ersten Hälfte des 11. Jahrhunderts seine Stammburg Schloss Prunn im Altmühltal.« Korrekt ist die Nennung im ansonsten eher unzuverlässigen kurzen Artikel von Heribert Batzl: Prunn. In: Bayern. Hrsg. von Karl Bosl, Stuttgart 31961 (Handbuch der historischen Stätten Deutschlands 7), S. 596 f.; ähnlich auch Zeune 1999 b und ders. 2000 b, S. 82 f.

6   Monumenta Boica 1784, S. 271–274; vgl. v. a. BayHStA, KL Geisenfeld 8, fol. 1r–3r, in einer Abschrift des 18. Jahrhunderts.

7   »Berchtolt de Prunnen« im Puchhovener Traditionsbuch 1040 »Sub abate Puolone«, siehe Monumenta Boica 1777, S. 310; im Weltenburger Traditionsbuch unter Abt Berthold (BayHStA, Monumenta Weltenburgensia Codex Traditionum, Fotobd.44, Weltenburg 1, fol. 37) um 1063 ist wieder ein »Werinhere de Brunna« genannt, siehe ebd. Nr. XLIII Tradicio Predii Harde; außerdem Werinher und sein Bruder Friedericus »de Brunnin« im Zusammenhang mit einer Schenkung von Grunenbach im Traditionsbuch Reichenbach aus dem 12. Jahrhundert, siehe Monumenta Boica 1784, S. 414, Nr. XI.

8   Vgl. Scheuerer 1999, S. 21; zur Ausbildung der Dynastie in der Zeit von 1002 bis 1080 ebd., S. 46; auch Hund 1585/1586, Teil 1, S. 2, unter Berufung auf Aventin. Auer 2008, S. 204; Tyroller 1962, Tafel 11, S. 165–170 (zu den Babonen), Tafel 49, S. 487–493 (zu den Prunn-Laaber-Breitenegger); Schwennicke (Hrsg.) 1984, Tafel 82 f.; Emmerling 2005, S. 8. Der Amtliche Führer (Fischer/Schmid 1996) vermutet, dass die Prunner das Laaber-Wappen führten (S. 5), also drei horizontale Balken im silbernen Feld; ähnlich auch Einzinger von Einzing 1762, S. 173: »Brunn: Es gehörte denen von Laber … Diese von Brunn haben sonder zweifel das Laberische wapen geführt«; der Gebrauch von Wappen setzte allerdings erst im 12. Jahrhundert ein, siehe Hechberger 2010, S. 21.

9   Siehe Prinz 1980, bes. S. 258 sowie A. I. Die Auseinandersetzung mit Landesadel, Episkopat und Königtum 1180–1253. § 3. Die entscheidenden territorialpolitischen Erfolge Herzog Ludwigs I. (1183–1231). Von Max Spindler und Andreas Kraus. In: Spindler 1988, S. 19–30, hier S. 20 f.; Mages 2010, S. 36 f.

10 Um 300 Pfennige, siehe von Freyberg (Hrsg.) 1836, S. 32 f. Zu den Breitenegger Herrschaftsübergängen siehe Scheuerer 1999, S. 30, zum Rückkauf von den Gumppenbergern 1463 siehe ebd., S. 42, zur Reichsunmittelbarkeit siehe ebd., S. 26; Auer 2008, S. 304; Jehle 1981, S. 129 und 345.

11 Mit Ausnahme der Jahre 1433 bis 1463, als die Gumppenberger in Besitz von Breitenegg waren – vielleicht aufgrund der Ehe Hadamars IV. (1364–1420) mit Elsbeth von Gumppenberg (gest. 1392), siehe Schwennicke (Hrsg.) 1984, Tafel 83; Lieberich 1964, S. 122, zu Heinrich IV. Gumppenbergers Person und Ankauf.

12 Vgl. Sagstetter 2000, S. 29 f.; zum Dynastensterben siehe auch A. I. Die Auseinandersetzung mit Landesadel, Episkopat und Königtum 1180–1253. § 6. Das Ende der großen Geschlechter. Ottos Tod. Von Max Spindler und Andreas Kraus. In: Spindler 1988, S. 42–52.

13 A. II. Grundzüge des inneren Wandels, § 7. Neue Grundlagen. Von Max Spindler und Andreas Kraus. In: Spindler 1988, S. 53–68, hier S. 66.

14 Siehe Emmerling 2005, S. 9 f., sowie Scheuerer 1999, S. 51–54, und Hund 1585/1586, Teil 1, S. 9, zu Bischof Hainrich, der von Ludwig 1340 in seinem Amt bestätigt worden war trotz einer Doppelwahl, sich aber daran nur bis 1347 erfreuen konnte, wo er »vor leyd« starb.

15 Siehe Scheuerer 1999, S. 51 f.

16 Zu 1261/Wernher siehe Mages 2010, S. 105 f. Laut Scheuerer 1999, S. 28, verfügten sie sogar von 1217 bis 1280 darüber – von Wernher IV. bis zu Wernher VI., der die Vogteirechte an den Regensburger Bischof verkaufte. Ein weiteres Indiz für den Rang der Prunn-Laaber ist die Tatsache, dass ihre Amtsleute nachweislich spätestens ab dem 14. Jahrhundert selbst Adelige waren, siehe Scheuerer 1999, S. 46. Zum Adel im Hochmittelalter und zur Einbettung der Prunn-Laaber in die allgemeine Tendenz der Zeit siehe Hechberger 2010, S. 17–26.

17 Zu diesem Begriff siehe Ebner 1969.

18 Sagstetter 2000, S. 24 und 30.

19 Fischer/Schmid 1996, S. 34, bezogen auf 1147.

20 Siehe dazu Sagstetter 2000, S. 21–24, mit Definitionen und Quellenbelegen (bis ins Jahr 1242 gibt es bemerkenswerterweise nur drei), sowie AK Adel in Bayern 2008, S. 104 f. (Klaus Kopfmann).

21 Hund 1585/1586, Teil 2, S. 402.

22 Siehe Sagstetter 2000, S. 22 f., sowie C. I. Staat und Gesellschaft bis 1500. § 85. Die spätmittelalterliche Gerichtsbarkeit. Von Wilhelm Volkert. In: Spindler 1988, S. 598–609, bes. S. 598–602.

23 Siehe dazu den Beitrag von Alexander Wiesneth in diesem Band.

24 Zu den Pflichten zählten u. a. die der Güterverwaltung, des Gerichts, auch die gesellschaftlichen der Hofhaltung; vgl. z. B. Albrecht 1995, S. 5; AK Die Ritter 2003, bes. S. 94 f.; Biller/Großmann 2002, bes. S. 73 f.; AK Mythos Burg 2010.

25 Siehe Auer 2008, S. 307–309, zur Burg Randeck, die mit Bergfried, Bering, Palas, Kapelle, teilweise Buckelquadern wohl in der zweiten Hälfte des 12. Jahrhunderts errichtet wurde und ab dem 13. Jahrhundert Abensberger Eigentümer hatte. Siehe im Detail v. a. den Beitrag von Alexander Wiesneth in diesem Band.

26 Siehe Boos 1998, S. 249 f.

27 Siehe dazu etwa Wilhelm Störmer: Ludwig I. der Kelheimer. In: Neue Deutsche Biographie 15 (1987), S. 355–357; Schmid 1996 und ders. 1999.

28 Schmid 1996, S. 20 f.; ders. 1999, S. 9; siehe auch Appl/Köglmeier (Hrsg.) 2010.

29 Siehe Schmid 1999, S. 18 f. und Anm. 119–121 mit älterer Literatur.

30 Auch wenn es keine Stadtgründungsurkunde in den Archiven gibt, siehe Schmid 1996, S. 23–28.

31 Kratzsch 1980, bes. S. 333 f.; Schmid 1999, S. 19.

32 Schmid 1999, S. 19.

33 Siehe BayHStA, Kurbayern Urkunden 15018.

34 Siehe zuletzt zur Komplexität des Lehenswesens auch Dendorfer/Deutinger (Hrsg.) 2010.

35 1293 an die Hirschberger; vgl. auch Scheuerer 1999, S. 30.

36 Unklar bleibt also, wann Prunn genau zur Hofmark wurde. Die erste quellenmäßig fassbare Benennung stammt erst aus dem Jahr 1487, allerdings steht selbst diese im Zusammenhang mit einer herzoglichen Bezeichnung (BayHStA, KÄA 533, dann erst wieder ab 1558 Prunn als »Hofmarch«, siehe BayHStA, Kurbayern Geheimes Landesarchiv 1170, I, 80,1, f. 71r). Ob Prunn unter den Wittelsbachern bereits mit der Änderung des Rechtsstatus 1288 oder evtl. unter den Fraunbergern zu einer Hofmark überführt wurde, ist zwar denkbar, aber durch archivalische Quellen bisher eindeutig nicht zu belegen.

37 BayHStA, Kurbayern Urkunden 24682. Außen auf der Urkunde ist vermerkt: »umb die vest prunn«. Da es jedoch wohl von der Handschrift her eine spätere Ergänzung (evtl. 15. Jahrhundert) ist, kann dies nicht als früheste urkundliche Erwähnung der Burg/Feste selbst gelten. Zur Rolle von Frauen im hochmittelalterlichen Lehenssystem siehe Orth 1986, bes. S. 48–50; Seibert 2010, bes. S. 157 f.

38 Hund 1585/1586, Teil 1, S. 8; S. 10 erwähnt Hund übrigens auch einen weiteren »Brieff« zu Prunn an der Altmühl – es müssen sich damals also allerhand Archivalien und alte Schriften in der Burg befunden haben.

39 So z. B. im Amtlichen Führer (Fischer/Schmid 1996), S. 6; das Datum wird auch noch bei Zeune 2000 b, S. 82, genannt.

40 Der Fehler wurde aufgedeckt von Krenner, siehe Sagstetter 2000, S. 63. Bei Lieberich 1990, S. 82, wird bereits das Jahr 1314 erwähnt, in dem die Fraunberger von Haag als Landsassen zu Prunn in den landständischen Freibriefen aufgeführt seien. Auer 2008, S. 304, überlegt sogar, dass sie Prunn gleich nach dem Tod Wernhers VII. oder Ulrichs von Stein 1307 übernommen hätten. Hund 1585/1586, Teil 1, S. 62.

41 Noch ist es zwar nicht gelungen, den urkundlichen Beleg dafür in Händen zu halten, aber die Indizien deuten darauf hin, dass dieses Datum stimmt. Ludwig Freiherr von und zu Fraunberg hatte zu Beginn des letzten Jahrhunderts sehr gründlich das gesamte Archiv der Fraunberger aufgearbeitet und in einem vielbändigen maschinenschriftlichen Werk verzeichnet. Archivbd. V, 2 widmete er der Prunner Linie und notierte S. 1 unter »Reg. 7,5«: »Im Jahre 1338 kauft Hans Schloß und Hofmark Prunn von den Praiteneckern an der Altmühl … Von dieser Zeit an nennen er und seine Nachkommen sich zu Prunn.«. Unter dem Datum 21. März 1338 wird dort S. 2 eine Urkunde erwähnt, in der Hans sich bereits als »zu Prunn« nennt; der Verkauf müsste also vorher stattgefunden haben. Vgl. den Band aus dem Besitz derer von Fraunberg zu Fraunberg. Ich danke an dieser Stelle Freifrau Herdana II. von Fraunberg herzlich für die Möglichkeit der Einsichtnahme und ihre Unterstützung. Allerdings ist auch hier nicht, wie andernorts bei ihm, eine genaue Urkundendatierung o. Ä. notiert und ein Kauf »von den Praiteneckern« könnte wohl auch nicht gut sein, da die Burg ja dem Herzog gehörte. In den staatlichen Archiven, in die auch der Fraunberger Bestand überführt wurde, findet sich bei den herzoglichen und Familienurkunden ebenfalls kein (Ver-)Kaufnachweis, nicht einmal beim 1566 erstellten Verzeichnis der »brieflichen Urkunden zum Haag« (siehe BayHStA, KÄÄ 572). Das Hofmarkarchiv der Fraunberger wird derzeit erst noch im StA München bearbeitet. Mayer 1838, S. 312, schrieb sogar konkret, wenn auch ohne Nachweis: »Franz der Praitenecker veräußerte ao. 1338 die Burg zu Prun mit Zugehörungen an Thomas den Frauenberger zum Haag«; darauf stützen sich auch Schlereth 1926, S. 24, und Münch 1987/1993, Bd. 1, S. 74. Janker 1996, S. 213, nennt ebenfalls das Jahr 1338, auch bei ihm ohne Nachweis. Zu den Indizien siehe Münch 1987/1993, Bd. 1, S. 75: Er erwähnt den Verkauf der Höfe zu Zagel bei Altfraunberg, zu Warnach bei Oberdorfen, mehrerer Häuser zu Babing bei Dorfen und des Hofs zu Niederheim, »vermutlich um die Burg Prunn finanzieren zu können«; siehe ähnlich Familienbesitz der Fraunberg von Fraunberg, Archivbd. V, 2, S. 2. Im Bd. VII der Regesta Boica (von Freyberg [Hrsg.] 1838) ist S. 211 ebenfalls vom Verkauf verschiedener Höfe nach 1338 die Rede. Auch die Tatsache, dass Hans 1347 mit »zu Prunn« siegelte, würde zum Kaufdatum 1338 gut passen.

42 Von wann die Bemalung ursprünglich stammt, ist unklar. Die letzte Erneuerung wurde 2003 vorgenommen. Zum Wappen siehe auch Einzinger von Einzing 1762, S. 287–289, Frauenberg: »Geschlecht und Name von dem im Landshuterischen Pflegamte Aerding gelegenen Schloss Fraunberg. Sie schreiben sich Freyherren zu Haag und sind Ritter des Heil. Röm. Reichs. Haben der Gurre Schild und helm in dem anderten und dritten quartiere ihres gevierten Schildes zu führen angefangen, nämlich eine silbern gurn im rothen felde. Auf dem helme ein halbes solches pferd von silber.« Um das Gurre-Wappen an der Burg ranken etliche Sagen, siehe u. a. Fischer/Schmid 1996, S. 7, Anm. 6: »… dass der Jüngste eines Geschlechtes sich in einem Wettstreit mit seinen Brüdern auf einem Schimmel die Burg erkämpft habe und aus Dankbarkeit die Gurre an seiner Burg habe abbilden lassen.«

43 In vieler Hinsicht ist ihr historischer Aufstieg in den niederen, später sogar in den Hochadel ein Paradebeispiel für die Geschichte des Ministerialadels, vgl. Hechberger 2010, S. 27.

44 Siehe auch Schlereth 1926, S. 11–13.

45 Siehe BayHStA, Kurbayern Urkunden 36401 (früher Kaiserselekt 775); bei Janker 1996, S. 177 und 179, ist fälschlich von 1246 die Rede; zu Bedeutung und Kontext des Vorgangs siehe ebd., S. 207–216.

46 1359 schon teilten sich die Fraunberger die Grafschaft selbst (siehe BayHStA, Kurbayern Urkunden 24065): Hans der Fraunberger erhielt den oberen Teil der Grafschaft, seine Vettern Seifrid und Konrad, Hofmeister Markgraf Ludwigs, den niederen Teil. Weitere Linien sind u. a. die zu Haidenburg, Massenhausen, Tettelheim, Hohenburg, Poxau, Hubenstein, siehe von Fraunberg 1913, Tafeln I–VII.

47 Siehe Familienbesitz der Fraunberg von Fraunberg, Archivbd. V, 2, S. 9 f., wenngleich Hans den Sold für diese Kriegsdienste oft lange Zeit nicht bezahlt bekam.

48 Siehe von Fraunberg 1913, Tafel II, und Hund 1585/1586, Teil 1, S. 62; siehe auch Janker 1996, S. 195–199. Sagstetter 2000, S. 19, zu Seifrid I.

49 Siehe Münch 1987/1993, Bd. 1, S. 70; u. a. erhielt Haag dafür 1324 das Marktrecht und die Freyung.

50 Siehe Hund 1585/1586, Teil 1, S. 63; Lieberich 1964, S. 130, Anm. 691; Janker 1996, S. 212–214 und 217; Familienbesitz der Fraunberg von Fraunberg, Archivbd. V, 2, S. 80.

51 Zu den verschiedenen Ämtern siehe Münch 1987/1993, Bd. 2; von Fraunberg 1913, Tafel II; Janker 1996, S. 201 und 213; zu den Nachweisen in den Landtafeln ebd., S. 384 f., zur Landtagteilnahme bis 1516, speziell Wolfs von Prunn, siehe Sagstetter 2000, S. 30.

52 Münch 1987/1993, Bd. 1, 107 f., 131 und 159 f.; von Fraunberg 1913, S. 163, Anm. 28: »Anna die Fraunbergerin« hatte um 1380 600 Gulden an Herzog Stephan verliehen. Die Verschuldung blieb teilweise bis ins 15. Jahrhundert bestehen (siehe Münch 1987/1993, Bd. 2, S. 14 f.), z. B. 20 373 Pfund bei Hans VI. und Georg IV., seit dem Jahr 1387. Noch im 16. Jahrhundert werden archivalisch immer wieder Schulden angesprochen, die verschiedene Herrschaften bei den Fraunbergern zu Prunn hatten, siehe etwa BayHStA, KÄA 533, fol. 187–191, Erbmarschall von Eckl sowie Schuldverschreibungen zwischen den Herzögen und den Haagern 1482 bis 1567 in BayHStA, KÄA 534.

53 Vgl. dazu Janker 1996, S. 203 f., und ausführlicher Münch 1984.

54 Siehe die Beiträge von Alexander Wiesneth und Sebastian Karnatz (»Bild und Herrschaft«) in diesem Band.

55 Siehe zu St. Wolfgang u. a. Arnold 1993, S. 90–94; Janker 1996, S. 224, Anm. 280. Zu den Frühmessstiftungen siehe Familienbesitz der Fraunberg von Fraunberg, Archivbd. V, 2, S. 5 f. und 12.

56 Siehe von Fraunberg 1913, Tafel II; Münch 1987/1993, Bd. 2, S. 18, berichtet z. B. nach Fueterer (falsch genannt »Fuetner«) über ein sagenhaftes, bes. aufsehenerregendes Turnier Hans' VI. von Haag am 15. August 1442 in Augsburg. Es fand zu Ehren Markgraf Achilles' von Brandenburg mit angeblich mehr als 2 000 Mann statt. Der Markgraf soll seine Gegner aufgefordert haben, ohne Rüstung, aber mit scharfen Waffen gegen ihn zu kämpfen. Hans VI. wagte es, wurde daraufhin mit der Lanze zwar schwer verwundet, blieb aber im Sattel. Dieser Kampf wurde als unentschieden bewertet und abgebrochen – ehrenhaft. Von dem Turnier ist bei Mayer 1832, S. 152, ein ausführlicher Bericht aus einer mir nicht näher bekannten Chronik von Augustus Burkhard Zeng zu finden. Zur Turnierteilnahme der Fraunberger siehe z. B. Münster 1820.

57 Zu Hans I. siehe von Fraunberg 1913, Tafel I; ebd., Tafel II, zu Hans III. und Wilhelm; Hund 1585/1586, Teil 1, S. 63; Münch 1987/1993, Bd. 2, S. 19; Mayer 1838, S. 312, allerdings bringt er verschiedene Hans durcheinander.

58 Siehe dazu zuletzt AK Burg und Herrschaft 2010 sowie Hechberger 2010, S. 34–37.

59 Zu den literarischen Bezügen und Quellen des Ritterbilds siehe Arentzen/Ruberg (Hrsg.) 2011 sowie generell noch immer Bumke 1997.

60 Fleckenstein (Hrsg.) 1986, im Nachwort, S. 624–651. Zu bayerischen Turniergesellschaften (und diesen angehörenden Fraunbergern) siehe Piendl 1960; Kobler 2009. Zur spätmittelalterlichen Turnierfähigkeit innerhalb des bayerischen Adels und die allmähliche Ablösung vom Fürstenhof siehe auch Lieberich 1964, S. 16 f.

61 Das lässt sich nicht zuletzt an den immer renommierteren Ehepartien ablesen, siehe z. B. jene Leonhards II. (1490–1511) mit einer Leuchtenbergerin (siehe von Fraunberg 1913, Tafel II).

62 Zu diesen Aspekten siehe bes. die Beiträge von Rösener 1986 und Meyer 1986.

63 Siehe Schlereth 1926, S. 34 f., Janker 1996, S. 207 f. Die Empfängerurkunde von 1437 siehe BayHStA, Kurbayern Urkunden 23461.

64 BayHStA, Kurbayern Urkunden 24098 vom 2. Dezember 1453.

65 BayHStA, Kurbayern Urkunden 23471, vom 20. März 1465.

66 Siehe Reichsmatrikel 1481, Bd. 1: Matricul und Anschlag wider Ungarn …, S. 270: Als Beitrag der Fraunberger von Haag waren drei Soldaten zu Ross beizusteuern. Später wurde dies durch Bargeld ersetzt.

67 BayHStA, Kurbayern Urkunden 2802 vom 31. Oktober 1476.

68 Kurioserweise erfolgte die – an sich nicht notwendige – Bestätigung seitens Albrechts IV. rasch, der Kaiser ließ sich aber erst deutlich nach dem Tod Hans' VI. am 3. August 1477 den Lehenseid von Sigmund leisten und die Lehensgebühr von immerhin 6 000 Pfund Pfennige in Raten zahlen, siehe Familienbesitz der Fraunberg von Fraunberg, Archivbd. V, 2, S. 225.

69 BayHStA, Kurbayern Urkunden 23472 vom 31. Mai 1509. Zum Helmkleinod mit der Figur der französischen Königin siehe Familienbesitz der Fraunberg von Fraunberg, Archivbd. V, 2, S. 227. Mit dieser Rangerhöhung hatten sie realisiert, was als der erfolgreiche fraunbergische Versuch der Emanzipation von der Herzogsgewalt zugunsten eigener Landeshoheit charakterisiert wurde, siehe C. I. Staat und Gesellschaft bis 1500. § 79. Das Herzogtum. Von Wilhelm Volkert. In: Spindler 1988, S. 536–545, hier S. 540, und § 82. Adel und Landstände. Von Wilhelm Volkert. In: Spindler 1988, S. 564–578, hier S. 568 f.

70 Münch 1987/1993, Bd. 1, S. 131–133; Familienbesitz der Fraunberg von Fraunberg, Archivbd. V, 2, S. 43–62; von Fraunberg 1913, Tafel II; Münch 2008 b, S. 11.

71 Siehe hierzu und zum Folgenden Familienbesitz der Fraunberg von Fraunberg, Archivbd. V, 2, S. 62; Hund 1585/1586, Teil 1, S. 63 (auch zur Turnierbeteiligung in Regensburg 1412), und Teil 2, S. 145, Lieberich 1964, S. 119, Anm. 119 und 545. Der Laiminger war kurz nach den Haagern Hans und Georg und gleichzeitig mit Hadamar von Laaber und Wilhelm Fraunberger herzoglicher Rat; er gehörte also zur gleichen Schicht wie sein Schwiegersohn. 1392 hatte Erasmus von Peter von Fraunberg Wasentegernbach gekauft, laut Hund 1585/1586, Teil 2, S. 145, »sonst auch vil Güter«. Martha erbte laut Fraunberger Archivband (ebd.) 1428 außerdem von Burckart von Laiming dessen gesamtes Gut. Sie war also gewiss auch eine wohlhabende Braut. Hilpolts Schwester Anna war übrigens verheiratet mit Dietrich Schenk von Flügelsberg in der Nachbarschaft Prunns.

72 Anna von Fraunberg war wohl die Witwe des Thomas und selbst Pflegerin zu Gerolfing.

73 Siehe Orth 1986, S. 28 f.; dort auch weiterführende Literatur zum Thema Fehde sowie zu dem erst aus dem 19. Jahrhundert stammenden Begriff des »Raubritters«. Bis zum Ewigen Landfrieden von 1495 galten derartige Kleinkriege gewissermaßen als rechtmäßig.

74 Siehe den Beitrag von Sebastian Karnatz, »Bild und Herrschaft«, in diesem Band.

75 Vgl. hierzu und zum Folgenden Familienbesitz der Fraunberg von Fraunberg, Archivbd. V, 2, S. 77–138; Münch 1987/1993, Bd. 2, S. 20–42; Hund 1585/1586, Teil 1, S. 63; Lieberich 1964, S. 130. Hans zählte wohlgemerkt nicht zum Böcklerbund. Dennoch wurde ihm Schuld zugewiesen durch Räte Albrechts IV. an der Krise mit dem Adel der Niederlande (Janker 1996, S. 220 f.). Die Aussöhnung des Herzogs mit beiden Fraunbergern beinhaltete auch die Zusicherung uneingeschränkten herzoglichen Öffnungsrechts von Schloss und Burg Haag (bei Prunn verfügte Albrecht ohnehin darüber) trotz der kaiserlichen militärischen Oberhoheit in Haag.

76 Hofmann/Mader (Bearb.) 1908, S. 100 f., mit fehlerhafter Lesart der Inschrift wie schon bei Mayer 1832; Münch 1987/1993, Bd. 2, S. 23, folgt dem Archivbd. V, 2, S. 116 (Familienbesitz der Fraunberg von Fraunberg), mit der Interpretation als Abzeichen des Lindwurmordens von Kaiser Sigismund, des dänischen Drachenordens, des aragonesischen Kannenordens und des brandenburgischen Schwanenordens; angeblich hatte sonst zur damaligen Zeit kein anderer diese vier Orden. Eine Abformung des Grabsteins ist auf der Burg zu sehen.

77 Siehe Urkundenverweis im Archivbd. V, 2, S. 80, »Reg. 67, 158«, Familienbesitz der Fraunberg von Fraunberg.

78 Er erwarb etliche Güter und Grundstücke in der Umgebung, siehe etwa BayHStA, Ingolstadt-Jesuiten 6, Februar 1432; ebd. 30. April 1453, 18. Dezember 1456, 8. Dezember 1456, 20. Dezember 1456 und 28. Januar 1462. Auch in München muss er ein eigenes Domizil gehabt haben, wie Hund 1585/1586, Teil 1, S. 65, berichtet, »an der vorderen Schwabinger Gassen/das nechst Hauß am Eckhauß gegen der Hofschmide«, das von den Erben verkauft und 1568 schließlich durch Hund selbst erworben wurde.

79 Janker 1996, S. 212–214, 217 und 220, ordnet die Amtsenthebung von 1465 wegen des Verdachts der eigennützigen Bereicherung und wegen des allgemeinen Vorwurfs nachlässiger Verwaltung in die politische Großwetterlage ein, ebenso seine Rehabilitierung im Jahr 1467.

80 In der Hauptmannfunktion verdiente er jährlich wohl ca. 80 bis 100 Pfund Pfennige, siehe Familienbesitz der Fraunberg von Fraunberg, Archivbd. V, 2, S. 104. Auch später blieb er in wichtigen Belangen reichsstädtischer Berater, siehe die Belege ebd., S. 104–114. Seit 1472 besaß er in der Stadt ein Haus. In Regensburg war es auch, dass er am 7. November 1478 starb.

81 Zit. nach Mayer 1838, S. 313. Neuere Erzählungen rund um Prunn, die ritterlichen Qualitäten Hans' und allerhand Schauerliches siehe z. B. Thomas 2007, S. 51–57.

82 BayHStA, Kurbayern Urkunden 21930 vom 12. Mai 1451. Im Archivbd. V, 2, S. 79 (Familienbesitz der Fraunberg von Fraunberg), wird vermutet, dass sie noch einige Zeit danach lebte.

83 Hund 1585/1586, Teil 1, S. 64. Zu ihm vgl. Familienbesitz der Fraunberg von Fraunberg, Archivbd. V, 2, S. 145–234; Münch 1987/1993, Bd. 2, 48–157.

84 Familienbesitz der Fraunberg von Fraunberg, Archivbd. V, 2, S. 152, zitiert unter dem 28. September 1467 die Urkunde als »Reg.9, 229«. Ihre Morgengabe und ihr Heiratsgut in Höhe von immerhin 3 500 Pfund wird auf Güter zu Prunn verschrieben (ebd.). Ebd., S. 173, findet sich der interessante Hinweis, dass Margaretha beim Ingolstädter Turnier 1484 den ersten Ritterdank ausgab.

85 Lange Jahre war Sigmund auch Pfleger in Neuburg. Auf der Landshuter Fürstenhochzeit von Ludwigs Sohn Georg mit der polnischen Prinzessin sollte Sigmund mit sieben Pferden der Braut entgegenreiten (siehe Münch

1987/1993, Bd. 2, S. 52). Als Marschall wurde er erstmalig 1490 bezeichnet (siehe Familienbesitz der Fraunberg von Fraunberg, Archivbd. V, 2, S. 209). Im Umfeld des Landshuter Herzogshofs hatte Sigmund immer wieder auch enge Beziehungen zu Mitgliedern der Familie Ortenburg – eine Achse, die noch zwei Generationen später stark war.

86 1475 durfte er sogar im Terrain des Herzogs jagen (siehe Familienbesitz der Fraunberg von Fraunberg, Archivbd. V, 2, S. 204). Immer wieder gelang es, vertragliche Kompromisse über strittige und heikle Fragen zu schließen. Konnte Sigmund an einem Landtag nicht teilnehmen, wie es als Prunner Landsasse seine Pflicht gewesen wäre, entschuldigte er sich (1468, siehe ebd., S. 206). Seit 1476 nahm er aber seltener an den Landtagen teil, weil er nun für Haag in einer anderen Position war.

87 Siehe z. B. Spitzlberger 1993, bes. S. 55 f.; AK Von Kaisers Gnaden 2005, darin bes. Peter Schmid: Der Landshuter Erbfolgekrieg, S. 75–79, und die anschließenden Exponatartikel bis S. 105. Zur Rolle Sigmunds siehe Familienbesitz der Fraunberg von Fraunberg, Archivbd. V, 2, S. 212–224; Münch 1987/1993, Bd. 2, 125–136.

88 BayHStA, KÄA 551, fol. 53–84.

89 Lindenholz, 59,7 x 42,4 cm, Sammlungen des Fürsten von und zu Liechtenstein, Vaduz, Inv.-Nr. GE 1096; siehe dazu AK Das frühe Porträt 2006, S. 66–71.

90 Siehe BayHStA, Kurbayern Urkunden 21921 vom 3. Januar 1521.

91 Familienbesitz der Fraunberg von Fraunberg, Archivbd. V, 2, S. 156, mit Datum vom 28. März 1493, »Reg. 140, 262«.

92 Der zweite, vielversprechende Sohn war Leonhard II. (um 1469–1511), kaiserlicher Rat und Schenk, verheiratet seit 1489 mit Amalie von Leuchtenberg. Sie hatten miteinander vier Kinder. Sein Portrait des Hans Süß von Kulmbach nimmt Bezug auf jenes Sigmunds; siehe AK Das frühe Porträt 2006, S. 72–75.

93 15. Februar 1484, siehe Familienbesitz der Fraunberg von Fraunberg, Archivbd. V, 2, S. 238 und 243, »Reg. 2, 305«.

94 Im Gründungsbrief (StA Amberg, Oberpfalz Urkunden 549) vom 14. Juli 1489 unterzeichnete er noch nicht; siehe von Krenner 1804, bes. S. 188 f. Es handelte sich vorwiegend um Mitglieder der älteren Gesellschaft mit dem Einhorn; siehe Piendl 1960; Kobler 2009, S. 107.

95 Beschreibung siehe von Krenner 1804, S. 175, teilweise zitiert bei Kobler 2009, S. 108 f. Evtl. ist der Stein mit den Lilien, der sich noch heute auf Prunn befindet und von dem tradiert ist, er sei lange Zeit in einem Gebäude von Dorf Prunn eingemauert gewesen, ein gemeißelter, dann versteckter Hinweis auf diesen Zusammenhang.

96 Siehe Familienbesitz der Fraunberg von Fraunberg, Archivbd. V, 2, S. 244, »Reg. 8, 307«; Münch 1987/1993, Bd. 2, S. 109–111. Dass die Burg 1491 sogar »zerbrochen« worden sei, steht bei Fischer/Schmid 1996, S. 8, und zitiert wie eine Quelle, nur ohne Nachweis, Mayer 1832, S. 154, und ders. 1838, S. 313; Mayer arbeitete ohne Archivreferenzen. Unter den von Fischer/Schmid 1996 angeführten Fürstensachen im BayHStA gibt es für 1491 und Prunn keinen Zerstörungsnachweis.

97 Siehe den Beitrag von Susanne Raffler in diesem Band.

98 Siehe Familienbesitz der Fraunberg von Fraunberg, Archivbd. V, 2, S. 244–247.

99 Siehe Münch 1987/193, Bd. 2, S. 112; ders. 2008, S. 17.

100 Siehe Familienbesitz der Fraunberg von Fraunberg, Archivbd. V, 2, S. 236 und 238 f., zur Morgengabe und zum Erbe. Stichdaten dafür sind der 5. April 1483 und der 26. September 1507.

101 Von ihr vergebene Lehen siehe z. B. BayHStA, Kurbayern Urkunden 32273 und 32222; Gläubigerin war sie u. a. von Ritter von Toerring zu Stein und Tussling mit 900 Gulden am 18. Dezember 1518, siehe Familienbesitz der Fraunberg von Fraunberg, Archivbd. V, 2, S. 240, oder von Herzog Wilhelm IV. 1545 wegen beträchtlicher 7 000 Gulden, siehe BayHStA, Kurbayern Urkunden 32329; siehe auch zu weiteren Darlehen und Kapitalienbriefen BayHStA, KÄA 534, fol. 151–169. Die Spitalstiftung in Haag siehe ebd., KÄA 531, fol. 14–21. Sie zahlte auch das Lösegeld für Ladislaus nach seinem Frontwechsel. In BayHStA, KÄA 558, sind u. a. Löhne für Spitzel im Vorfeld dieser Aktion aufgelistet sowie sonstige Ausgaben der Hofhaltung der – übrigens groß gewachsenen und stets katholisch gebliebenen – Gräfin; zu ihrer Person siehe auch Münch 1987/1993, Bd. 3, S. 35 f.

102 Hund 1585/1586, Teil 1, S. 66; Familienbesitz der Fraunberg von Fraunberg, Archivbd. V, 2, S. 236.

103 Siehe Anhang, S. 192–194.

104 Hund 1585/1586, Teil 1, S. 86. Zu Ladislaus siehe ausführlich auch Münch 1987/1993, Bd. 3.

105 BayHStA, KÄA 531, fol. 47–50, und ebd., KÄA 562, fol. 178–181, sogar mit einer Klage des Ladislaus gegen seinen Bruder vor dem Kaiser; sowie ebd., KÄA 571. Zu ihm siehe Münch 1987/1993, Bd. 3, S. 25–32.

Auf ihn muss sich auch die Raumbezeichnung des Prunner Inventars (siehe Anhang, S. 192–194) bezogen haben; vielleicht war es der Raum über der Stube im mittelalterlichen Wohnturm (Raum 12). Die darin aufgeführten kirchlichen Ausstattungsstücke gehörten sicher zur standesgemäßen Kapellenausstattung, die vielleicht in der Nähe lag und so genutzt wurde, weil Leonhard 1541 schon gestorben war.

106   BayHStA, Grafschaft Ortenburg Urkunden O 1189/1 (15. März 1553, Tambach), O 1197/1 (16. August 1553, Söldenau), Verträge über die Vormundschaft und Witwenanrechte; U 1085 (26. April 1556) über die zweite Verheiratung mit Friedrich zu Waldenstein.

107   Vgl. etwa BayHStA, KÄA 531, fol. 84r–86r, zu den Heiratsverhandlungen mit Sebastian von Paulsdorf, fol. 99–136, mit Adam von Schwanberg 1545, sowie die Einschätzung bei Hund 1585/1586, Teil 1, S. 66. Margaretha ließ sich dennoch nicht völlig unterdrücken von ihrem Bruder, sondern verhandelte z. B. 1552 zäh um ihre väterlichen Erbansprüche, ebd., fol. 186–207 und 215 f. Zu Margaretha siehe auch Münch 1987/1993, Bd. 3, S. 33.

108   In BayHStA, Kurbayern Urkunden 30765 vom 8. Juni 1541, wird über die Heiratsschenkung von 9 000 Gulden inter vivos, weiteren 1 000 Gulden und zusätzlicher Kleinodienausstattung der Braut berichtet; 1 100 Gulden erhielt sie zu ihrer freien Verfügung. Ladislaus widerlegte 6 000 Gulden. Siehe zu Maria Salome auch Münch 2008 b, S. 18 f., und ders. 1987/1993, Bd. 3, S. 37–40.

109   BayHStA, KÄA 531, fol. 248–317. Hund 1585/1586, Teil 1, S. 67, nennt den riesigen Betrag von 42 000 Gulden, die Ladislaus als Erlös aus dem Verkauf von Schloss Taufkirchen an die Fugger erhalten hatte, der fast komplett für das gesamte Eheabenteuer verausgabt worden sein soll. Siehe auch Münch 2008 b, S. 19, sowie ders. 1987/1993, Bd. 3, S. 92–111.

110   Siehe Hund 1585/1586, Teil 1, S. 67.

111   Siehe BayHStA, KÄA 561, der im Interesse und Auftrag des Herzogs verfasste Bericht fol. 7–18r; allerdings hatten die Herzoglichen wohl nicht in Erfahrung gebracht, dass das Kind nach der Geburt lebte und getauft wurde. Siehe Münch 2008 b, S. 20. Margarethe von Trenbach starb 1562; siehe auch Münch 1987/1993, Bd. 3, S. 184 f.

112   BayHStA, KÄA 551, fol. 148–203 und 217–229.

113   Siehe BayHStA, KÄA 544.

114   Siehe BayHStA, KÄA 572, fol. 151; Schlereth 1926, S. 42–44; Münch 1987/1993, Bd. 2, S. 159 f., und Bd. 3, S. 48–51. Er hatte die Erlaubnis, Batzen, halbe Batzen, Kreuzer und Pfennige prägen zu lassen, ab 1544 auch Taler und Halbtaler.

115   Zur Einordnung der Aktionen des Kreises um Ortenburg/Wolf Dietrich von Maxlrain und zum Verhältnis zum Landesherrn siehe B. IV. Das konfessionelle Zeitalter. Wilhelm IV. und Albrecht V. § 53. Höhepunkt und Niederlage der Adelsfronde. Verschärfung des kirchlichen Kurses. Von Heinrich Lutz und Walter Ziegler. In: Spindler 1988, S. 380–387, bes. S. 380–384. Zum Ortenburger ausführlich siehe Theobald 1927. Zu Ladislaus' Schritten siehe Schlereth 1926, S. 48–52; Münch 1987/1993, Bd. 3, S. 140–179.

116   Die Lehensexpektanz datiert vom 20. September 1555, siehe BayHStA, Kurbayern Urkunden 2825. Übrigens war speziell Wiguläus Hund als herzoglicher Rat am Zustandekommen dieses diplomatischen Erfolgs stark beteiligt und wurde sogar vom kaiserlichen Notar Seld dafür extra belobigt, siehe ebd., GU Haag 1066 vom 3. November 1555. Zu den Bemühungen Ladislaus' dagegen siehe ebd., KÄA 552.

117   Siehe Löcher 2002, S. 222 f.; AK Adel in Bayern 2008, S. 96 f. Löwen wurden von Albrecht im Burggraben des Alten Hofs in München gehalten. Über die Beschaffung von Löwen verhandelte er sogar mit Ladislaus noch 1561 bis 1565, siehe BayHStA, KÄA 562, fol. 201–210.

118   Siehe Löcher 2002, S. 227 f. Siehe auch AK Adel in Bayern 2008, S. 97 f.

119   Siehe zu dem gesamten Komplex BayHStA, KÄA 562, fol. 284–395; zu den Anfängen in kaiserlichen Diensten ebd., fol. 275–283; zum Angebot seiner Dienste an den Kurfürsten von Sachsen noch 1562 ebd., fol. 211 f., und Schlereth 1926, S. 41 f. Zu Ladislaus' Offiziersqualitäten siehe Münch 1987/1993, Bd. 3, S. 45–47.

120   BayHStA, Kurbayern Urkunden 2828.

121   Im Laufe des Jahres 1566 meldeten sich deshalb u. a. Brigitte zu Pienzenau, geborene von Laiming, Veit, Bischof zu Regensburg, sein Bruder Hans Peter und sein Vetter Hans Adam von Fraunberg, die Erben der Töchter Sigmunds aus dem Hause von Closen und Stauff/Stauffenberg sowie die Familien der Ehefrauen Ladislaus' aus Baden und Ferrara, siehe BayHStA, Kurbayern Urkunden 24138, 24197, 24127 und 31242.

122   Vertrag vom 11. Mai 1568 in BayHStA, Kurbayern Urkunden 2831.

123 Nach dem herzoglichen Kompromissentscheid vom 16. Juli 1567 (BayHStA, Kurbayern Urkunden 31243), wo noch von einem Erbanspruch der Nichten in Höhe von 28 500 Gulden die Rede ist, erhöhte sich später schon allein dieser Betrag auf insgesamt 32 000 Gulden, vgl. BayHStA, Grafschaft Ortenburg Urkunden UP 1200 (Wien, 29. September 1572), wo auf Seiten Anna Marias von 16 000 rheinischen Gulden als Erbe die Rede ist, die »bislang mit 15 000 fl bei Herzog Albrecht von Bayern zu gewöhnlichen Zinsen lagen«, aber nun dem Liechtensteiner mit vier Prozent Zinsen ausbezahlt und seiner Frau Anna Maria überschrieben wurden. Im Vertrag vom 4. Februar 1569 mit dem Herzog (siehe BayHStA, Kurbayern Urkunden 2833; wenig später erfolgte die Zustimmung durch Anna Maria, siehe ebd., 2834, und Veronika, siehe ebd., 24144) ist noch von 30 000 Gulden die Rede, wobei weitere Erbanteile vorbehalten blieben. Unter dem gleichen Datum ist in ebd., KÄA 554, fol. 474r, das Zitat zu finden. Über die Heirats- und Erbgeschichte erklärt sich der Besitz des Mielich'schen Portraits in Vaduz; vielleicht existieren aus ungeklärter Provenienz auch weitere Stücke aus dem Fraunberger Nachlass in Sigmaringen/Berlin und Liechtenstein.

124 Das Bayerische Nationalmuseum hat dieses Werk aus Kalkstein vom Landshuter Steinmetz Hans Ernst laut Schlereth 1926, S. 52–54, im Jahr 1882 für 900 Gulden erworben. Dank an Dr. Matthias Weniger, Bayerisches Nationalmuseum München, auch für die Mitteilung des Schriftwechsels im Vorfeld des Verkaufs mit der Kirchenverwaltung von Kirchdorf, wo das Grabmonument zuvor in der Taufkapelle stand.

125 Die Bezeichnung als Vormund für Joachim findet sich häufig, so z. B. in BayHStA, Kurbayern Urkunden 23191 und 31242. Der Hinweis auf die daraus resultierende allgemeine Güterverwaltung, insbes. des verstorbenen Ladislaus, siehe ebd., Grafschaft Ortenburg Urkunden U0 1158, Söldenau, 15. Mai 1568, gesiegelt u. a. von den zwei Nichten. Noch bis ins Jahr 1569 nahm Joachim in Haag und auch Prunn Zahlungen vor für Rechnungen, ausstehende Löhne oder auch die Loszahlungen der Untertanen, siehe ebd., KÄA 554, bes. auch fol. 474 und 510; ebd., Kurbayern Urkunden 2691 vom 22. Januar 1569.

126 So seit Mayer 1832, S. 155, noch im Amtlichen Führer (Fischer/Schmid 1996), S. 10.

127 Siehe oben, Anm. 115, BayHStA, Grafschaft Ortenburg Urkunden UO 1143, Augsburg, 10. Mai 1566, Tambach; und Theobald 1914, Kap. IV, S. 103–130, zur Aussöhnung.

128 Siehe BayHStA, KÄA 554 und 555. Bemerkenswert ist die Bezeichnung einer Liste bei den Urkundenbeständen, die Briefschaften aufführte, »die den Erben nicht gezeigt worden sind«; siehe ebd., KÄA 555, fol. 380 f. Siehe außerdem die Liste in ebd., KÄA 572.

129 BayHStA, Kurbayern Geheimes Landesarchiv 1170, I, 80, 1, fol. 71r–71v. Interesse zeigte Ladislaus z. B. immer wieder an der Hoftaverne, Schenke und Bräustätte unten in Prunn, die nicht zuletzt wegen der Schenkerlaubnisse an Vorbeireisende ein einträgliches Geschäft gewesen sein dürften; siehe ebd., Ingolstadt-Jesuiten, 29. November 1536 und 23. Januar 1560.

130 BayHStA, KÄA 554, fol. 476–481. Ein aufrichtiger Dank für den Hinweis geht an Herrn Rudolf Münch, Haag, der uns generell bei all unseren Fragen und Recherchen stets sehr unterstützte. Frau Dr. Elisabeth Noichl, BayHStA München, danke ich für ihre freundliche Unterstützung beim Entziffern der Archivalie.

131 BayHStA, KÄA 556 (o. Fol.). Das Ganze wirkt wie ein Krimi, mit lokalhistorisch bedeutsamen Hinweisen auf das Vorhandensein eines »Haberstocks«, auf dem die Einbrecher gingen, und einen als »Felsstuben« bezeichneten Raum. Auf der fünften Seite ist der Bericht am 27. Mai 1567 signiert von Joachim von Ortenburg, an den die ersten Rapporte auch gerichtet waren. Zu dem Geschehen und der Einschätzung des Hainrich als Geheimdienstmann Graf Ladislaus' (»Faher«) siehe Münch 2008 a, bes. S. 103–105.

132 Vgl. die Wiederverwendung von mittelalterlichen Schriftstücken als Einbände von Prunner Rechnungsbüchern u. a. schon zu Ladislaus' Zeit (»Stift und Sultbuch« 1558, siehe StA Amberg, Hofmark Prunn KR 20), aber auch danach immer wieder (ebd. aus dem Jahr 1603/04, KR 21 und aus dem Jahr 1610, KR 22). Es muss sich also durchgehend einiges altes Material in der Burg befunden haben, sonst hätte sich Hunds Aufenthalt und Suche in jenen Jahren nicht gelohnt. Den großen Schatz des Prunner Codex vermochte er wahrscheinlich auch nur aufgrund seiner großen Bildung zu erkennen und zu bergen.

133 Siehe BayHStA, Ingolstadt-Jesuiten, 30. Mai 1570.

134 Siehe BayHStA, Ingolstadt-Jesuiten, 2. März 1577, 15. November 1579 und 12. Juli 1581.

135 Acht von 20, die seine Gemahlin Catharina Esswurm geboren hatte, überlebten ihn. Zu ihm instruktiv, aber ohne Quellenangaben und nicht in allen Details verlässlich, siehe auch Halbritter 1992, S. 638 f. Catharina hatte übrigens das Gut Mauerstetten in die Ehe eingebracht – keine üble Gabe. Vgl. zur Bedeutung der Region und von Bodenmais C. VI. Gewerbe und Handel bis zum Beginn des Merkantilismus, § 107. Der Erzbergbau und das Montangewerbe. Von Eckart Schremmer. In: Spindler 1988, S. 759–762 sowie 785 f.

Außerdem § 21. Das Oberpfälzer Montangebiet. Von dems. In: Spindler 1995, S. 163–177. Sehr ausführlich zu geologischen Aspekten Bergbau- und Industriemuseum Ostbayern (Hrsg.) 1987.

136 Die für Baiersdorf habe er laut Halbritter (1992) mitgegossen; von den beiden Glocken im Bergfried von Prunn heißt es, eine stamme aus der Köckh'schen Zeit. Der Glockenstuhl selbst trägt die Datierung 1631 (siehe Hofmann/Mader [Bearb.] 1908).

137 Siehe den Erbteilungsvertrag der Erben »Carl Kecks auf Prunn und Mauerstetten« vom 20. Juni 1593 in einer Urkundenabschrift nach Original, aus dem Antiquariat Max Götz, Löwengrube, München, vom Messungsamtdir. A. D. Karl Leinfelder in den 1930er-Jahren erworben und der Familie Josef Lehner in Prunn geschenkt. Für die Abschrift zeugte Karl Leinfelder, Archiv- und Heimatpfleger im Kreis Aichach. Darin heißt es:»Christoph Keckhen soll die Hofmarch Prunn und Schloß Prunn, an der Altmül, in unnserem Lanndgericht Rietenburg gelegen sambt allen zugehörungen, wie dieselb an jezo vor (ausgenommen Getreide) und gleichfalls von seinem vattern umb 19 000 gulden angeschlagen und aestimiert worden, sambt noch 1975 gulden vom anliegendem gelt und bei der Statt Ingolstatt 1 000 gulden« als Erbanteil erhalten haben. Die Abschrift wurde uns zur Verfügung gestellt vom Kollegen Anton Schmailzl von Burg Prunn. Ihm, dem Kastellan Franz Wollschläger und Markus Schinn sei von Herzen gedankt für die kooperative Art und jede Form prompter Unterstützung während der Vorbereitungen zur musealen Neupräsentation von Burg Prunn.

138 Siehe hierzu und zum Folgenden von Voith 1841, hier bes. S. 25. Unter Deichel versteht man eine zweifach erhitzte Metallmasse, die gut schmiedbar und geeignet für Bleche ist.

139 Besten Dank an Professor Harald Dill in Hannover und Dr. Mathias Hentsch in Eschenfelden für die fachgeologische Hilfestellung.

140 1611 wurde Christophs Frau bei einem Verkaufsakt schon als Witwe bezeichnet, siehe BayHStA, Ingolstadt-Jesuiten, 1. März 1611. Der Verkauf um 40 000 Gulden an Karl siehe ebd., 14. April 1621; ebd. am 26. April findet sich auch noch die immer wieder lohnende herzogliche Bestätigung für die Bräugerechtigkeit in Prunn nebst der Genehmigung, das Bier unter Reisenden auszuschenken.

141 Der Schuldbrief siehe BayHStA, Ingolstadt-Jesuiten, 18. März 1629. Der Verkauf an Heinrich siehe ebd., 15. Juni 1636. Hier wurde der vorherige Wert mit 60 000 angegeben, allerdings wegen der Schulden und Beschädigung durch den Krieg auf 41 000 Gulden herabgesetzt.

142 Siehe BayHStA, Ingolstadt-Jesuiten, 22. Januar 1647. Dazu zählten die Kohlmühle an der Schambach, ein halber Hof und ein Söldnergut Perletzhofen, ein halber Hof zu Gundelfing, drei Güter zu Otterzhofen, Thonhausen und Zell, bei denen das Eigentum der Schlosskapelle zu Prunn, Vogtei und Scharwerk über der Hofmark gehörten, und zwei Höflein und zwei Soldnergüter zu Laimerstorf im Gericht Altmannstein. Zum Kauf durch Truckmiller siehe ebd., Kurbayern Geheimes Landesarchiv 1170, I, fol. 368r.

143 Halbritter 1992, S. 640, nennt für Prunn 50 Tote.

144 Dazu und zur Biographie Truckmillers, der sich demzufolge »Freiherr zu Prunn« nannte, siehe Sieghardt 1977, S. 214–218.

145 Eingeordnet irritierenderweise unter BayHStA, Ingolstadt-Jesuiten, 7. Januar 1675, doch ist der Kaufvertrag selbst 1672 datiert. (Die Ratifikation durch den Kurfürsten siehe ebd., Jesuitica 1808.) Falsches Verkaufsjahr auch im AK Die Jesuiten in Ingolstadt 1991, S. 267. 1672 wurde unter ähnlichen Umständen auch Burg Randeck von den Jesuiten gekauft, allerdings baulich nicht so aufwendig bedacht, siehe Auer 2008, S. 307–309.

146 BayHStA, Jesuitica 1808. Das Salbuch von 1613 müsste das heute in Amberg aufbewahrte »Stüfftbuch« sein: StA Amberg, Hofmark Prunn KR 23.

147 Biographische Informationen aus BayHStA, Ingolstadt-Jesuiten, 31. März 1622, 3. Oktober 1650, 29. August 1654 und 22. Mai 1668, sowie ebd., Jesuitica 1776, das Testament selbst. Ebd. 1777 und 1778 auch zu den steuerlichen Konsequenzen des Vermächtnisses und dem Stipendienprogramm. Die exakten Lebensdaten sind auf dem Gemälde in Prunn vermerkt. Siehe außerdem Wiese 1972, S. 104; Buzás 1972, S. 83. Die Bücher erhielten alle 1672 ein Exlibris mit dem Stifterwappen. Von Ingolstadt gelangte der Bestand 100 Jahre später in die Universitätsbibliothek München, wo durch die Exlibris noch heute zahlreiche Exemplare zugeordnet werden können. Ich danke Dr. Wolfgang Müller, München, für diese freundlichen bibliographischen Hinweise.

148 Siehe Fischer/Schmid 1996, S. 13, und die Verkaufsdokumente in BayHStA, Jesuitica 1808 und 1809 (o. Fol.).

149 Anhaltspunkte liefern die relativ zahlreichen Hofmarksbeschreibungen, siehe BayHStA, Kurbayern Geheimes Landesarchiv 1170, I, 399 (1689, fol. 102r, und 1693, fol. 431r–442v) sowie 8, fol. 73r–74v; ebenso die Bestände im StA Amberg unter Hofmark Prunn KR 1–7 und 29.

150 Von Voith 1841, S. 35; der Verkauf hat wohl nicht erst 1718, wie Halbritter 1992, S. 640, notiert, sondern eher schon um 1700 stattgefunden, vgl. von Voith 1841, S. 29.

151 Siehe AK Die Jesuiten in Ingolstadt 1991, S. 267, unter Verweis auf Stadtarchiv Ingolstadt, A/V 114a.

152 Siehe BayHStA, Jesuitica 1812 (o. Fol.), sowie zu den baulichen Maßnahmen die Beiträge von Sebastian Karnatz, »Bild und Herrschaft«, und Alexander Wiesneth in diesem Band.

153 Siehe BayHStA, Jesuitica 1058, unter diesem Datum. Die Nennung von 1773 findet sich noch im Amtlichen Führer (Fischer/Schmid 1996), S. 14. Zum Malteserorden bayerischer Zunge und die Umwidmung von Jesuitenvermögen siehe Steinberg 1911, bes. S. 5, 185 und 224; Müller 1986, Kap. 3, S. 257–229; AK Glanz und Ende der alten Klöster 1991, Nr. 194.

154 Siehe zur Malteserzeit StA Amberg, Hofmark Prunn KR 9, KR 8, KR 10–14; ebd., Rentamt Riedenburg 1837–51 zum Rechtsstreit der Kirchenstiftung Prunn und Bayersdorf gegen den Grafen von Waldkirch; sowie ebd., Häuser- und Rustikalsteuerkataster Riedenburg 9 von 1808. BayHStA, MF 55923 und 59119.

155 Siehe StA Amberg, Katasterverzeichnis Riedenburg 582, fol. 219 f.; Zitat aus ebd., Regierung des Regenkreises, Kammer des Inneren 9759, Beilngries: zu Schloss Prunn (1827–1902).

156 Zitat aus StA Amberg, Acta der Baubehörde Hemau – Bauinspektion Regensburg 134, 1827–1840. Vgl. auch die vorherige allgemeinere Ministerialverordnung vom 12. Januar 1826 und überhaupt die Bedeutung von Denkmalpflege mittelalterlicher Gebäude für Ludwig; siehe AK Vorwärts, vorwärts sollst Du schauen … 1986, bes. S. 287–309; AK Romantik und Restauration 1987, hier bes. Norbert Götz: Aspekte der Denkmalpflege unter Ludwig I. von Bayern, S. 44–53, bes. S. 44 f.

157 Siehe StA Amberg, Regierung des Regenkreises, Kammer des Inneren 2067. Hier wird auch festgehalten, dass das mobile Inventar Staatseigentum, mit Auflösung des Jesuitenordens an den Staat übergegangen und den Maltesern nur zur Nutzung überlassen worden sei. Es ging hier um »die durch Ankauf der Schloss-Ökonomie zu Prunn entbehrlich gewordenen Mobilien«, laut Schreiben vom 18. April 1829; die Kirchenstiftung hatte ausdrücklich um Rückgabe bzw. Ausnahme von der Veräußerung eines silbernen Kelchs und eines silbernen Kranzes gebeten.

158 So zumindest die Aussage im Amtlichen Führer (Fischer/Schmid 1996), S. 34.

159 Vgl. etwa die Einrichtung von Küchen, eines Aborts, der Täfelung des heutigen Raums 8 u. a.

160 Siehe BayHStA, MK 51129/17, Schreiben des Landbauamts Regensburg 1914/15, bes. 8. Juni 1914; ebd., Regierung der Oberpfalz und Regensburgs an das Staatsministerium 7. Juli 1922.

161 Nach Habbel 1921, S. 66, lautete es: »Wir Pfadfinder wollen jung und fröhlich sein und mit Reinheit und innerer Wahrhaftigkeit unser Leben führen. / Wir wollen mit Rat und Tat bereit sein, wo immer es gilt, eine gute und gerechte Sache zu fördern. / Wir wollen unseren Führern, denen wir Vertrauen schenken, Gefolgschaft leisten.« Dokumentierend siehe auch Kindt (Hrsg.) 1974.

162 Siehe Dunner 1971, S. 44.

163 In Blau-Weiß-Blätter. Führerzeitung. Hrsg. von der Bundesleitung der jüdischen Wanderbünde Blau-Weiß III, 2 (1922), S. 17–31, als Primärquelle. Zur Einordnung siehe Hackeschmidt 1997, zum Bundestag auf Schloss Prunn 1922 S. 179–192. S. 186: »Als Vorbild für die ›Prunner Armee‹ hatten die Blau-Weiß-Führer dabei Theodor Herzls Ausspruch von der ›Arbeitsarmee‹, die Palästina aufbaue, im Sinn.«

164 Siehe StA Amberg, Regierung der Oberpfalz 8919, Akt 1946 betreffend »Übergabe der Schlossgebäude Prunn an die Bayerische Schlösser-, Gärten- und Seenverwaltung«; vom 6. November datiert die Niederschrift über die Übergabe »mit den vorhandenen Einrichtungsgegenständen« und »mit Grundbesitz«.

165 Hager 1952, S. 88.

166 Siehe den Beitrag von Uta Piereth, »Ritter, Recken, edle Frauen. Burg Prunn und das Nibelungenlied«, in diesem Band.

Abb. 1 ■ *Burg Prunn von der Altmühl aus gesehen, um 1900*
(Bayerisches Landesamt für Denkmalpflege, München)

VON DER BURG ZUM SCHLOSS: BAUFORSCHUNG AN DER BURG PRUNN

Alexander Wiesneth

Die Burg Prunn im Altmühltal ragt unter den erhaltenen Wehranlagen dieser Gegend durch seine äußerst malerische Lage heraus. Vom Flusstal aus gesehen thront sie auf einem vorgelagerten Felssporn und beeindruckt auch heute noch mit ihrer demonstrativen Uneinnehmbarkeit (Abb. 1).

Neben der spektakulären landschaftlichen Positionierung zeichnet sich Prunn gegenüber anderen umliegenden Burgen wie Randeck oder die Rosenburg durch ein im Äußeren einheitliches Erscheinungsbild mit allen wichtigen Bauteilen einer mittelalterlichen Burg wie Torbau mit Zugbrücke, Bergfried, Kapelle und Palas aus. Das Schicksal eines bleibenden Ruinenzustands, wie etwa bei der nahe gelegenen Burg Rabenstein, blieb ihr ebenso erspart wie eine durchgreifende Überformung im Barock, wie zum Beispiel bei Schloss Eggersberg, oder bei vielen anderen Burgen im 19. Jahrhundert. Die fast 800 Jahre dauernde Bautätigkeit lässt sich glücklicherweise bei näherer Betrachtung an vielfältigen Zeugnissen am Bauwerk nachvollziehen.

Die erste umfassende Untersuchung der Burganlage begann mit der Inventarisierung der Denkmäler in Bayern Anfang des 20. Jahrhunderts.[1] Friedrich Hermann Hofmann und Felix Mader gingen hierbei weit über eine reine Bestandsaufnahme hinaus und legten durch einen differenzierten Bauphasenplan[2] den Grundstein für weitere Erforschungen der Burg. Abgesehen von kleineren Beiträgen[3] wurde Prunn bislang nur noch einmal umfassender behandelt: Manfred F. Fischer und Elmar D. Schmid legten im 1996 erschienenen Amtlichen Führer auf der Basis der bisherigen Literatur den jüngsten Kenntnisstand zu Geschichte und Gestalt der Burg vor.[4]

Bei genauerer Betrachtung zeigte sich aber, dass bei den vorangegangenen Forschungen noch einige Fragen offenblieben und zuweilen auch missverständliche Zusammenhänge dargestellt wurden. Andererseits konnten bei den jüngsten Sanierungen an Dach und Fassaden neue Erkenntnisse gewonnen werden, die insbesondere durch vertiefte Untersuchungen bei der Vorbereitung der musealen Neugestaltung eine erhebliche Erweiterung erfuhren.[5] Einen ersten Zwischenbericht konnte der Verfasser in einem wissenschaftlichen Kolloquium zur Burg Prunn im Sommer 2011 vorstellen, der hier ausgearbeitet ist. Aber auch diese Bauforschung behält zwangsläufig in manchen Bereichen fragmentarischen Charakter, die Ergänzung durch weitere Befundungen und Beobachtungen am Bauwerk bedarf.

1. VORGEHENSWEISE

Die Quellenlage hinsichtlich historischer Abbildungen, Pläne und das Bauwerk betreffender schriftlicher Informationen ist für Prunn bis um 1700 sehr dünn.[6] Dies erstaunt weniger für die Anfangsphase der Burgentstehung um 1200 als vielmehr für die Zeit ab 1500, wo wir für andere Bauten dieser Gegend zum Teil sehr genaue bildnerische Darstellungen besitzen.[7]

Bemerkenswert ist vor allem das Fehlen in der um Vollständigkeit bemühten Topographie des Matthäus Merian (Topographia Bavariae, 1644/57), die ansonsten keinen befestigten Ort ausließ. Auch die frühesten graphischen Darstellungen der Burg Prunn auf dem Kartenwerk von Philipp Apian und Jost Amann (1568) bleiben sehr schematisch und erlauben leider keine konkreten Aussagen zum damaligen Bauzustand. Erst um 1600 ist eine hinreichend detaillierte Zeichnung der Burg auf einer Grenzkarte des Bereichs zwischen Pfalz-Neuburg und dem Pflegamt Riedenburg bekannt, die für Prunn als die früheste bildnerische Darstellung überhaupt gelten kann und wertvolle Hinweise für die Baugestalt dieser Zeit gibt (Abb. 2).[8] Die nächste frühe Ansicht der Anlage, hier nun schon als Schloss benannt und im Besitz der Jesuiten, enthält erst das Stichwerk von Michael Wening aus dem Jahr 1701 (Abb. 3).[9] Zu Beginn des 19. Jahrhunderts rückte die Burg schließlich aufgrund ihrer malerischen Lage in das Interesse der bildnerischen Kunst und ist von da an ein beliebtes Motiv für Zeichner und Maler, etwa für Domenico Quaglio.

Abb. 2 ▪ Grenzkarte zwischen Pfalz-Neuburg und dem Pflegamt Riedenburg (BayHStA, München, Plansammlung 3343)

Für die Erforschung der Baugeschichte der Burganlage sind die beiden Ansichten um 1600 und 1701 besonders wertvoll, da die schriftliche Quellenlage kaum Essenzielles über die ältere Gestalt der Burg Prunn erbringt.[10] Auch das früheste Inventar um 1567[11] liefert zwar wichtige Hinweise auf die damaligen Bezeichnungen der Räume und deren Ausstattung, aber die Zuordnung der benannten Zimmer zum heutigen Bestand gelingt nur in den allerwenigsten Fällen.

Da das Wissen über die historische Baugestalt der Burg Prunn durch die wenigen bildlichen und schriftlichen Quellen stark begrenzt ist, können neue Erkenntnisse nur mithilfe von Methoden der modernen Bauforschung gewonnen werden. Das Bauwerk selbst dient dabei als wichtigste Quelle. Neben der Erstellung verformungsgetreuer Aufmaße und der Altersbestimmungen ausgesuchter Bauhölzer (Dendrochronologie) galt es, Bautechnik und besondere Konstruktionen zu analysieren und bestimmten Bauzeiten zuzuordnen. Details der Steinbearbeitung spielten ebenso eine wichtige Rolle wie zugesetzte Öffnungen oder abgebrochene Bauteile. In der Zusammenschau vergleichbarer Wehrbauten dieses Zeitraums und anderer Besitzungen der jeweiligen Burgherren war es möglich, frühere Bauzustände an der Burg Prunn zu rekonstruieren. Dabei waren den bauforscherischen Untersuchungen denkmalpflegerische Grenzen gesetzt, um Eingriffe in die historische Bausubstanz möglichst zu vermeiden. Sicherlich werden künftige Maßnahmen an der Burg Prunn noch neue Erkenntnisse erbringen, umso wichtiger ist deshalb die Dokumentation des derzeitigen Wissensstands.

Abb. 3 ▪ Schloss Prunn, Michael Wening, Kupferstich
(Landesamt für Vermessung und Geoinformation, München)

2. DIE WICHTIGSTEN PHASEN DER BAUGESCHICHTE

Die Baugeschichte der Burg Prunn hängt eng mit der Besitzergeschichte zusammen, da jeder Eigentümerwechsel auch erhebliche bauliche Maßnahmen nach sich zog.[12] Darüber hinaus waren wohl auch mehrere Umbauten oder Erweiterungen innerhalb eines Besitzstands erfolgt, deren Nachweis und genaue Lokalisierung jedoch sehr schwierig sind. Obwohl Prunn bis heute mindestens sieben Besitzerwechsel hatte, lassen sich die baulich wichtigsten Maßnahmen auf fünf Hauptphasen reduzieren, die jeweils mit einem bestimmten Burgherrn in Verbindung gebracht werden können.

Die Besonderheit der Burg Prunn liegt darin, dass aus allen wichtigen Bauphasen bedeutende bauliche Reste erhalten sind, da eine Zerstörung oder umfassende spätere Überformung ausblieb. Dieser erfreuliche Umstand birgt allerdings die Schwierigkeit in sich, aus dem Neben- oder Übereinander von Fragmenten verschiedenster Zeitphasen bestimmte Bauzustände herauszukristallisieren und diese aus den zum Teil spärlichen Resten zu rekonstruieren. Dies gelang grundsätzlich – wenn auch nicht in allen Details – für die Entstehungszeit unter den Herren von Prunn-Laaber (um 1200–1338), für die Herrschaft der Fraunberger (bis 1566), für die Köckh'sche Zeit (1570–1646) und schließlich für die Zeit der Jesuiten (1672–1773).[13] Kurze Besitzverhältnisse, die kaum bauliche Veränderungen brachten, wie unter den Wittelsbachern (1567–1570) und Georg von Truckmiller (1646–1672), werden ebenso ausgespart wie die Instandhaltungsmaßnahmen ab dem 19. Jahrhundert, die an der baulichen Gesamtdisposition der Burg nichts mehr änderten.

3. GRÜNDUNG UNTER DEN HERREN VON PRUNN-LAABER

Die Anfänge der Burg Prunn werden bislang aufgrund von archivalischen Quellen im 11. Jahrhundert vermutet. Dies ist auf die ab 1037 bezeugte Nennung eines »Wernher von Prun« zurückzuführen, wobei die Nennung allein noch keinen direkten Hinweis auf eine damals schon existierende Burg liefert.[14] Erst Mitte des 12. Jahrhunderts betreten wir mit den Herren von Prunn-Laaber urkundlich gesicherten Boden und können diese Zeit auch mit dem baulichen Bestand belegen.

Bislang fehlende archäologische Grabungen im Burgbereich erlauben nur Vermutungen über eventuelle hölzerne Vorgängerbauten an dieser exponierten Stelle.[15]

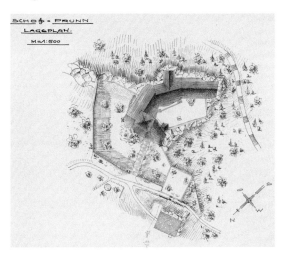

Die außergewöhnliche naturräumliche Situation mit dem weit ins Altmühltal hervorgeschobenen Felsmassiv bietet sich für einen befestigten Wachposten geradezu an, der auch im Sinne der Demonstration eines Machtanspruchs an wichtigen Handelsrouten und Altwegen zu bewerten ist. Die Einbindung in ein weitverzweigtes Geflecht von befestigten Plätzen in ein zu dieser Zeit bedeutendes Machtzentrum ist sicherlich als der zweite wesentliche Grund für

Abb. 5 ▪ Lageplan der Burg Prunn, um 1908 (Bayerisches Landesamt für Denkmalpflege, München, Planarchiv, Plan 10741)

die Entstehung der Burg Prunn an diesem Ort anzunehmen.[16] Die frühesten baulichen Befunde sind dabei sehr gut mit den auch anderswo (Burg Laaber) sich zeigenden Eigenheiten der Burgengründer – der Herren von Prunn-Laaber – zu vergleichen.

Die geologischen Voraussetzungen für einen wehrhaften Standort sind in Prunn auffallend günstig: An drei Seiten bricht der hervorgeschobene Felssporn steil ab und bietet auch ohne besondere Maßnahmen ausreichend Schutz (Abb. 4 und 5). Allein die nach Norden und teilweise nach Osten grenzende Hangseite bedurfte besonderer wehrhafter Bauten. Dabei wurde die naturräumliche Formation hier bewusst umgestaltet und ist deshalb heute nicht mehr mit der ursprünglichen vergleichbar. Der zur nördlichen Hangseite anstehende Fels konnte als praktikabler Steinbruch für die Burg dienen und zugleich zu einem breiten, schützenden Halsgraben umgestaltet werden.[17] Das eigentliche Burgterrain ist ein sich in Nord-Südrichtung erstreckender länglicher »Platz«, der durch die vorhandenen Felsformationen zum Teil erhebliche Höhenunterschiede aufweist.[18]

Die »Besetzung« des Burgbergs durch die Herren von Prunn-Laaber erfolgte ab Ende des 12. Jahrhunderts. Sie ging einher mit der Errichtung einer Wehranlage, die nicht ohne

Abb. 4 ▪ Luftbild der Burg Prunn von Südosten

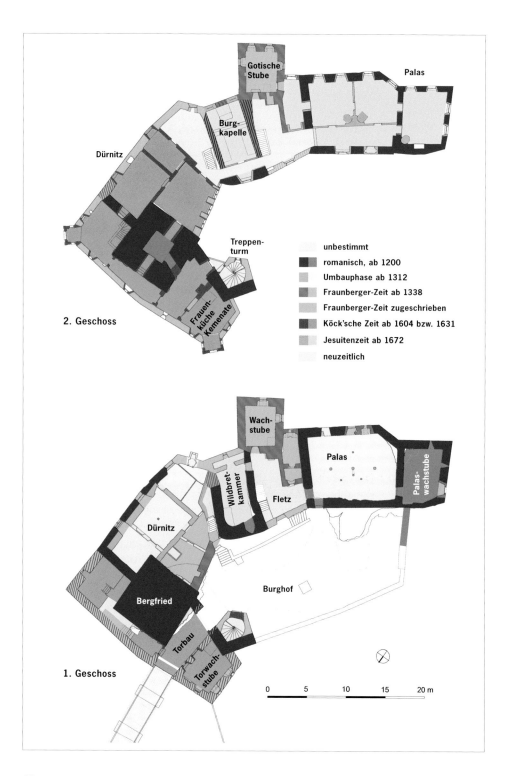

Gotische
Stube

Palas

Burg-
kapelle

Dürnitz

Treppen-
turm

unbestimmt

romanisch, ab 1200

Umbauphase ab 1312

Fraunberger-Zeit ab 1338

Fraunberger-Zeit zugeschrieben

Köck'sche Zeit ab 1604 bzw. 1631

Jesuitenzeit ab 1672

neuzeitlich

Frauen-
küche
Kemenate

2. Geschoss

Wach-
stube

Palas

Palas-
wachstube

Wildbret-
kammer

Fletz

Dürnitz

Bergfried

Burghof

Torbau

Torwach-
stube

1. Geschoss

0   5   10   15   20 m

Abb. 7 ▪ Sichtschlitze in der südlichen Wachkammer
des Palas aus der Gründungsphase

genaue Kenntnis der Örtlichkeiten und schon gar nicht ohne einen vorhandenen Plan geschehen sein konnte. Dabei beeindruckt auch heute noch die durchdachte Ausnutzung der gegebenen geologischen Situation zur bestmöglichen Verteidigung der Burg.

In die Gründungsphase um 1200 können wir am heutigen Bestand noch mehrere bedeutende Bauteile der Burganlage wie den Bergfried oder Teile des Palas verorten (Abb. 6). Die erste Befestigung des Platzes erfolgte durch eine *Ringmauer*, die auch den heutigen Umriss der Burganlage darstellt. Teile dieser massiven Wehrmauer finden sich im südlich des Bergfrieds angrenzenden Wohnbau (in der Folge als Dürnitz benannt), im Untergeschoss des »Wachstubenbaus« und im südlichen Palas. Am westlichen Rand sind durch spätere Abgänge kaum Reste erhalten. Zur Hauptangriffsseite im Norden bildet sie eine erhöhte und massive Schildmauer, die den Bergfried in die Verteidigungsstellung einbindet. Diese erste Wehrmauer besaß schmale, rechteckige Sichtschlitze, die an manchen Stellen noch erhalten sind (Abb. 7).[19] Ob an deren Innenseiten hölzerne Wehrgänge oder Anbauten existierten, ist am heutigen Bestand nicht nachweisbar.

Abb. 6 ▪ Vorschlag eines Bauphasenplans
der zwei Hauptgeschosse

61

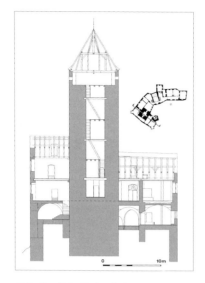

Abb. 8 ▪ Schnitt durch den
Bergfried und den Torbau

Abb. 9 ▪ Buckelquadermauerwerk
des Bergfrieds in der Tordurchfahrt

An der verteidigungstechnisch gefährdetsten Stelle im Norden zum anstehenden Hang wurde bewusst das stärkste Glied einer mittelalterlichen Burg positioniert: der *Bergfried*. Als »Frontturm« schützt er den Zugang zur Anlage und dient zugleich als Wach- und Signalturm (Abb. 8 und 9). Der 31 Meter hohe Bergfried mit quadratischem Grundriss (etwa 6 m Seitenlänge) ist abgesehen von kleineren baulichen Eingriffen sehr gut erhalten. Er gründet auf massivem Kalkfelsen. Die beträchtlichen Mauerstärken (fast 2,5 m) werden an der Außenseite von mächtigen Buckelquadern gebildet, deren Dimensionen nach oben hin abnehmen. Die bis zu drei Meter langen und 80 Zentimeter hohen Steine sind sauber mit breitem Randschlag bearbeitet und zeigen die hohe handwerkliche Fähigkeit der Steinmetze. Im Burghof liegen unverbaut einzelne kleinere Buckelquader, deren glatte Lagerflächen beachtlich exakt ausgeführt wurden. Erstaunlicherweise finden sich zum Versetzen der Steine weder »Wolfs-« noch Zangenlöcher. Allein die Bautechnik und die Steinbearbeitung geben uns einen Hinweis auf die Entstehungsphase dieses frühesten Bauteils der Burg um 1200.[20] Die kunstvoll mit Randschlag und Bosse behauenen Quadersteine sind meisterlich verlegt, was eindrucksvoll im Torbereich der Burg zu sehen ist (Abb. 10). Die Verwendung dieser mächtigen Steinformate und der damit einhergehende aufwendige Mauerwerksversatz müssen auf die besonderen Vorlieben der Bauherren zurückzuführen sein. Ähnlich große Quader sind auch am rudimentär erhaltenen Bergfried der Burg Laaber zu finden.[21] Der Grund für diese monumentale Ausführung ist wohl weniger in bautechnischen Notwendigkeiten zu sehen als vielmehr in der Absicht der Burgherren, das Bauwerk imponierend und abschreckend wirken zu lassen.

Abb. 10 ▪ Nordfassade der Burg Prunn
mit Bergfried und Torbau, von Nordosten gesehen

Abb. 11 ▪ Gewölbter Bergfried-zugang mit Detailausschnitt der Steinbearbeitung (oben)

Abb. 12 ▪ Bergfriedmauerwerk mit umgestaltetem Abschluss

Abb. 13 ▪ Bergfriedunterge-schoss mit vermauerter Öffnung zur Tordurchfahrt

Der der Angriffsseite abgewandte Zugang des Bergfrieds im Süden erfolgte ursprünglich über einen Hocheingang, der im zweiten Obergeschoss – dem heutigen »Gotischen Saal« – noch erhalten ist. Über einen im Bergfriedmauer-werk liegenden gewölbten Gang wird der Zutritt ins Innere geschaffen (Abb. 11). Die auf Handformat zugerichteten Keilsteine der Wölbung zeigen typische Bearbeitungsspu-ren der damals üblichen Werkzeugmittel (Fläche). Ein im Mauerwerk versenkbarer Riegel ermöglichte die Sicherung der Bergfriedtür, die tiefe Aussparung ist noch vorhanden, die erhaltene Tür allerdings erst auf das frühe 16. Jahrhun-dert datiert. Der vollständig fensterlose und somit nicht als Wohnturm gedachte Bergfried wurde in jüngerer Zeit in sechs Ebenen unterteilt, bauzeitliche Mauerabsätze oder Gewölbe finden sich nicht. Die Erschließung muss durch einen eingestellten hölzernen Einbau bewerkstelligt wor-den sein, von dem jede Spur fehlt. Die Innenseiten der Bergfriedmauern sind mit sauber gearbeiteten Werksteinen verkleidet, deren Größe nicht mit den Steinen der Außen-seite korrespondiert. Dies ist ein Indiz für die übliche zwei-schalige Bauweise dieser Zeit. Erstaunlicherweise lassen sich weder innen noch außen Rüstlöcher entdecken. Der obere Abschluss des Bergfrieds erfuhr verschiedene Um-bauten. Auf eine »Bekrönung« mit breiten Zinnen weisen die zwei schmalen Öffnungen zu allen vier Seiten hin, die heute zu Fenstern umgearbeitet sind (Abb. 12). Ein Verlies[22] in der Bergfriedbasis gab es nicht, die vorhandenen beiden Zugänge entstanden erst in jüngerer Zeit. Ein dort zur Tor-durchfahrt leicht schräg verlaufendes Bogenfenster (zur heutigen »Frauenküche«) könnte ursprünglich sein und zur Überwachung des Burgzugangs gedient haben. In späterer Zeit wurde es von außen vermauert (Abb. 13).

Der romanische Bergfried ist nicht isoliert, sondern im Zusammenhang mit dem *Eingang der Burg*, den er flankiert, zu betrachten. Eine etwas von der Hangkante zurückgesetz-te, massive Schildwand riegelt den Burghof nach Norden ab. Die über zehn Meter hohe Mauer stößt leicht stumpf an-gewinkelt auf den Bergfried und knickt an ihrem westlichen Ende nach Süden hin ab, dort sicherlich niedriger ausgeführt. An ihrer dem Burghof zugewandten Seite verläuft ein neu-zeitlicher hölzerner Gang, der auf der Höhe des ursprüng-lichen Bergfriedzugangs liegt (Abb. 14). Eine ähnliche Si-tuation könnte auch schon zur Bauzeit des Bergfrieds

Abb. 14 ▪ Treppenturm mit anschließender Schildmauer vom Burghof aus gesehen,
vor 1908 (Bayerisches Landesamt für Denkmalpflege, München)

Abb. 15 ▪ Reste eines Torbogens in der Schildwand über dem heutigen inneren Tor

Abb. 16 ▪ Abarbeitungsspuren am gewachsenen Felsen in der Tordurchfahrt, am inneren Torbogen Köckh'sches Wappen von 1604

bestanden haben, die verteidigungstechnischen Vorteile liegen dabei auf der Hand. Der Treppenturm am westlichen Ende der Schildmauer erhielt seine heutige bauliche Gestalt in späterer Zeit, könnte aber noch Bausubstanz eines Vorgängerbaus enthalten.[23]

Offensichtlich treten die Umbauten am ursprünglichen Portal der Schildmauer zutage: In kurzem Abstand über dem heutigen inneren Torbogen stecken im Mauerwerk der Schildwand die Reste eines höher gelegenen Torbogens (Abb. 15). Der Bogenansatz sowie ein hervorstehender Kämpferstein weisen auf die Gestalt des romanischen Tors hin, das mindestens einen Meter höher als das heutige Portal lag. Zusammen mit Beobachtungen am anstehenden Felsen in der Torhalle, an dem deutliche Abarbeitungsspuren ablesbar sind, lassen sich Rückschlüsse auf die ursprüngliche Eingangssituation ziehen (Abb. 16 und siehe Abb. 10): Während das heutige Niveau vom äußeren zum inneren Burgtor abfällt, stieg der Felsboden bei der Gründungsburg wohl zum Burghof hin an. Dieser weitreichende Eingriff war spätestens zu Beginn des 17. Jahrhunderts umgesetzt, wie das Wappen der Familie Köckh im Schlussstein des inneren Torbogens zeigt.[24]

Im Vergleich mit der bereits oben genannten Burg Laaber fallen einige Gemeinsamkeiten auf, die auf die gleiche Bauherrenfamilie oder vielleicht sogar auf ähnliche Baumeister bzw. Handwerker zurückzuführen sind. Trotz der heute nur noch in Resten erhaltenen mittelalterlichen Anlage in Laaber zeigt doch gerade die Position des Bergfrieds mit angrenzender Schildmauer erstaunliche Parallelen zur Burg Prunn (Abb.

17 und 18). Die sehr frühe, doppeltorig angelegte Zugangsituation mit vorgelagertem Graben der Burg Laaber erlaubt eine Neuinterpretation der Ursprungsanlage in Prunn.[25] Bislang wurde für Prunn eine nach innen gelegte, einfache Torsituation angenommen, wobei der Bergfried vor die Schildmauer springt.[26] Mit Blick auf die fast zeitgleich entstandene Burg Laaber spricht allerdings viel dafür, auch für Prunn eine Doppeltoranlage schon für den Gründungsbau anzunehmen, die darüber hinaus verteidigungstechnisch als Zwinger sinnvoll war. Hierzu würde auch die oben genannte zugemauerte Fensteröff

Abb. 18 ▪ Äußere Toranlage der Burg Laaber vor der Schildmauer

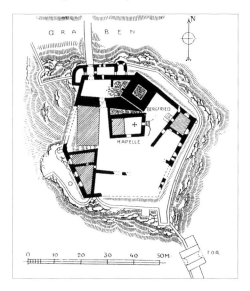

Abb. 17 ▪ Situationsplan und Grundriss der Burg Laaber, aus Hofmann (Bearb.) 1906, Fig. 124

nung im untersten Geschoss des Bergfrieds passen. Am Bauwerk sind nur sehr vereinzelt Hinweise festzumachen, zu stark haben spätere Überformungen eingegriffen. Auf eine der Schildmauer vorgelagerte niedrige Wehrmauer weist ein nördlich des Bergfrieds gelegener überwölbter Gang, der eine schlitzförmige Fensteröffnung besitzt, die durch eine spätere Treppe verdeckt ist (Abb. 19).[27]

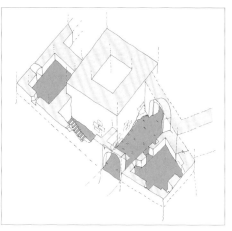

Abb. 19 ▪ Isometrische Darstellung der Eingangssituation von Burg Prunn mit funktionsloser Treppe nördlich des Bergfrieds

Abb. 20 ▪ Blick von Norden auf den Wachstuben-turm mit Buckelquadersockel

Abb. 21 ▪ Isometrische Skizze der romanischen Wachstube im Untergeschoss des Wachstubenturms

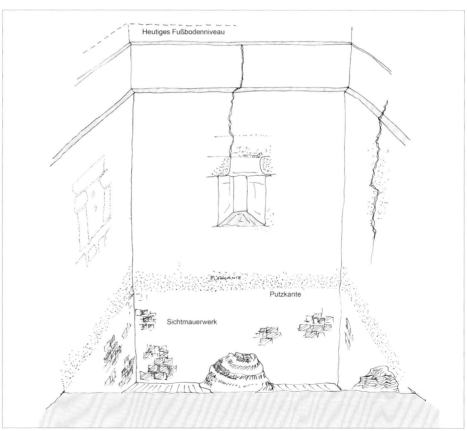

Heutiges Fußbodenniveau

Putzkante

Sichtmauerwerk

Reste der Gründungsburg haben sich auch unter der heutigen Wachstube im bastionsartig vorgeschobenen Turmbau nördlich des Palas erhalten. Mehrere Baudetails weisen auf eine *Wachstube* zur Flankierung der Burgmauer schon in romanischer Zeit hin. Außen ist massives Buckelquadermauerwerk im untersten Geschoss ablesbar, darüber fanden in einer späteren Phase Steine mit glatten Oberflächen Verwendung (Abb. 20). Die frühere Eingeschossigkeit ist auch im Inneren ablesbar: Eine Putzkante und Mauerrücksprünge markieren eine horizontale Baufuge (Abb. 21). Ein heute fehlender Fußboden lagerte auf dem anstehenden Felsen und auf den grob geschichteten Mauerungen zum westlich liegenden Hang. Massive Wände, die jeweils durch einen vertikalen Sichtschlitz durchbrochen sind, begrenzen die Wachstube zu drei Seiten hin. Während die nördliche und südliche Öffnung in späterer Zeit zugesetzt wurden, blieb die östliche unversehrt erhalten. Ihre Bauart ist bemerkenswert: Der horizontale Sturz wird durch längliche Kalksteinbalken überspannt (Abb. 22 und 23). Nach unten abgerundete Kragsteine verringern von beiden Seiten die Spannweite des Fensters an der breiteren Innenseite. Wieder lohnt ein Blick zu einem Baudetail an der Burg Laaber: Ein besonders gestalteter Eingang zum Untergeschoss der mutmaßlichen Burgkapelle besitzt dort ebenfalls Kragsteine, um die Spannweite des steinernen Türsturzes möglichst gering zu halten (siehe Abb. 28 und 29). Die Steinbearbeitung der Gewändesteine gleicht der an der Bergfriedtür.

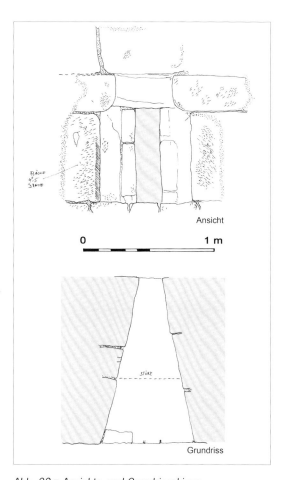

Abb. 22 ▪ Ansichts- und Grundrissskizze des Wachstubenfensters

Abb. 23 ▪ Steinbearbeitung an der Fensterlaibung, Ostfenster der romanischen Wachstube

Abb. 24 ▪ Spolie einer wohl zweitverwendeten Vierpassöffnung im Palasmauerwerk

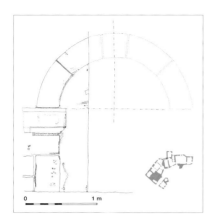

Abb. 25 ■ Bestandsskizze und
Rekonstruktion eines Bogenfragments
der ursprünglichen romanischen Kapelle
in der »Wildbretkammer«

Abb. 26 ■ Reste des
romanischen, bogenförmigen
Portals in der heutigen
»Wildbretkammer«

Die Oberflächen wurden durch eine sogenannte Fläche geglättet. Die Fenstergewände in Prunn waren unverputzt ansichtig, der bauzeitliche rötlich braune Putz überdeckt nur die Wandflächen. Hinweise auf die Ausformung des oberen Abschlusses des romanischen Wachraums existieren nicht; neben einer offenen Lösung wäre auch ein hölzerner Aufbau denkbar.

Sind im Bergfried und der Wachstube noch bedeutende bauliche Reste der romanischen Gründungsphase der Burg Prunn erhalten, so reduzieren sich die Befunde hinsichtlich einer allgemein vermuteten *Burgkapelle* auf geringe Spuren, die kein schlüssiges Bild ergeben.[28] Neben eines im östlichen Palasmauerwerk als Spolie wiederverwendeten Werksteins in Vierpassform (Abb. 24)[29] – eventuell für ein Fenster- oder Brüstungselement – gibt ein Bogenfragment im zur Wachstube angrenzenden Wandstück einen wichtigen Hinweis auf ein hier ehemals befindliches Bauwerk: Ein halbkreisförmiger Bogen aus keilförmig zugerichteten Werksteinen überspannte dieses besonders gestaltete Portal (Abb. 25 und 26). Der fein gearbeitete Kämpferstein am Bogenansatz zeigt die besondere Bedeutung dieser Öffnung, die gut zu einer romanischen Burgkapelle passen würde. Auch die im Norden und Westen angrenzenden Mauerzüge weisen aufgrund ihrer starken Wandstärken und des unregelmäßigen Verlaufs auf ein früheres Bauwerk. Dass hier romanische Bausubstanz durch spätere Eingriffe weitgehende Veränderungen erfuhr, belegen auch historische Fotographien der westlichen Außenwand: Bei günstigem Streiflicht erscheinen die Konturen von abgespitztem Mauerwerk (siehe Abb. 39). Aber trotz dieser Hinweise am Bauwerk bleibt das Aussehen der Kapelle nur Vermutung. Gab es auf Prunn eine romanische, doppelgeschossige Kapelle mit Westempore, ähnlich wie in Aicholding, Gasseltshausen, Rannertshofen oder Sandharlanden (Abb. 27)? Das tief liegende romanische Bogenportal könnte ebenso wie die vorhandenen beträchtlichen Mauerstärken im Umfeld darauf hindeuten. Ein Portal an der Längsseite der

*Abb. 27 ▪ Romanisches Bogenportal
in Sandharlanden, transloziert*

*Abb. 28 ▪ Romanischer Zugang zum Kellerraum
der sogenannten Kapelle in der Burg Laaber*

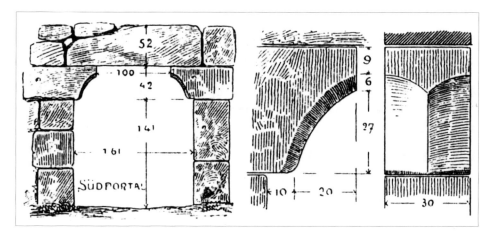

*Abb. 29 ▪ Ansicht und Details des romanischen Portals in der
Burg Laaber, aus Hofmann (Bearb.) 1906, Fig. 128*

mutmaßlichen Kapelle in der Burg Laaber erschließt heute einen gewölbten Kellerraum;
auch hier könnte eine Doppelgeschossigkeit angenommen werden (Abb. 28 und 29).[30] Ein
Detail in der Ansicht des Stichs von Michael Wening gibt den Zustand des Äußeren vor
dem Umbau durch die Jesuiten wieder: An der östlichen Außenwand der Burgkapelle stellt
Wening einen mittig gelegenen Erker dar, die beiden barocken Rundbogenfenster sind dem
Zeichner hingegen noch nicht bekannt (siehe Abb. 3). Unter der Annahme, dass es während
der Herrschaft der Fraunberger und Köckh kaum Veränderungen am Sakralraum gegeben

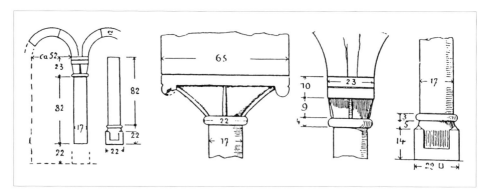

Abb. 30 ▪ Detailzeichnungen von Spolien der romanischen Arkadenfenster
der Burg Prunn, aus Hofmann/Mader (Bearb.) 1908, Fig. 91

Abb. 31 ▪ Rest eines Bogenfensters im östlichen Palasmauerwerk

hat, würde ein Apsidenerker – vielleicht mit einem Vierpassfenster – gut zu einer romanischen Kapelle passen.[31] Ähnliche Beispiele – wenn auch an prominenteren Burgen – sind heute noch erhalten.[32]

Zur Gründungsanlage der Burg Prunn um 1200 gehörte neben dem Bergfried, einer Wachstube und der Kapelle auch ein repräsentativer Wohnbau, der *Palas*. Dieser umfasst den kompletten Umriss des an der Südspitze liegenden Baukörpers. Sowohl die wehrtechnisch abgesicherte Lage als auch die einzigartige Aussicht auf das Altmühltal waren ideale Voraussetzungen, hier den komfortablen Wohnraum des Burgherrn zu situieren. Auf die frühe Entstehung des Palas weisen die Verwendung von Buckelquadern am Außenbau und das kleinteilig zugearbeitete Mauerwerk in der südlichen Kammer hin (siehe Abb. 7 und 39). Die Dimensionen des Bauwerks müssen ähnlich den heutigen gewesen sein. Im zweiten Obergeschoss kamen bei Fassadenrenovierungsarbeiten im Jahr 2003 romanische Bogenreste im Mauerwerk zum Vorschein. Diese passen sehr gut zu den noch in der Burg Prunn vorhandenen unverbauten Spolien eines Bogenfensters, eventuell eines Biforiums (Abb. 30 und 31). Bei den einzelnen Teilen handelt es sich um einen kurzen Säulenschaft mit ungewöhnlicher Basis und um ein ausladendes Kapitell als Auflager für Bogensteine.[33] Sowohl die Dimension und die Steinbearbeitung als auch die künstlerische Gestaltung (beidseitig profilierter Wulst, Gratverzierungen und ein Ring am Kapitell als Übergang zur Säule) sind für das 13. Jahrhundert durchaus üblich, wie ein noch in situ erhaltenes Vergleichsbeispiel an der Burg Donaustauf zeigt (Abb. 32). Die späteren starken Überformungen am Palas verhindern es leider, ein schlüssiges Gesamtbild der Frühphase zu erstellen. Dass hier aber ein repräsentativer Wohnbau auf handwerklicher wie künstlerischer Höhe der Zeit entstand, geht nicht zuletzt auf das Selbstbewusstsein der Bauherren zurück, ihren Machtanspruch offensichtlich zu demonstrieren.

Abb. 32 ▪ *Romanisches Arkadenfenster der Burg Donaustauf*

4. UMBAUTEN UND ERWEITERUNGEN BIS 1338

Schon kurz nach der Entstehung der Burg müssen größere Umbau- und Erweiterungsmaßnahmen stattgefunden haben. Sind wir bei der zeitlichen Einordnung der Gründungsanlage auf stilistische Vergleiche angewiesen, kann eine erste Umbauphase nun durch wissenschaftliche Nachweise auf den Beginn des 14. Jahrhunderts datiert werden (siehe Abb. 6). Ausgangspunkt für weitere umfangreiche Investitionen war der Verkauf des gesamten Prunner Besitzes durch Wernher VII. »von Praiteneck« am 15. Mai 1288 an die Wittelsbacher für 80 Pfund Regensburger Pfennige und deren sofortige »Rück-Belehnung«.[34] Neben der beabsichtigten Annäherung der Herrschaft Prunn-Laaber an den Herzog der Wittelsbacher hatte dieser Verkauf einen deutlichen finanziellen Schub für die Burgherren zur Folge.[35]

Abb. 33 ▪ Vorderer Kellerraum (»Hexenkeller«) in der Dürnitz
mit hölzerner Ständerkonstruktion von 1312d

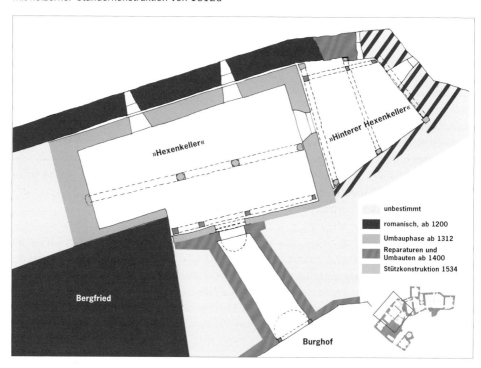

Abb. 34 ▪ Schematischer Kellergrundriss der Dürnitz mit wichtigen Bauphasen

Welcher Grund auch immer für diese »Transaktion« letztlich ausschlaggebend war, die nun vorhandenen, nicht unbeträchtlichen Mittel wurden wohl schon bald in den Ausbau der Burg Prunn investiert, der sich vor allem im Dürnitzbau südlich des Bergfrieds und im Palas belegen lässt.

Der früheste Nachweis von baulichen Tätigkeiten dieser Phase ist für das Jahr 1312 dokumentiert. Das Fälljahr des Bauholzes der Ständerkonstruktionen im Palas und im sogenannten Hexenkeller der Dürnitz konnte durch eine Holzaltersbestimmung datiert werden.[36] Beide Holzkonstruktionen sind besonders gestaltet und auch nach 700 Jahren noch sehr gut erhalten.

Abb. 35 ▪ Kapitelldetail der Ständerkonstruktion im vorderen Kellerraum der Dürnitz

Abb. 36 ▪ Gotische Türen im Erdgeschoss der Dürnitz, links zugesetzt

Der Kellerbereich des südlich an den Bergfried angrenzenden *Dürnitzbaus*[37] ist durch einen gewölbten, leicht abfallenden Gang zugänglich. Mehrere spätere, hölzerne Einbauten, aber auch Verformungen am Mauerwerk erschweren die Interpretation der Baubefunde (Abb. 33 und 34). Innerhalb der romanischen Ringmauer entstand dort ein Einbau zu Beginn des 14. Jahrhunderts, der heute eine »Haus im Haus«-Situation darstellt. Drei mächtige hölzerne Ständerkonstruktionen bilden die Hauptstruktur. Die Kanten der Eichenständer (um 1312d) sind abgefast, den Übergang zum im Querschnitt quadratischen Ständerfuß bzw. Kapitell schafft ein gerundeter Zwickel (Abb. 35). Eine tiefe Ausnehmung im Säulenkapitell erlaubt die Aufnahme von zwei übereinanderliegenden Sattelhölzern, die als Unterzug für die Holzbalkendecke dienen.[38] Die Enden der Sattelhölzer sind für einen einfachen Lagerraum sehr kunstvoll ausgearbeitet. Die Ständerkonstruktion alleine reichte allerdings für die Holzdecke nicht aus. Eine dem romanischen Mauerbering vorgesetzte, 45 Zentimeter breite Aufmauerung diente ihr als Auflager: An der Westseite des Raums wurde direkt an den Bergfried eine schmale Mauervorlage gesetzt, südlich angrenzend eine massive Wand mit rundbogigem Eingang. Die hölzernen Unterzüge lagern im Norden in einer Ausnehmung der dortigen Schildmauer, im Süden auf einer Trennwand zu einem wei-

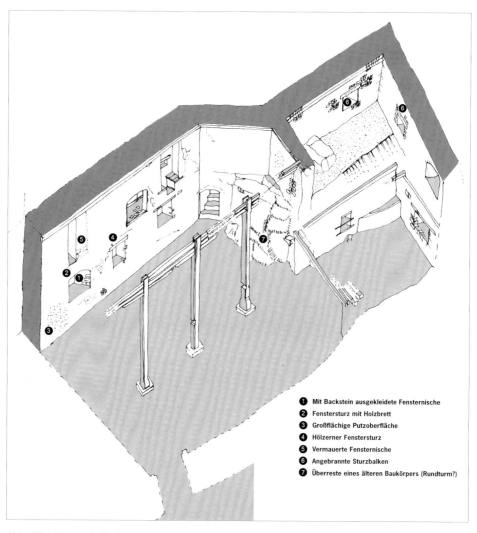

1 Mit Backstein ausgekleidete Fensternische
2 Fenstersturz mit Holzbrett
3 Großflächige Putzoberfläche
4 Hölzerner Fenstersturz
5 Vermauerte Fensternische
6 Angebrannte Sturzbalken
7 Überreste eines älteren Baukörpers (Rundturm?)

*Abb. 37 ▪ Isometrische Darstellung der Ständerkonstruktion von 1314d
im Palasuntergeschoss mit Befundeintragungen*

teren, kleinen Kellerraum. Bemerkenswert ist der Einbau einer 85 Zentimeter breiten, frei-
stehenden Tragwand vor dem äußeren Bering (fast 1 m stark), zu dem sie völlig unver-
bunden steht.[39] Diese ist sogar im Geschoss darüber nachweisbar und dort im Zusammenhang mit Wohnräumen zu sehen, die an der Westseite durch zwei spitzbogige Türen
zugänglich waren, wovon die nördliche heute zugesetzt ist (Abb. 36). Die Befunde sprechen für eine zeitgleiche Entstehung dieses Raums (und vielleicht des Obergeschosses?)
mit der Kellerkonstruktion zu Beginn des 14. Jahrhunderts – ein früher Nachweis des gerade neu aufkommenden Stils der Gotik in dieser Region, der sicherlich vom Dombau in
Regensburg inspiriert war. Die feine Steinbearbeitung der Türgewände mittels Zahneisen

ist auch an anderen Bauteilen in Prunn anzutreffen.[40] Sowohl der Keller als auch die Geschosse darüber erfuhren unter den Fraunbergern ab 1338 noch zahlreiche Veränderungen, auf die später noch eingegangen wird. Dass über dem Keller eine Feuerstelle war, die eine Wohnnutzung für diesen Gebäudeteil nahelegt, zeigt sich aus den brandgeschädigten Deckenbalken südlich des Kellereingangs, die dort eine Unterstützung (nach 1400d) benötigten.

Gleichzeitig kam es im *Palas* ab 1314d zum Innenausbau durch eine hölzerne Ständerkonstruktion über zwei Geschosse: Auf quadratischen Fundamentsteinen stehen in Abständen auf der Mittelachse des Raums drei fast fünf Meter hohe eichene Säulen, die abgesehen von ihrer Länge eine ganz ähnliche Gestaltung wie die oben besprochenen im Dürnitzkeller haben (Abb. 37 und 38). Ihre mächtigen Kapitelle nehmen drei längslaufende Hölzer auf, wovon zwei als durchlaufende Unterzüge die Holzbalkendecke mittig unterstützen. Die Enden der unteren Sattelhölzer sind hier mit einer einfach gestalteten Kehlung profiliert. Die vielfältigen Ausnehmungen an den drei Säulen lassen keine eindeutige Zuweisung einer bauzeitlichen Zwischendecke zu, die es – wenn überhaupt – nur in Teilbereichen gab. Fassungsreste sind an keiner Stelle der Holzkonstruktion auszumachen. Auch wenn ähnliche hölzerne Säulenhallen anderer mittelalterlicher Burganlagen[41] dieser Zeit für repräsentative Räume eingebaut wurden, legen die Zweigeschossigkeit der Konstruktion und die trotz allem relativ einfache Gestaltung hier eine Nutzung als Lagerraum nahe. Jede Burg kann trotz modernster Wehrbauten nur so lange verteidigt werden, wie sich die Burg-

Abb. 38 ▪ Ständerkonstruktion im Palas vor dem Umbau 2012

Abb. 39 ▪ Hoffassade des Palas mit den übereinanderliegenden Zugängen

mannschaft mit Lebensmitteln – und hierzu gehört vor allem eine autarke Wassernutzung[42] – versorgen kann. Über dem heutigen rundbogigen Zugang im Erdgeschoss existierte noch ein zweiter Hocheinstieg, der im Inneren und Äußeren gut ablesbar ist (Abb. 39).[43] Vielleicht ist er ein weiteres Indiz für eine partielle Geschossunterteilung und für die Nutzung als Lagerhalle, zu deren Bestückung er dienen konnte.

Die mächtige Holzständerkonstruktion lässt auf einen darüberliegenden großen Saal im Palasbau schließen, der zusammen mit den romanischen Arkadenfenstern die Besucher beeindruckte.[44] Die Großräumlichkeit, Sicherheit und exponierte Lage legen es nahe, hier den repräsentativen Wohnraum des Burgherrn anzunehmen.

5. BURG PRUNN UNTER DEN FRAUNBERGERN (1338–1566)

Der Erwerb der Burg Prunn 1338 durch die Fraunberger ist als früher Beleg für die intensive Expansionspolitik dieser Familie im 14. und Anfang des 15. Jahrhunderts zu sehen.[45] Die neuen Besitzer waren aber nicht nur an der Vermehrung ihres materiellen Besitzes interessiert, auch auf gesellschaftlicher wie machtpolitischer Ebene erreichten sie hohes Ansehen. Selbstverständlich gehörten zur standesgemäßen Machtdemonstration einer aufstrebenden Herrschaft zu dieser Zeit die Förderung der Künste sowie repräsentative Burgensitze nach dem zu jener Zeit modernsten Zeitgeschmack. Unter der neuen Besitzerfamilie mag in Prunn die Literaturliebe wie bereits unter den Herren von Prunn-Laaber weiter geblüht haben.[46] Aber auch baulich fanden beträchtliche Änderungen statt, von denen heute nur noch Teile erhalten sind (siehe Abb. 6).

Zum Zeitpunkt des Kaufs von Burg Prunn 1338 durch die Fraunberger waren die meisten Arbeiten der ersten Ausbauphase ab 1314 wohl schon abgeschlossen. Der Besitzerwechsel zog anscheinend unverzügliche Baumaßnahmen am verteidigungstechnisch wichtigsten, aber auch für Ankommende repräsentativsten Teil der Burg nach sich: dem *Torbau*. In der massiven Schildmauer wurde nachträglich eine mannshohe Öffnung mit Holzbalkensturz (1339d) im obersten Geschoss über dem Torbereich geschaffen. Dieser Zugang ist aber nur plausibel, wenn dahinter – und somit auch darunter – nutzbare Räume existierten, was die Frage aufwirft, wie der gesamte Torbau zu dieser Zeit ausgesehen hat. Zwei Hinweise könnten zu einer Klärung beitragen: die Befundlage an der Innenseite des Torbaus im Obergeschoss und die früheste für Prunn erhaltene historische Ansicht aus der Zeit um 1600[47]. Hinter dem um 1340 geschaffenen Zugang in der Schildmauer liegt ein zum größten Teil in späterer Zeit umgestalteter Dachraum, der im Osten vom romanischen Bergfried, im Westen und Süden aber von Mauerwerk mit Spuren früherer Nutzung begrenzt ist. Bemerkenswert sind dabei die erhaltenen Abdrücke einer Fachwerkskonstruktion, hinter die (später?) eine massive Mauer gesetzt wurde (Abb. 40). Die starken Eckständer waren durch lange Fußbänder verstrebt, ein Brustriegel bot die Voraussetzung für eine darüberliegende Öffnung. Hierauf reagiert die dahintergesetzte Außenmauer mit der Höhenposition der Fensteröffnung, die nachträglich zugemauert wurde. Die feine Steinbearbeitung der Fenstergewände zeigt die Verwendung eines Zahneisens, was auch an den beiden spitzbogigen Türen des Wohnbaus schon zu beobachten war.[48] Am Außenbau und am angrenzenden Treppenturm sprechen die vielen Unregelmäßigkeiten für eine andere Erscheinungsform des Torbaus als die heute, nach den umfangreichen Maßnahmen zu Beginn des 17. Jahrhunderts erhaltene. Die früheste Darstellung der Burg Prunn um 1600, kurz vor den eingreifenden Veränderungen 1604, gibt trotz ihres skizzenhaften Charakters einen Hinweis auf den Vorgängerzustand: Vom Bergfried etwas abgesetzt erscheint auf dieser Zeichnung ein hoher Bau mit steilem Satteldach und einer durch drei Fenster gegliederten Giebelseite (siehe Abb. 2).[49] Die Firstrichtung verläuft senkrecht zu den anderen dargestellten Dächern, was natürlich auch der flüchtigen Zeichensprache geschuldet sein kann, ansonsten aber zu einem gotischen Torbau der Burg Prunn an dieser Stelle sehr gut passen würde.

Es sei dahingestellt, ob der Torbau tatsächlich die erste bauliche Maßnahme der Fraunberger an ihrer Burg war oder ob nicht erst im Laufe ihrer Herrschaft bis ins 16. Jahrhun-

Abb. 40 ▪ *Befundlage im Dachraum über dem Torbau, westliche Außenwand*

dert am Torbau Veränderungen stattfanden. Die frühe Datierung des Türsturzes sowie die Steinbearbeitung sprechen eher für Ersteres. Hier ist sicherlich der Gesamtkontext der Umgestaltungen von Prunn unter den neuen Burgherren zu sehen: die Machtdemonstration durch architektonisch repräsentative Elemente, wofür ein hoch aufragender gotischer Torbau dem sich der Burg nahenden Besucher ein deutliches Zeichen setzte. Auch andere, weithin sichtbare Teile der Burganlage zeigen dieses Bestreben der neuen Burgherren; deutlichster Beweis ist das schon von Weitem im Altmühltal wahrnehmbare Wappen, die weiße Gurre auf rotem Grund, das am südöstlichen Palas plakativ die Herrschaft der Fraunberger demonstriert.[50]

Die nächste zeitlich gesicherte Baumaßnahme an der Burg Prunn mit repräsentativem Anspruch erfolgte im Bereich der *Wachstube* und der darüberliegenden sogenannten *Gotischen Stube* zu Beginn des 15. Jahrhunderts, also gut 70 Jahre nach dem Erwerb der Burg durch die Fraunberger. Eine zweigeschossige Aufstockung über der noch vorhandenen romanischen Wachstube aus der Zeit der Herren von Prunn-Laaber schuf hier einen turmartigen Bau (siehe Abb. 4), auf dessen innere Ausgestaltung die Bauherren besonderes Augenmerk legten. Beide »Turmstuben« besitzen aufwendig bearbeitete Holzbalkendecken (1409d), die aus tragenden Deckenbalken und dazwischen geschobenen Brettern bestehen.[51] Während die profilierten Deckenbalken aus Kiefernholz (mit gefasten Kanten) im ersten Obergeschoss relativ einfach gestaltet sind, wurden in die eichenen Balken im Erdgeschoss jeweils drei Scheiben (Rosetten in der Mitte sowie an den Enden) kunstvoll geschnitzt.

Abb. 41 ▪ *Sogenannte Wachstube mit Sitznischen im Fenster und bauzeitlicher Balkendecke*

Diese Scheiben sind mit geometrischen Sternmustern in Rötel gefasst.[52] An den Wänden haben sich hier Konsolsteine und Halterungen erhalten, deren genaue Funktion unklar ist.[53] Die Bedeutung dieses Raums unterstreichen mehrere eigentümliche Burgdarstellungen an den Wänden in Rötelfarbe, die zu den frühesten Beispielen ihrer Art zählen dürften (Abb. 41).[54] In beiden Geschossen sind die Fensteröffnungen mit beidseitigen Sitznischen ausgestattet – neben der wohl zur Bauzeit schon existierenden Heizmöglichkeit an der westlichen Außenwand[55] ein weiteres Indiz für die Wohnfunktion dieses Neubaus der Fraunberger. Der Paradigmenwechsel unter dieser Herrschaft – weg von der Wehr- und hin zur komfortablen Wohnfunktion – zeigt sich hier besonders deutlich. Bemerkenswert ist dabei, dass trotz anderer vorhandener Räumlichkeiten auf Prunn neue, beengte Turmzimmer für eine repräsentative Nutzung geschaffen wurden, wobei jedoch kaum Informationen über die baulichen Tätigkeiten dieser Burgherren im Palas oder in der Dürnitz existieren. Die Anlage der neuen Räume mag mit dem zeitgenössischen Geschmack, aber auch mit profanen haustechnischen Gründen (Heizung, Belichtung) zusammenhängen, die im vorhandenen romanischen Bergfried nur schwer umzusetzen gewesen wären.

Die große Bedeutung dieses Neubaus für die neuen Burgherren belegen auch Eingriffe in die angrenzenden Bereiche, wo die romanische *Kapelle* vermutet wird: Die Wachstube im Erdgeschoss tangiert die westlich anstoßende Mauer mit den Resten eines romanischen Rundbogens, abgespitzte Mauerverbände sind dort in einer Baufuge nachweisbar. Offen

Abb. 42 ■ Nachträglich vergrößerte Fensteröffnung
in der südlichen Palaskammer

bleibt, ob die Maßnahmen am neuen Turmbau tatsächlich Änderungen an der Burgkapelle nach sich zogen oder ob diese Baubefunde erst auf die jesuitische Zeit zu Beginn des 18. Jahrhunderts zurückzuführen sind. Dass schon unter den Fraunbergern eine Neugestaltung des Kapelleninnenraums stattfand, zeigen die erhaltenen spätgotischen Altarfiguren, die gut zu einem gotischen, aufklappbaren Flügelaltar passen würden.[56]

Schwierig zu fassen sind die Umbauten der Fraunberger an der Dürnitz und dem Palas, da dort in späterer Zeit umfangreiche Eingriffe stattfanden. Den frühesten Beleg für bauliche Tätigkeiten im *Palas* erbringt die Datierung eines Türsturzes zur südlichen Kammer im dortigen Erdgeschoss in das Jahr 1409d. In diesem Zusammenhang stehen Veränderungen an den Schlitzfenstern der romanischen Wehrmauer, die nun verbreitert wurden (Abb. 42). Im Obergeschoss des Palas zeigen Fassungsreste und Spuren von Malereien die gehobene Wohnfunktion, die das gesellschaftliche Leben der kunstfreudigen Burgherren belegen. Dass auch der Wohnkomfort nicht zu kurz kam, beweisen die Reste eines Toilettenerkers an der Ostwand des ersten Geschosses im Palas, der noch zu Beginn des 18. Jahrhunderts auf der Ansicht von Michael Wening dargestellt ist und auch im zweiten Obergeschoss benutzbar war (siehe Abb. 3).[57] Der kleine, nördlich an den Palas angrenzende zweigeschossige Bau ist aus stilistischen und bautechnischen Erwägungen (Gewändesteine, Steinbearbeitungen) ebenfalls in die Zeit der Fraunberger Herrschaft einzuordnen; das fein profilierte Fenstergewände spricht gegen eine Nutzung als Gefängnis.[58]

In der *Dürnitz*, südlich des Bergfrieds, lassen sich weitere Aktivitäten unter den neuen Burgherren beobachten. So erlangte dieser Teil der Burg wohl erst unter den Fraunbergern unter Einbeziehung der Vorgängerbebauung seine endgültige Kubatur. An der dem Burghof zugewandten westlichen Außenwand stehen mehrere Kragsteine heute funktionslos hervor (siehe Abb. 43). Sie konnten als Auflager für ein hölzernes Geschoss gedient haben.[59]

Ein weiteres Indiz hierfür ist die auffallend glatte Abarbeitung der Buckelquader am Bergfriedmauerwerk an dieser Stelle (siehe Abb. 14). Im großen Saal unter dem heutigen barocken Dachwerk sprechen die wie im Wohnturm vorhandenen Sitznischen in den Fenstern und die außergewöhnlichen, spätgotischen Ritzzeichnungen an der Bergfriedmauer für eine Nutzung schon unter der Herrschaft der Fraunberger.[60] Die in diesem Raum liegende, ursprünglich als »Hocheinstieg« gedachte Erschließung des Bergfrieds hat ihre verteidigungstechnisch günstige Position mit dieser Umgestaltung eingebüßt. Von außen ist der Saal von einem hölzernen Gang an der Schildmauer durch eine Rundbogentür zugänglich, deren Gewändesteine sorgfältig mit dem Zahneisen bearbeitet sind (Abb. 43). Im Inneren führt eine am südlichen Raumende gelegene Treppe zu den unteren Räumlichkeiten, deren spätere Überformungen eine klare Zuordnung erschweren. Die Wohn- und Küchennutzung war hier wohl schon in der Zeit der Fraunberger vorhanden, ein lokaler Brandschaden an manchen Deckenbalken des Kellerraums wurde um 1400 durch eine anspruchsvolle Stützkonstruktion mit aufwendigen Verblattungen behoben (siehe Abb. 33). In die gleiche Zeit fällt der massiv gewölbte Zugang zum älteren Keller (1312d), der Sturzbalken der äußeren Tür wurde spätestens 1410d eingebaut. Die gesamte Befundsituation ist in diesem Bereich äußerst komplex und nicht vollständig geklärt.[61]

Abb. 43 ▪ Zugang zum sogenannten Rittersaal über einen hölzernen Gang an der Innenseite der Schildmauer

Die bewusste, eher auf Machtdemonstration als auf baulichen Notwendigkeiten begründete »Inszenierung« des neu erworbenen Besitzes erstreckte sich auf die wichtigsten »visuellen« Bereiche der Burg, zu denen selbstverständlich auch der *Bergfried* gehörte. Hölzerne Schwellen einer Vorgängerkonstruktion im heutigen Turmdachwerk lassen sich auf das Jahr 1453d datieren.[62] Hinzu kommen Hinweise durch die Darstellung des Prunner Bergfrieds auf der oben bereits erwähnten Grenzkarte aus der Zeit um 1600, wo ausladende Eckerker am oberen Abschluss des Turms zu sehen sind (siehe Abb. 2). Auch hier können die Umgestaltungen in der Mitte des 15. Jahrhunderts weniger mit verteidigungstechnischen Gründen erklärt werden als vielmehr mit dem besonderen Repräsentationsbedürfnis der Bauherren. Am Stammsitz der Fraunberger, der Burg Haag in Oberbayern, ist eine ähnliche Situation mit steilem Zeltdach und vier Eckerkern noch heute erhalten, die eine gute Vorstellung über das Aussehen des Bergfrieds in Prunn zu dieser Zeit gibt (Abb. 44).

Abb. 44 ▪ *Wohnturm der Burg Haag in Oberbayern mit dem Wappen der Fraunberger*

Mit der optisch eindrucksvollen Neugestaltung des Bergfrieds Mitte des 15. Jahrhunderts fanden die baulichen Veränderungen an der Burg Prunn unter den neuen Burgherren wohl einen ersten Abschluss, wofür vor allem die fehlenden Baubefunde ab dieser Zeit sprechen. Im Dezember 1491 soll die Burg im sogenannten Löwlerkrieg »zerbrochen«[63] worden sein; wie groß die Schäden tatsächlich waren, wird nicht genannt und ist deshalb schwer nachzuvollziehen. Die Teilnahme der Fraunberger im Bund der Löwler ist belegt, obwohl sie nicht bei der Gründung der »Löwler« im Bundbrief vom 14. Juli 1489 in Cham beteiligt waren.[64] Eine Erstürmung der Burg Prunn hinterließ wohl vor allem im Torbereich Schäden, die aber nach Darstellung der um 1600 überlieferten Grenzkarte wieder behoben waren. Auch die älteste noch erhaltene Tür der Burg könnte mit diesem Ereignis zusammenhängen. Die mit Eisenblechplatten beschlagene Bergfriedtür kann dendrochronologisch in die Zeit um 1520 eingeordnet werden. Zweifelsohne stammen die Eisenbleche von einer Vorgängertür und fanden hier ihrer Wiederverwendung.[65] Bei einer eventuellen Erstürmung des Bergfrieds im Dezember 1491 müsste auch die eisenbeschlagene Tür »zerbrochen« worden sein, wofür die Neuanfertigung mit den alten Eisenbeschlägen 30 Jahre später sprechen würde. Ob in diesem Zusammenhang der angenommene hölzerne Aufbau der Dürnitz in Mitleidenschaft gezogen oder gänzlich zerstört wurde, wäre vorstellbar, ist aber ungewiss.

Abb. 45 ▪ Südlicher Kellerraum der Dürnitz mit Schäden am Mauerwerk und hölzernen Stützkonstruktionen

Auch der Keller der Dürnitz könnte von kriegerischen Einwirkungen betroffen gewesen sein. Im kleineren, südlich gelegenen Kellerraum belegen Mauerausbrüche und provisorische Reparaturen an der Ostwand größere Schäden (Abb. 45). Die Zugangstür weist deutliche Verformungen und Senkungen hangabwärts auf. Durch eine hölzerne Stützkonstruktion, deren Ausführung durch besondere Stabilität (große Holzquerschnitte) hervorsticht, wurden die Schäden um 1533d behoben. Bei einer Belagerung der Burg wäre diese Flanke vom gegenüberliegenden Hang besonders leicht anzugreifen gewesen.

Zusammenfassend ist festzustellen, dass die Schäden in Prunn durch die Erstürmung der herzoglichen Truppen im Dezember 1491 begrenzt waren, von einer vollständigen Zerstörung blieb die Burg verschont. Glücklicherweise kam es zu keinen Bränden, die schnell auf die gesamte Burg hätten übergreifen können. Die Eroberung der Burg Prunn zeigt aber auch aufs Neue, dass die vorangegangenen baulichen Tätigkeiten unter den Fraunbergern kaum wehrtechnische Verbesserungen mit sich brachten, sondern vor allem machtdemonstrativen Charakter hatten.

Die Instandsetzungen zu Beginn des 16. Jahrhunderts waren die letzten nachweisbaren baulichen Tätigkeiten der Fraunberger an der Burg Prunn. Kurze Zeit später, im Jahr 1567, fiel der Besitz wieder an die Wittelsbacher. Ein anschauliches Bild der vorhandenen Räumlichkeiten der Burg Prunn zum Ende dieser Herrschaft und deren Ausstattung bietet ein erhaltenes Inventar aus der Zeit um 1567.[66] Leider gelingt die Zuordnung der benannten Räume durch die unsystematische Aufzählung und die vielen späteren Umbauten nicht schlüssig, trotzdem ist es interessant, von einem »Frauen Zimer«, mehreren »Fletzen«, der »Duornitz«

mit Kammer, der »Kirche«, einer »Graff Lenhartens Camer«, einer »Fellsstube«, verschiedenen »Cassten«, »Poden«, »gewelben«, »Kellern«, »Stuben«, einem »Pairhoff« und »Ställen« zu lesen.[67] Die große Anzahl an benutzbaren, aber auch an repräsentativen Räumlichkeiten (z. B. Frauenzimmer, Dürnitz) bezeugt die vorangegangene Bautätigkeit unter den Fraunbergern ebenso wie den noch guten Zustand zu dieser Zeit.

6. BURG PRUNN IM BESITZ DER FAMILIE KÖCKH (1570–1646)

Die kurze Interimszeit unter den Wittelsbachern dauerte nur von 1567 bis 1570.[68] Herzog Albrecht V. veräußerte die Burg baldmöglichst 1570 an seinen herzoglichen Rat Karl Köckh für 18 000 Gulden. Die neuen Burgherren bezogen den Besitz, der sich zu dieser Zeit wohl noch in passablem baulichen Zustand befand, sicherlich sofort. Die früheste erhaltene Darstellung Prunns aus der Zeit um 1600 zeigt noch die Gestalt der Burg, wie sie am Ende der Herrschaft der Fraunberger aussah. Sowohl archivalisch wie auch anhand von Baubefunden sind keine nennenswerten Tätigkeiten bis zu Beginn des 17. Jahrhunderts fassbar. Erst mit dem Jahr 1604, für das an einigen Türstürzen durch Inschriften und Wappen bauliche Tätigkeiten bezeugt sind, wurden größere Umbauten unter Christoph Köckh (ab 1596) unternommen. Diese betrafen hauptsächlich den Torbau, erst etwa dreißig Jahre später (1631) auch die Innenräume der Dürnitz (siehe Abb. 6).

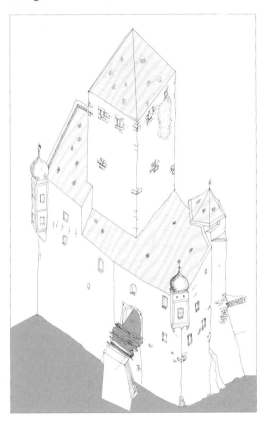

Abb. 46 ▪ Isometrische Darstellung des Torbaus, heutiger Zustand

Die auch heute noch das Aussehen der Burg Prunn prägendste Maßnahme dieser Zeit war die 1604 abgeschlossene Neugestaltung des *Torbaus* durch die Herrschaft der Köckh (Abb. 46, siehe auch Abb. 8). Ob für den Umbau dieses Bereichs konkrete Schäden und Zerstörungen aus früherer Zeit den Ausschlag gaben, ist ungewiss, offensichtlich aber beabsichtigten die Bauherren, nun einen Wechsel von einer befestigten Wehranlage zu einem verteidigungstechnisch kaum wirksamen Schlossbau zu vollziehen. Dies belegen nicht nur die geringen Mauerstärken des Neubaus, sondern auch die großen, symmetrisch gestalteten Fensteröffnungen und die Putzdekorationen im Stil der Spätrenaissance. Ebenso zu bewerten sind die beiden zierlichen Eckerker mit Zwiebeldächern, die gerade

Abb. 47 ▪ Plastischer Figurenkopf (Darstellung von Christoph Köckh?) als Auflagerstein unter dem nordwestlichen Eckerker

Abb. 48 ▪ Bauinschrift an der hofseitigen Dürnitzfassade mit dem Allianzwappen Lerchenfeld-Köckh und der Jahreszahl 1631

im Nordosten weniger eine spektakuläre Aussicht ermöglichten als vielmehr dem nahenden Besucher eine beeindruckende Ansicht präsentierten. Überhaupt zeigt sich das ausgeprägte Bedürfnis des neuen Besitzers, seine Burgherrschaft durch die zahlreichen Zurschaustellungen seines Wappens im Inneren und den expressiven, farbigen Figurenschmuck – bis zum Selbstporträt als Konsolstein – am Außenbau gebührend in Szene zu setzen (Abb. 47). Im Inneren überwiegt das Bestreben, komfortable Wohnräume zu schaffen, was sich in den aufwendig gestalteten Kochstellen mit Heizfunktion über der Tordurchfahrt (»Frauenküche«) zeigt. Wie durchgreifend der Umbau im gesamten Torbau tatsächlich war, wird erst durch einen Blick auf die ursprüngliche Zugangssituation offenbar: Das innere Tor und wohl auch das Bodenniveau lagen ursprünglich deutlich höher – Reste des Vorgängertors in der Schildmauer und Abarbeitungen am Felsen in der Durchfahrt sprechen hierfür. Der heutige abgesenkte Zustand entstand spätestens unter der Familie Köckh, das Allianzwappen Köckh-Lerchenfeld ist demonstrativ auf dem Schlussstein des inneren Tors angebracht.[69] Auch die Gewölbe der Tordurchfahrt und des westlich angrenzenden Raums (heutige Kasse) müssen zu dieser Umbauphase gerechnet werden; statisch ist nur eine gemeinsame Einwölbung denkbar (Widerlagersituation) (siehe Abb. 16). Im sogenannten Frauengemach darüber ist allein der Erkerraum mit einem Kreuzgewölbe ausgestattet. Die vielen Bauinschriften mit der Jahreszahl 1604 am Eingang des Treppenturms und an anderen Türen müssen nicht zwangsläufig immer einen kompletten Neubau bezeugen, vielmehr könnten sie auch auf kleinere Renovierungen und Instandsetzungen in dieser Zeit hinweisen.

Die bewusst gestaltete Symmetrie der Nordansicht machte auch in den Bereichen nordöstlich des Bergfrieds und in der südlich angrenzenden Dürnitz Eingriffe notwendig, deren Abschluss eine Bauinschrift für 1631 festsetzt (Abb. 48).[70] Sicherlich entstand zu dieser Zeit das nordöstlich gelegene Erkerzimmer, die sogenannte Trinkstube, zusammen mit dem darunterliegenden Gewölberaum. Auch wenn es keine konkreten zeitlichen Anhaltspunkte gibt, sind die Mauerdurchbrüche im Bergfried (Abb. 49) und an der östlichen Schildmauer auf dieser Ebene nur innerhalb einer Neuorganisation des gesamten Bereichs schlüssig. Die Nutzung des ersten Obergeschosses der Dürnitz konnte dadurch merklich verbessert und die neue Wohnung im westlichen Torbau angeschlossen werden.[71] Hochrechteckige Fenster mit profilierten Steingewänden und Kreuzstockteilung zur Burghofseite belegen die neue Nutzung dieser Räumlichkeiten durch die Familie Köckh.

Abb. 49 ■ Nördliche Bergfriedmauer mit nachträglich eingebrochenem Zugang

Können wir die bauliche Tätigkeit im Tor- und Wohnbau durch die Bauinschriften sicher greifen, verlieren sich in der Kapelle, im Wachturm und im Palas die konkreten Hinweise. Die neu gestalteten Wohnräume im nördlichen Teil der Burg sprechen eher gegen eine stärkere Nutzung des Palasbaus durch diese Besitzer.

Der Dreißigjährige Krieg zog die Burg nicht direkt in Mitleidenschaft, allerdings endete die Herrschaft der Familie Köckh auf Prunn aufgrund von Überschuldung im Jahr 1646. Der neue Besitzer, Feldmarschallleutnant Georg von Truckmiller von Millburg, war genötigt, sofort Reparaturmaßnahmen an der Burg vorzunehmen – ein Zeichen für den vorangegangenen mangelnden Bauunterhalt und den dadurch verursachten Verfall in den letzten Herrschaftsjahren der Familie Köckh.[72]

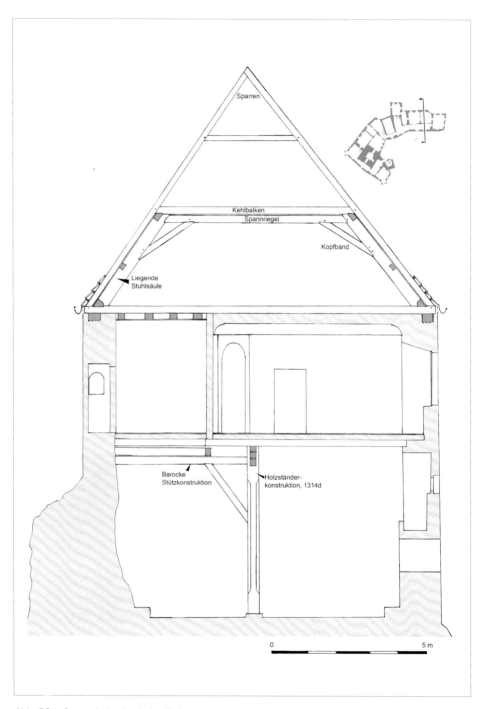

Sparren

Kehlbalken
Spannriegel

Kopfband

Liegende
Stuhlsäule

Barocke
Stützkonstruktion

Holzständer-
konstruktion, 1314d

0   5 m

*Abb. 50 ▪ Querschnitt durch den Palasbau
mit barockem Dachwerk von 1674*

7. DIE INGOLSTÄDTER JESUITEN UND DIE BURG PRUNN (1672–1773)

Nur kurz verblieb Prunn im Besitz Georg von Truckmillers, schon 1672 übernahmen die Jesuiten aus Ingolstadt die Burg für 31 000 Gulden und 100 Dukaten und blieben bis zur Auflösung ihres Ordens 1773 die neuen Burgherren. Unter ihrer Herrschaft fanden die letzten größeren baulichen Veränderungen statt, die uns in der heutigen Gestalt der Anlage überliefert sind. Die Eingriffe und Neugestaltungen durch die Jesuiten erstrecken sich auf alle vorhandenen Dächer sowie den Bergfried und beinhalten insbesondere den Neubau einer

Burgkapelle und Modernisierungen im Palasobergeschoss (siehe Abb. 6).

Abb. 51 ▪ Südöstliche Palasaußenmauer auf der Höhe des Hauptgeschosses mit späteren Fensterausbrüchen im romanischen Mauerwerk

Die Burganlage muss zum Zeitpunkt des Besitzerwechsels 1672 in einem baulich ruinösen Zustand gewesen sein, der vor allem die hölzernen Dachwerke betraf. Schon 1674d sicherten die neuen Burgherren den *Palasbau* mit einer Dachkonstruktion, die, bedingt durch den polygonalen Grundriss, eine anspruchsvolle Aufgabe für den Zimmermann war.[73] Die Tragkonstruktion mit liegenden Stuhlsäulen, Kopfbändern und Spannriegeln entspricht dabei dem Standard dieser Zeit (Abb. 50). Wie wichtig der Palas für die neuen Burgherren war, zeigt auch die erst 20 Jahre später fortgesetzte Dacherneuerung über der Wachstube, der Kirche und dem Dürnitzbau. 1692d erhielten diese Bereiche neue, wetterfeste Bedachungen, die Jahreszahl der Fertigstellung der äußerlichen Instandsetzung wurde demonstrativ im Giebelfeld des Wachturms mit großen Ziffern festgehalten (siehe Abb. 52).[74] Der 1701 publizierte Stich von Michael Wening zeigt zwar den Zustand mit den neuen Dächern, aber noch nicht die äußeren Veränderungen nach dem Innenausbau des Palas und dem Neubau der Burgkapelle (siehe Abb. 3). Die Umgestaltung der Räume im Obergeschoss des Palas kann deshalb frühestens um 1700 begonnen haben.[75] Leitlinien waren Bequemlichkeit (Öfen) und Repräsentation (Tür-, Wand- und Fensterdekoration, räumliche Symmetrie). Das Ausmaß der baulichen Eingriffe durch neu in das romanische Mauerwerk eingebrochene, vergrößerte oder auch zugesetzte Fensteröffnungen wurde bei der jüngsten Fassadensanierung 2003 deutlich (Abb. 51). Heute nicht mehr erhalten sind die barocken Putzgliederungen, Fensterrahmungen und Scheinfenster der Jesuitenzeit, die eine nach außen einheitliche Schlossanlage im Sinne des zeitgenössischen Geschmacks im Gegensatz zu der mittelalterlichen, gewachsenen Burg suggerieren sollten (Abb. 52).[76] Das von den Jesuiten gewünschte Idealbild einer Vereinheitlichung und symmetrischen Umgestaltung ist im Altarbild der Burgkapelle in einer Ansicht von Prunn dargestellt, die einen nahezu vollständigen barocken Neubau zeigt (Abb. 53).[77]

Abb. 52 ■ Burg Prunn von Südosten gesehen, Johann Beyschlag, um 1840,
Aquarell (Historisches Museum Regensburg, G 1950/3,12)

Einem Neubau gleicht auch die ab 1700 an Stelle eines Vorgängers gesetzte, zweige-schossige barocke *Burgkapelle* (Abb. 54). Im Stich von Michael Wening ist diese am Außenbau noch nicht ablesbar, weshalb ein Baubeginn direkt nach der Neueindachung des gesamten Trakts 1692 auszuschließen ist. Der Eingriff in die wohl noch romanische Bau-substanz war erheblich: An der Ostseite wurden zwei Rundbogenfenster in die Außenwand eingebrochen und der vorhandene Apsidenerker aufgegeben.[78] Den rechteckigen, zweige-schossigen Kapellenraum akzentuieren ein raumhoher Altar und aufwendig geschnitzte Wangen an den Kirchenbänken. Die Decke ist mit stark profilierten Stuckaturen (Quadra-

Abb. 53 ▪ *Barockes Idealbild der Burg Prunn, Detail des Altarbilds der Burgkapelle, Anfang 18. Jh.*

Abb. 54 ▪ *Blick von der Empore in die durch die Jesuiten umgestaltete barocke Burgkapelle*

turwerk) in den Formen des Frühbarock[79] dekoriert. Die Kapelle erstreckt sich nicht über die gesamte Gebäudetiefe, im Westen verbindet ein Gang, der von einer Empore überdeckt wird, die nördlichen und südlichen Teile der Burg. Ein (älteres?) Rundfenster schafft von hier eine dezente Belichtung des Raums über die Empore.[80] Die Jesuiten übernahmen nur wenige Teile der spätgotischen Ausstattung wie die sechs Relieffiguren eines Flügelaltars der Vorgängerkapelle und integrierten sie in die neue barocke Gestaltung. Letztlich blieb von der romanischen und spätgotischen Ausstattungsphase der Burgkapelle bis auf weni-ge Mauerzüge kaum etwas erhalten. Im darunterliegenden Kellerraum, der sogenannten Wildbretkammer, mussten Stützkonstruktionen zur Unterfangung des Altars eingebaut werden (Abb. 55). Ein aus Backsteinen gefertigtes Tonnengewölbe dient als stabiler Unter-bau für die Fußbodenkonstruktion der Kapelle.[81] Der kühle und feuersichere Lagerraum war durch einen heute zugemauerten Durchgang mit der nördlich angrenzenden Dürnitz verbunden. Wann der Zugang vermauert wurde und ob er bereits früher als Erschließung gedient hat, ist unklar. Auf den frühesten erhaltenen Plänen der Burg von 1860 (siehe Abb. 59) ist der Durchgang bereits nicht mehr existent.

Die neue Burgkapelle war sicherlich die bedeutendste Baumaßnahme der Jesuiten in Prunn, dem allerdings als barockem Sakralbau eine entscheidende visuelle und akustische Funktion fehlte: ein Glockenturm. Die neuen Burgherren nutzten deshalb den bestehenden romanischen *Bergfried*, der schon unter der Familie Köckh als Glockenturm diente.[82] An der Westseite des Turms, kurz unterhalb des Zinnenkranzes, fehlte lange Zeit ein großes Stück

Abb. 55 ▪ Sogenannte Wildbretkammer
unter der barocken Burgkapelle

des Buckelquadermauerwerks. Möglicherweise war dies eine Schallöffnung für die dahinterliegenden Glocken (siehe Abb. 14 und 46). Sowohl auf dem erhaltenen Plansatz von 1860 als auch auf historischen Fotos ist die mit Backstein eingefasste Öffnung belegt, die 1966 schließlich rückgebaut wurde.[83] Die Maßnahmen der Jesuiten zeigen die grundsätzlich positiv zu bewertende Erhaltung der Burg durch eine neue Nutzung, die aber mit zum Teil sehr unsensiblen Eingriffen und Zerstörungen einherging.

Weitere bauliche Veränderungen in Prunn unter den Jesuiten sind nicht bekannt, wobei die neuen Burgherren die »repräsentative Wehrhaftigkeit« der Burg nicht ganz außer Acht ließen, wie die Erneuerung der Zugbrückenkonstruktion im Jahr 1718d belegt.[84]

8. DIE JAHRE VON 1773 BIS ZUR BESTANDSAUFNAHME 1857 BIS 1860

Mit der Auflösung des Jesuitenordens 1773 endete dieser Besitzstand. Erst acht Jahre später, 1781, wurden die Liegenschaften der Jesuiten den Maltesern und Johannitern übertragen, unter denen jedoch keine Tätigkeiten an der Burg Prunn bekannt sind.[85] 1823 fiel die Burg an den bayerischen Staat. Ein weiterer Verkauf unterblieb auf nachdrücklichen Einsatz Ludwigs I. im Jahr 1826. Obwohl die Anlage damals in einem desolaten Zustand war, wünschte der König die Instandsetzung. Eine anschauliche Darstellung der Burg Prunn um 1830 von Conrad Wiessner zeigt die vor allem den nordwestlichen Burgbereich betreffenden Schäden am Dach und am Mauerwerk (Abb. 56). Teile der mobilen Ausstattung wurden nach 1829 versteigert, offensichtlich gab es sogar Fantasien zu einer »Neuinterpretation«

*Abb. 56 ▪ Veste Prunn, Conrad Wiessner, um 1830,
aquarellierte Bleistiftzeichnung (Historisches Museum Regensburg)*

der Gesamtanlage im Stil der Neugotik, die aber nicht weiter verfolgt wurden.[86] Reparaturen an verschiedenen Dachwerken datieren auf das Jahr 1853d, die Zugeisen zur Stabilisierung des Mauerwerks im Wachturm und in der sogenannten Trinkstube stammen wohl ebenfalls aus dieser Zeit.

Von 1857 bis 1860 fand eine Inventarisierung des mobilen wie immobilen Bestands durch die königliche Baubehörde Hemau statt, die aus einer ausführlichen Beschreibung mit einem kompletten Plansatz aller Geschosse und Fassadenansichten besteht. Sowohl die Inventarliste als auch die zugehörigen acht Bestandspläne wurden 1893 nochmals ergänzt und befinden sich vollständig erhalten im Besitz der Baycrischen Schlösserverwaltung (Abb. 57–64).[87] Die Beschreibungen der Räumlichkeiten mit ihren Ausstattungen sind erstaunlich genau. Auch wenn die Bezeichnungen der einzelnen Zimmer und Kammern oftmals nur die damalige Nutzung wiedergeben (z. B. »2. Holzlege« oder »4. Pferdestall«), liefern die Pläne wertvolle Hinweise zum heute nicht mehr vorhandenen Baubestand: beispielsweise im Burghof über einen zugeschütteten Gewölbekeller (»1. Keller im Schloßhofe«) oder eine »Gesindekammer« (9) und eine »Küche« (10) im Erdgeschoss der Dürnitz. Das Palasuntergeschoss wurde zu dieser Zeit noch als Pferdestall (4) mit darüberliegendem Heu- und Strohlager (19) genutzt, der kleine, nördlich des Palas gelegene Anbau als Küche (18 und 31). Dieses Dokument von besonderem historischen Wert zeigt den Bauzustand von Prunn am Ende einer 650 Jahre dauernden Nutzungsgeschichte, bevor denkmalpflegerische und museale Maßnahmen die Burg im 20. Jahrhundert konservierten bzw. umnutzten.

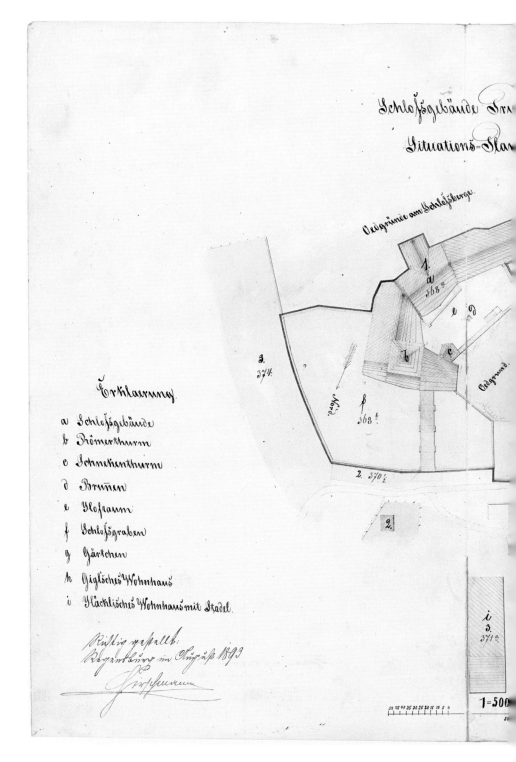

Schloßgebäude Tr...

Situations=Plan

Oedgründe am Schloßberge.

1.
a
368ᵃ

e d

b

c

Oedgrund

368ᵇ

f
368ᵇ

3.
374.

2. 370½

2.

Erklärung

a Schloßgebäude

b Römerthurm

c Schnekenthurm

d Brunen

e Hofraum

f Schloßgraben

g Gärtchen

h Giglisches Wohnhaus

i Nachtlisches Wohnhaus mit Stadel.

Richtig gestellt:
Regensburg im August 1893

i
3.
371ᵃ

1=500

94

Blatt, 1.

Abb. 57 ■ Planaufnahme von
1860, »Situations-Plan«, Blatt 1,
kol. Zeichnung (BSV, München,
Planarchiv der Bauabteilung)

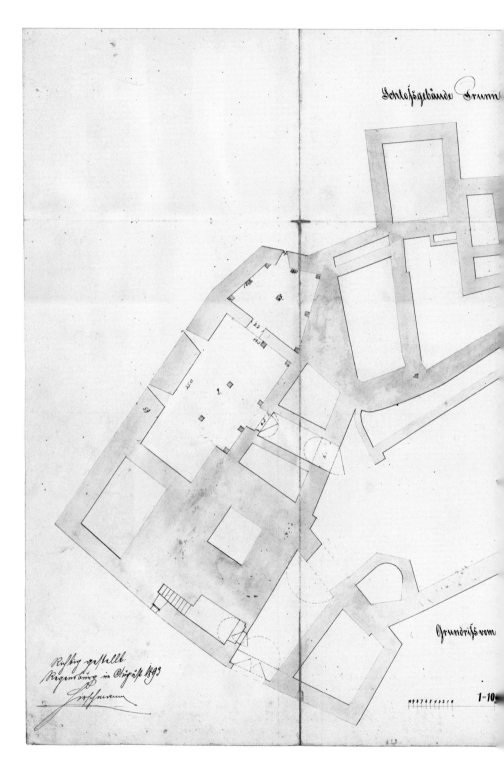

Schloßgebäude Grun

Grundriß vom

1-10

Richtig gestellt.
Regensburg im August 1893

96

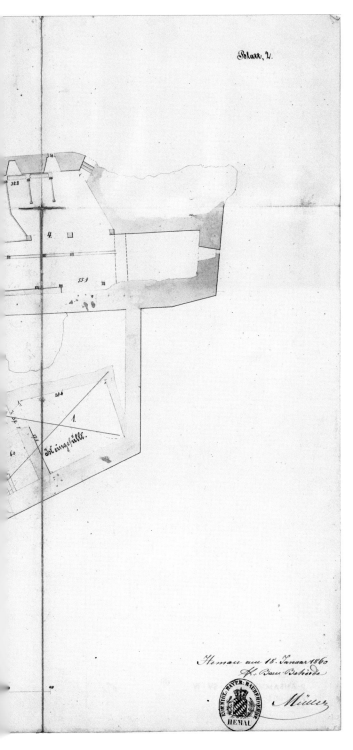

Abb. 58 ■ Planaufnahme
von 1860, »Grundriss vom
Erdgeschosse«, Blatt 2,
kol. Zeichnung (BSV,
München, Planarchiv der
Bauabteilung)

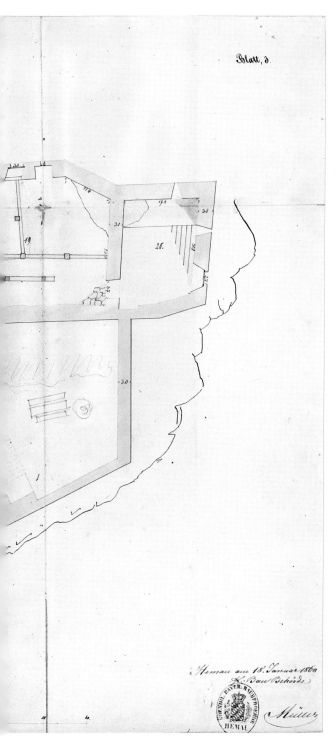

Abb. 59 ▪ Planaufnahme
von 1860, »Grundriss zu
ebener Erde«, Blatt 3,
kol. Zeichnung (BSV, München,
Planarchiv der Bauabteilung)

Schloßgebäude Prunn

Grundriß ...

100

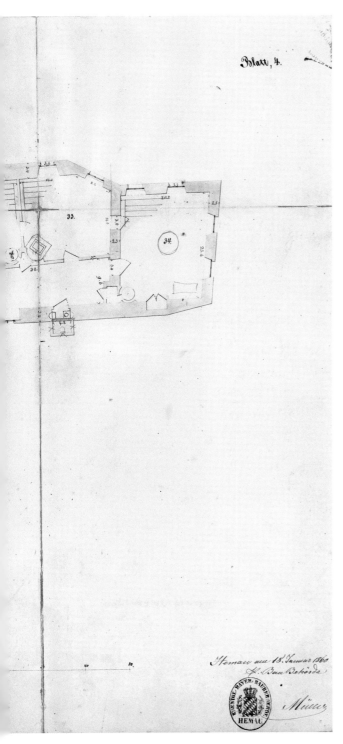

Abb. 60 ▪ Planaufnahme
von 1860, »Grundriss über
einer Stiege«, Blatt 4, kol.
Zeichnung (BSV, München,
Planarchiv der Bauabteilung)

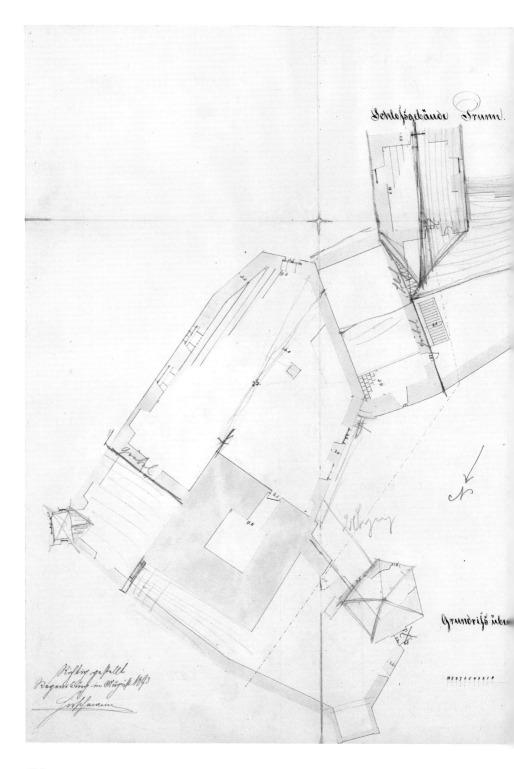

Schloßgebäude Brunn.

Grundriß über

102

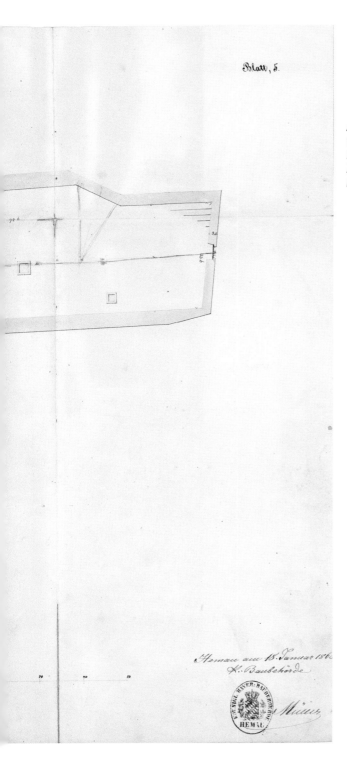

Abb. 61 ■ Planaufnahme
von 1860, »Grundriss über
2 Stiegen«, Blatt 5, kol.
Zeichnung (BSV, München,
Planarchiv der Bauabteilung)

Schloßgebäude Brunn.

Querschnitt.

1 = 100.

104

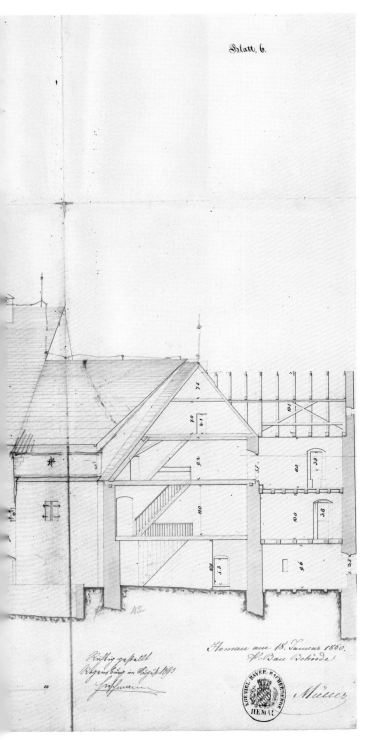

Abb. 62 ■ Planaufnahme von 1860, »Querschnitt«, Blatt 6, kol. Zeichnung (BSV, München, Planarchiv der Bauabteilung)

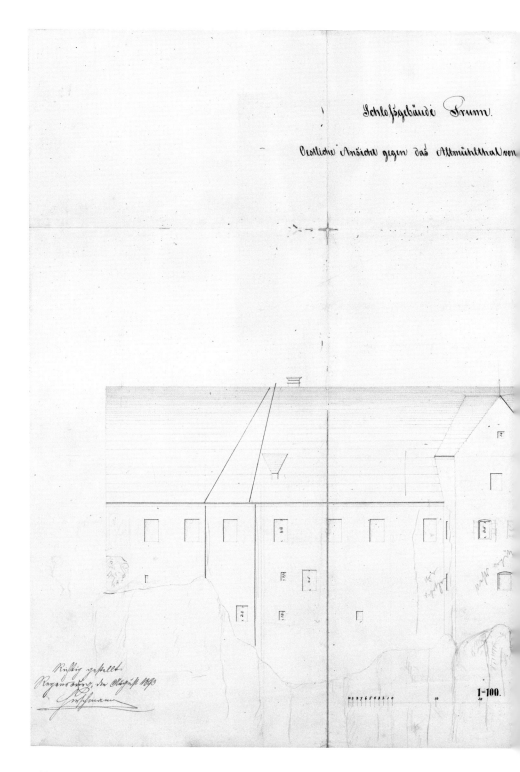

Schloßgebäude Prunn.

Oestliche Ansicht gegen das Altmühlthal von

Richtig gestellt.
Regensburg, den August 1843

1=100.

106

Abb. 63 ▪ Planaufnahme
von 1860, »Östliche Ansicht
gegen das Altmühlthal von
der Kehlheimer Straße«,
Blatt 7, kol. Zeichnung
(BSV, München, Planarchiv
der Bauabteilung)

Abb. 64 ■ Planaufnahme von 1860,
»Nördliche Ansicht«, Blatt 8, kol. Zeichnung
(BSV, München, Planarchiv der Bauabteilung)

Schloßgebäude Prunn.

Noerdliche Ansicht.

Hemau am 18. Januar 1860
K. Bau-Behörde

Müller

1=100   10   20   30   40.

9. ZUSAMMENFASSUNG

Die als »Spornburg« zu bezeichnende Burg Prunn war schon in der Gründungsphase ab 1200 eine stattliche Anlage, die damals in etwa die heutigen Ausmaße besaß. Hinsichtlich der Wehrtechnik und der künstlerischen Gestaltung war sie auf dem aktuellen Stand. In einem geschlossenen Bering ragte im Norden ein mächtiger Bergfried als Frontturm mit hoher Schildmauer hervor. Eine Doppeltoranlage mit einer niedrigeren Wehrmauer an der Hangkante im Norden erscheint als Parallele zur Burg Laaber realistisch. Auffallend große Steinformate und die kunstfertige Bearbeitung der Werksteine weisen auf erfahrene Bauleute und auch auf die gute finanzielle Situation der Gründer, der Herren von Prunn-Laaber, hin. Die Kapelle, eine Wachstube sowie ein palasartiger Bau im Süden waren sicherlich schon damals eine eindrucksvolle Erscheinung. Durch glückliche Umstände sind uns auch heute noch bedeutende Reste dieser Epoche erhalten.

Neben der anfänglichen Wehrfunktion und Machtdemonstration der Burganlage treten zu Beginn des 14. Jahrhunderts verstärkt Wohnkomfort und wirtschaftliche Gesichtspunkte in den Vordergrund. Zwei anspruchsvolle Holzständereinbauten ab 1312 belegen diese erste Ausbauphase auf Prunn noch unter der Herrschaft der Prunn-Laaber. An den südlich des Bergfrieds angrenzenden Bering wird ein mindestens zweigeschossiges Gebäude, die Dürnitz, angebaut. Feuerstelle und Lagerraum lassen hier auf die Unterkunft der Burgmannschaft schließen, die von dort aus schnell die wichtigsten Verteidigungspositionen der Burg erreichen konnte. Spätere Umgestaltungen und Aufstockungen beweisen die kontinuierliche Weiternutzung dieser Räumlichkeiten. Im Palas zeigt der zweigeschossige Ständereinbau ab 1314 die neue Nutzung: ein verschließbarer, geräumiger Lagerraum, der für die Funktionstüchtigkeit einer Burg notwendig ist, wobei auch die Aufbewahrung von Lebensmitteln (Naturalien) eine Rolle gespielt haben dürfte. Die mächtige Holzständerkonstruktion belegt die Existenz eines darüberliegenden großen Saals, der als repräsentativer Wohnraum des Burgherrn anzunehmen ist.

Die Burg Prunn erfuhr zwischen 1338 und der Mitte des 15. Jahrhunderts bedeutende Umgestaltungen während der Herrschaft der Fraunberger (1338–1566), die die Anlage im Inneren wie im Äußeren zu einer der imposantesten Burgbauten im Altmühltal machte. Die Fraunberger setzten am Torbau und am Bergfried in Prunn besondere architektonische Akzente, die auch an ihrer Stammburg in Haag zu finden sind. Ihren baulichen Zenit hatte die Burg wohl bis zum Ende des 15. Jahrhunderts erreicht. Der Löwlerkrieg 1491 mit seinen partiellen Zerstörungen stellt eine Zäsur dar, die folgenden Bautätigkeiten betrafen die Reparatur der Schäden. Wenn auch durch die späteren Umbauten wichtige bauliche Bestandteile der Fraunberger Zeit verloren gingen, zum Beispiel die Bergfriederker oder ein Torbau, haben sich doch bedeutende Reste erhalten, etwa der Wachstubenturm. Mit dem weithin sichtbaren Wappen dieser Burgherren – der weißen Gurre auf rotem Grund – ist diese Herrschaft an prominenter Stelle des Palas auch heute noch markant wahrnehmbar.

Ein neues »Gesicht« erhielt die Burg Prunn unter dem Besitzstand der Familie Köckh (1570–1646). Ab 1604 statteten die neuen Eigentümer den nördlichen Teil der Burg (Torbau und Dürnitz) mit repräsentativen Wohnbereichen aus, die nach außen Schlosscharakter haben sollten. Wichtigste Absichten dieser zum Teil rigorosen Eingriffe in die Bausubstanz waren die Erhöhung des Wohnkomforts und der Machtdemonstration. Letzteres ist auch heute noch durch zahlreiche Bauinschriften und Wappen erkennbar. Der finanzielle Niedergang der Familie Köckh während des Dreißigjährigen Kriegs zog durch eine mangelnde Instandhaltung der Burg Prunn noch lange Jahre Schäden nach sich, die erst von den nachfolgenden Besitzern durch die sukzessive Neubedachung aller Bereiche aufgehalten und behoben wurden.

Die schon kurz nach dem Erwerb der Burg durch die Ingolstädter Jesuiten (1672–1773) folgenden Baumaßnahmen lassen die klare Zielrichtung der neuen Bauherren erkennen: eine klerikale Umnutzung, die nach außen offensiv demonstriert wird. Dabei blieben die historischen Attribute früherer Herrschaften (Fraunberger Gurre, Wappen und plastischer Schmuck der Familie Köckh) unangetastet und wurden in das neue barocke Konzept integriert. Trotz aller baulichen Eingriffe und Umbauten ist es den Jesuiten zu verdanken, dass die Burg im Ganzen bis heute erhalten blieb. Sie finanzierten die nötigen Grundsicherungen für die gesamte Anlage (Dächer), ohne die die Burg Ende des 17. Jahrhunderts mit großer Wahrscheinlichkeit in einen Ruinenzustand verfallen wäre. Unter der knapp über 100 Jahre währenden Herrschaft des Jesuitenordens wurden die letzten größeren baulichen Veränderungen an der Burganlage vorgenommen, die den gestalterischen Abschluss darstellen und heute noch den Charakter der Burg Prunn prägen.

10. AUSBLICK

Trotz der oben aufgezeigten neuen Erkenntnisse zu Gestalt und Geschichte der Burg Prunn konnten zu manchen Bereichen nur Vermutungen angestellt werden, einige Fragen blieben unbeantwortet und warten auf weitere Erforschung. Archäologische Untersuchungen im Burgterrain zu einem möglichen Vorgängerbau fehlen bislang ebenso wie eine vollständige, verformungsgetreue Erfassung der Anlage, die bislang auf zwei Geschosse begrenzt blieb. Die Bestimmung und Kartierung von wichtigen Bauhölzern musste sich auf wenige ausgewählte Bereiche beschränken, hier warten sicherlich noch Antworten, aber auch neue Fragen zum Bauwerk. Die romanische Kapelle und die Räumlichkeiten in der Dürnitz erfuhren so weitreichende Umgestaltungen in späterer Zeit, dass ohne tiefergehende Befunduntersuchungen in das Mauerwerk kaum weitere Ergebnisse erzielt werde können. Auch nutzungstechnische Aspekte wie die Versorgung der Burginsassen oder die Beheizung der Räumlichkeiten blieben weitgehend unberücksichtigt und bieten noch spannende Ansätze für Forschungen.

Obwohl die Burg Prunn im Laufe der Zeit vielfältigen Umgestaltungen unterlag, präsentiert sich die Anlage heute auf den ersten Blick einheitlich. Die unterschiedlichen Herrschaften trugen alle ihren Teil zum Ausbau, aber auch zum Erhalt bei, was den besonderen Charme von Prunn im Vergleich mit anderen Burgbauten im Altmühltal ausmacht. An kaum einem anderen Beispiel dieser Region dürfte heute noch die Transformation von der ursprünglichen Wehrfunktion – unter den Prunn-Laaber im 13. Jahrhundert – über die herrschaftliche Machtdemonstration – unter den Fraunbergern im 14. Jahrhundert – zum Schlosscharakter – unter der Familie Köckh Anfang des 17. Jahrhunderts – und schließlich zur sakralen »Ordensburg« der Jesuiten am Ende des 17. und am Anfang des 18. Jahrhunderts so gut nachzuvollziehen sein wie an der Burg und dem Schloss Prunn.

ANMERKUNGEN

1 Hofmann/Mader (Bearb.) 1908, S. 101–113. Hierauf überwiegend basierend: Lehner-Burgstall 1920, S. 199–214. Zwei kurze Abrisse über die Geschichte der Burg Prunn, ohne dabei auf bauliche Aspekte einzugehen, liefert Mayer 1832 und 1838.

2 Hofmann/Mader (Bearb.) 1908, Fig. 84. Die Einordnung des Bauwerks in drei Hauptbauphasen trägt im Großen und Ganzen auch heute noch, wobei die Unterteilung in romanisch, spätgotisch und nach 1600 sehr pauschal bleibt. Bei detaillierter Betrachtung fallen mehrere Falschzuweisungen, bspw. der Wachstube und im Erdgeschoss der Dürnitz (südlich des Bergfrieds liegender Bau) auf.

3 Hager 1952, Pörnbacher 1992, Paula u. a. 1992, S. 438–445.

4 Fischer/Schmid 1996. Die burgenkundliche Forschung hat Prunn bislang nur am Rande erwähnt; siehe Piper 1912, S. 756, Ebhardt 1939, Tafel 67, Hotz 1965, S. 218 und Tafel 172, Zeune 1999 b.

5 Eine Fassadensanierung am Palas 2003 erbrachte neue Erkenntnisse zur ursprünglichen Baugestalt. 2006 bearbeitete Peter Dresen die barocken Dachwerke vor der anstehenden Sanierung in einem ausführlichen bauforscherischen Bericht für die Bayerische Schlösserverwaltung (BSV, Archiv Baudokumentationen der Bauabteilung, Dresen 2006). Neben den dendrochronologischen Bestimmungen der Dächer behandelte Dresen auch Bereiche im »Hexenkeller« und Palasuntergeschoss. Peter Dresen danke ich an dieser Stelle herzlich für seine Hilfsbereitschaft und Unterstützung. Schon 1996 gab es bei der Restaurierung der Schlosskapelle eine ausführliche Befunduntersuchung, 2007 eine Übersicht über verschiedene Putze in Prunn (beide BSV, Archiv Baudokumentationen der Bauabteilung). Eigene Untersuchungen des Verfassers mit Befundöffnungen, Detailzeichnungen und weiteren Holzaltersbestimmungen wurden 2011 durchgeführt.

6 Der Verfasser erstellte in Zusammenarbeit mit Dr. Uta Piereth und Dr. Sebastian Karnatz eine umfangreiche Sammlung aller greifbaren historischen Ansichten, Pläne und Fotoabbildungen. Für die konstruktive und kollegiale Zusammenarbeit möchte ich Frau Piereth und Herrn Karnatz an dieser Stelle recht herzlich danken.

7 Verwiesen sei hier bspw. auf die historischen Ansichten von Besitzungen der Wittelsbacher im Gewölbe des Antiquariums der Residenz München (Riedenburg, Haag) aus der zweiten Hälfte des 16. Jahrhunderts oder auf die spektakulären Darstellungen von Städten und Burgen zwischen Neuburg an der Donau und Krakau auf der Reise Pfalzgraf Ottheinrichs 1536/37 (siehe www.ottheinrich.info, abgerufen am 11.1.2012).

8 BayHStA, Plansammlung 3343, Grenzkarte zwischen Pfalz-Neuburg und dem Pflegamt Riedenburg; zuletzt nicht am Standort. Ein Landschaftsaquarell Albrecht Dürers (um 1496) kann aus topographischen und baulichen Gründen nicht mit der Burg Prunn in Verbindung gebracht werden, Fischer/Schmid 1996, S. 8, Anm. 9. Der dargestellte Ruinenzustand deckt sich nicht mit den erhaltenen älteren Baubefunden, auch wenn die Zeitstellung nach einer möglichen Zerstörung im Löwlerkrieg 1491 passend wäre.

9 Kupferstich von Michael Wening benannt mit »Schloß Prunn« in Straub 1701.

10 Die Quellen zu Prunn in den Staatsarchiven München und Amberg wurden von Uta Piereth und Sebastian Karnatz gründlich gesichtet. Meistenteils allgemeine Informationen zu Bautätigkeiten sind erst ab Ende des 16. Jahrhunderts erhalten.

11 Siehe Anhang, S. 192–194.

12 Siehe dazu ausführlich den Beitrag von Uta Piereth, »Prunn und seine Burgherren«, in diesem Band.

13 Ein Extrakt dieser Ergebnisse wird in der 2012 neu konzipierten Ausstellung auf der Burg Prunn in einem maßstäblichen Modell vorgestellt (Modellbau Peter Götz). Dort werden die baulichen Veränderungen an einzelnen Bereichen der Burg durch die verschiedenen Herrschaften dem Besucher durch Hinzufügen oder Wegnahme verschiedener Teile des Modells anschaulich vorgeführt.

14 Eine eingehende Diskussion hierzu mit den relevanten Quellenverweisen im Beitrag von Uta Piereth, »Prunn und seine Burgherren«, in diesem Band, auf den ich mich im Folgenden beziehe.

15 Die Annahme, Prunn wäre bereits schon in römischer Zeit besiedelt, entbehrt jeglicher Grundlage und basiert auf der fälschlichen Benennung des Bergfrieds als »Römerturm« durch Mayer 1838, S. 311: »Ob dem Dorfe Prun liegt Schloßprunn, wahrscheinlich aus den Trümmern einer dort gestandenen Römerburg entstanden; der alte Römerthurm hat sich erhalten.«

16 Die Bedeutung dieser Region als neues Machtzentrum, das sich in jener Zeit von Regensburg nach Kelheim orientierte, wurde intensiv im Forschungskolloquium auf Burg Prunn 2011 mit verschiedenen Historikern diskutiert; siehe hierzu auch den Beitrag von Uta Piereth, »Prunn und seine Burgherren«, in diesem Band. Andreas Boos sieht für die Platzwahl der Burg Laaber ebenfalls verkehrsgeographische und damit herrschaftsorientierte Gründe, Boos 1998, S. 250.

17 Ein grundsätzlicher Vorteil von Spornlagen für Burgen war die leichtere Beschaffung und Transportierung von Baumaterial. Die Böschungsmauern im Halsgraben und der nordwestlich gelegenen »Bastion« wurden aus großen Quadersteinen gefertigt. Die Versatztechnik mit Zangenlöchern unterscheidet sich dabei schon von der am Bergfried und ist deshalb etwas später zu datieren. Siehe hierzu Hofmann/Mader (Bearb.) 1908, Fig. 95 und S. 113, sowie Fischer/Schmid 1996, S. 18. Zeune 1999 b, S. 175, vermutet am nördlich anstehenden Hang (oder der »Bastion«) eine Vorburg, wofür es keine baulichen Hinweise gibt.

18 Das heutige Bodenniveau ist durch die Jahrhunderte vielfach künstlich umgestaltet: Die Bodenhöhe der Tordurchfahrt erfuhr starke Veränderungen, im Südwestteil des Burghofs gab es noch Anfang des 19. Jahrhunderts einen Gewölbekeller. Nördlich davon waren Aufschüttungen nötig, da das Gelände hier immer wieder abging. Die dortige Umfassungsmauer wurde mehrmals Mitte des 19. Jahrhunderts abgetragen und erneuert, Fischer/Schmid 1996, S. 18, Anm. 19.

19 Als funktionierende Schießscharten für Bogen oder Armbrust können diese Öffnungen kaum gedient haben, auch das damit zu erzielende Sichtfeld ist stark eingeschränkt. Zu einer wirksamen Verteidigung waren hölzerne Wehrgänge darüber nötig.

20 Das Aufkommen dieser burgentypischen Bauform wird frühestens für das Ende des 12. Jahrhunderts in der Zeit der Staufer angenommen, eine Hochphase war um 1200 bis zum ersten Drittel des 13. Jahrhunderts, danach kommen schon Verfeinerungen (Kissenform) vor, siehe Uhl 1999. Die Datierung des Bergfrieds um 1200 in Prunn basiert auf der Bautechnik der Buckelquader, siehe Zeune 1999 a.

21 Hofmann (Bearb.) 1906, S. 154–158. Pfistermeister 1974, S. 89. Boos 1998, S. 249. Fischer/Schmid 1996, S. 16, sehen eine Verwandtschaft der Quadertechnik zum runden Bergfried der Burgruine Altmannstein (Schambachtal), der um 1230 datiert wird.

22 Hofmann/Mader (Bearb.) 1908, S. 112.

23 Hierauf deuten v. a. die unregelmäßig verspringenden Mauerkanten am oberen Abschluss des Treppenturms hin. An einer geöffneten Putzstelle im Inneren ist das rußgeschwärzte Mauerwerk sichtbar. Ob dies auf einen Kaminabzug oder auf Brandschäden einer Zerstörung zurückzuführen ist, bleibt in weiteren Untersuchungen zu klären.

24 Die Datierung auf 1604 bezieht sich allein auf das vorhandene Köckh'sche Wappen, das allerdings auch nachträglich eingebaut worden sein könnte. Ausbesserungen an dortigen Fugen und ein unregelmäßiger Bogenlaibungsverlauf sprechen hierfür. Die Vermutung einer Umgestaltung (unter den Fraunbergern) könnte sich auf die Steinbearbeitungstechnik und dekorative Details (Eckabfasung) stützen; hier besteht noch Forschungsbedarf.

25 Nach Hofmann (Bearb.)1906, S. 157 und Fig. 124, handelt es sich in Laaber um eine außergewöhnlich frühe Zwingersituation, die in das frühe 13. Jahrhundert eingeordnet wird. Ebenso Boos 1998, S. 251. Eine weitere Parallele ist die bei beiden Anlagen ausgeführte Zugbrückensituation, die in der Gegend auch bei Burg Randeck vorkommt.

26 Hofmann/Mader (Bearb.) 1908, S. 113 und Fig. 84.

27 Die Treppe führte vermutlich zu einem Vorgängerraum an der Stelle der heutigen sogenannten Trinkstube. Vor dem Einbau der Treppe war hier wohl ein Wehrgang. Eine weitere schlitzartige Öffnung ist im gewölbten Keller unter der Trinkstube vorhanden. Eine genaue Klärung der Situation können nur weitere Untersuchungen erbringen.

28 Die Annahme einer romanischen Vorgängerkapelle basiert letztlich aus Mangel an Befunden auf der vermuteten Nutzungskontinuität eines Sakralraums, deren letztes Glied die heutige barocke Burgkapelle darstellt, Fischer/Schmid 1996, S. 5 f. und 25. Allgemein Mayer 1838, S. 325 f.

29 Der Einbau des Vierpassfensters im Palasobergeschoss ist im Zusammenhang mit dem Umbau dieses Stockwerks ab 1700 durch die Jesuiten und die Neugestaltung der Kirche zu sehen. Die Wiederverwendung »geweihter« Bauteile aus einem altehrwürdigen Sakralraum für das »klerikale« Schloss der Jesuiten erscheint deshalb nicht unwahrscheinlich.

30 Letztlich fehlen Befunduntersuchungen und Vergleichsstudien zu dieser Frage. Zur Burgkapelle in Laaber siehe Hofmann (Bearb.) 1906, S. 157 und Fig. 128. Wenig hilfreich ist der Hinweis, dass die Burgkapelle in Laaber gotisch sei, Stevens 2003, S. 17.

31 Der Umbau der Burgkapelle durch die Jesuiten war dem Zeichner Michael Wening demnach noch nicht bekannt und muss deshalb auf den Beginn des 18. Jahrhunderts datiert werden. Die auf dem Stich dargestellte Situation könnte die Ostwand der romanischen Kapelle zeigen. Während der Herrschaft der Fraunberger fanden sicherlich Ausstattungserneuerungen statt, wie die erhaltenen spätgotischen Relieffiguren beweisen. Für einen durchgreifenden Umbau gibt es keine Anhaltspunkte, das Interesse der Fraunberger richtete sich vielmehr auf den Neubau einer repräsentativen Kirche als Grablege im Ort Prunn; der Grabstein von Hans VII. von Fraunberg zu Prunn (1405–1478) befindet sich dort. Auch unter der Familie Köckh lassen sich keine Baumaßnahmen an der Burgkapelle nachweisen.

32 Z. B. in Seligenthal um die Mitte des 13. Jahrhunderts, siehe Stevens 2003, Abb. 119, und wohl auch in Neuenburg/Unstrut, siehe ebd., Abb. 63.

33 Hofmann/Mader (Bearb.) 1908, S. 109 und Fig. 91. Die Stücke wurden in der Burg aufgefunden, eine andere Provenienz ist unwahrscheinlich.

34 Der Kauf von ganzen Herrschaftsgebieten ist im Zusammenhang mit der wittelsbachischen Expansionspolitik in Richtung Oberpfalz ab Mitte des 13. Jahrhunderts zu sehen und war durchaus üblich, wie andere Beispiele zeigen (vgl. Ambronn 2004, S. 25). Siehe hierzu den Beitrag von Uta Piereth, »Prunn und seine Burgherren«, in diesem Band.

35 Die Kaufkraft dieser Summe ist schwer zu ermitteln. Eine wenig früher (1223) erfolgte Verpfändung der Burg Leuchtenberg in der Oberpfalz brachte 200 Pfund (Regensburger Pfennige?), siehe Pfistermeister 1974, S. 67.

36 BSV, Archiv Baudokumentationen der Bauabteilung, Dresen 2006, darin: Thomas Eißing: Dendrochronologischer Bericht Schloss Prunn, Bamberg 2006. Es wurden insgesamt drei Proben im Hexenkeller und eine im Palas bestimmt. Die Eichenhölzer besaßen keine Waldkante, weshalb die Datierungen im Hexenkeller mit 1312d und im Palas mit 1314d Mittelwerte darstellen, das Datum der Fällung aber auch +/– zehn Jahre betragen könnte. Der Buchstabenzusatz »d« bei einer Jahreszahl weist auf die dendrochronologische Datierung des Bauholzes hin.

37 Der Begriff Dürnitz wird hier für das weniger repräsentative Gebäude einer Burg verwendet, das der Burgmannschaft Unterkunft bietet. Zur Versorgung der Burgmannen waren eine Feuerstelle und ein großer Raum (Speisesaal) notwendig. In der Burgenforschung tauchen hierfür auch die Begriffe »festes Haus« oder »Saalbau« auf. Eine »Durnitz« oder »Thurnitz« wird für die Burg Prunn im Inventar um 1567 erwähnt, siehe Anhang, S. 192–194.

38 Die Holzkonstruktion wurde ohne besondere Verbindungen zusammengesetzt. Vorhandene Holznägel und leere Bohrlöcher lassen nach BSV, Archiv Baudokumentationen der Bauabteilung, Dresen 2006, S. 24, auf Floßholz schließen. Die Bohrlöcher könnten aber ebenso ein Hinweis auf Befestigungshilfen von hölzernen Einbauten oder Traghilfen für den Transport sein.

39 Die Bauwerksfuge klafft bis zu 20 Zentimeter auseinander. Eine Verbindung beider Mauern ist trotz intensiver Einsicht über mehrere Meter nicht feststellbar.

40 Z. B. an der Außentür im zweiten Obergeschoss zur Dürnitz und am Fenstergewände im Dachraum über dem Torbau; siehe den folgenden Abschnitt über die Fraunberger. Eine Untersuchung der vorhandenen Werksteinoberflächen betreffend ihrer Bearbeitungsspuren konnte vom Autor nur stichpunktartig unternommen werden. Es lassen sich Oberflächen aus frühen Phasen der Romanik (Fläche) und sehr fein mit Zahneisen bearbeitete Werksteine aus der Zeit der Gotik unterscheiden. Ab 1604 setzt sich allgemein das Scharriereisen durch. Siehe hierzu das Standardwerk von Friedrich 1932.

41 Im Palas der Burg Burghausen ist eine mächtige Säulenkonstruktion erhalten. Eine mit Prunn verwandte Ständerkonstruktion hat auch Burg Heimhof in der Oberpfalz (Pfistermeier 1974, S. 18), wohl ebenfalls aus dem 14. Jahrhundert.

42 Die hölzerne Abdeckung des Brunnens ist neuzeitlich, die Lage und Einfassung sicherlich mittelalterlich. Der Brunnen führte noch bis ins 20. Jahrhundert Wasser; ob es historische Zuleitungen zu wasserführenden Schichten am Nordhang gibt, ist noch nicht untersucht.

43 Der Zugang zum Obergeschoss des Palas könnte durch einen hölzernen Treppenbau erfolgt sein, von dem es aber keine Spuren mehr gibt. Der Palas stand sehr wahrscheinlich zu dieser Zeit noch als eigenständiger Baukörper innerhalb der Ringmauer. Angrenzende Bauten im Norden und Westen sind vorstellbar.

44 Die erhaltenen romanischen Spolien der Arkadenfenster weisen zwar hier auf besondere Räumlichkeiten hin, sind aber kein sicherer Beleg für einen Vorgängersaal. Für die innere Aufteilung des Palas vor der hölzernen Konstruktion gibt es keine Indizien. Die stilistische Einordnung des erhaltenen Fensterdekors und der Bautechnik (Buckelquader, Steinbearbeitung) sprechen für einen romanischen Vorgänger und gegen einen einheitlichen Neubau ab 1314. Fischer/Schmid 1996, S. 8 f., nehmen den Ausbau des Obergeschosses mit einem großem Saal dagegen erst für Ende des 15. Jahrhunderts an.

45 Ausführlich hierzu der Beitrag von Uta Piereth, »Prunn und seine Burgherren«, in diesem Band. Die Erweiterung ihres Besitzes setzte sich v. a. Ende des 14. Jahrhunderts fort.

46 Siehe den Beitrag von Sebastian Karnatz, »Burg Prunn und das Nibelungenlied«, in diesem Band.

47 Siehe Anm. 8.

48 Es bleiben noch Fragen offen: Sind die gotischen Türen in der Dürnitz mit dem dortigen Kellerraum 1312 entstanden oder in die gleiche Bauphase wie die Fensteröffnung am Torbau zu datieren (ab 1339)? Könnte die Fachwerkskonstruktion nicht doch zusammen mit der steinernen Außenmauer gebaut worden sein und als massive Unterkonstruktion für einen höheren Aufbau gedient haben?

49 Der skizzenhafte Charakter der Zeichnung und die schematische Darstellung der Burg Prunn zwingen zur Vorsicht bei Vermutungen hinsichtlich konkreter baulicher Hinweise. Allerdings legen nicht nur die klare Wiedergabe eines Torbaus, sondern auch des Bergfrieds und anderer Details (Erker) genauere Kenntnisse des Zeichners von der damaligen Situation der Burg Prunn nahe.

50 Wann genau das Wappen angebracht wurde, ist unbekannt. Eine Erneuerung fand 1963/64 statt, siehe Fischer/Schmid 1996, S. 7, Anm. 6. An der Burg Haag in Oberbayern sind die gleichen Wappen vorhanden, dort allerdings in kleinerem Format und an allen vier Seiten des Wohnturms (siehe Abb. 44).

51 BSV, Archiv Baudokumentationen der Bauabteilung, Brütting 2011.

52 Ähnliche Muster finden sich in mittelalterlichen Decken von Bohlenstuben oder gewölbten Decken, dort allerdings zumeist plastisch ausgearbeitet. Dass die Rötelmuster in Prunn nur Vorzeichnungen waren und eine weitere Bemalung oder ein Schnitzwerk nicht fertiggestellt wurde, ist unwahrscheinlich. Ähnliche Stern- und Rosettenformen haben sich auch in den Ritzzeichnungen im Gotischen Saal an der östlichen Bergfriedwand erhalten; siehe hierzu den Beitrag von Sebastian Karnatz, »Bild und Herrschaft«, in diesem Band.

53 Denkbar wäre eine Halterung für Beleuchtung, Schilde oder Fahnen.

54 Siehe den Beitrag von Sebastian Karnatz, »Bild und Herrschaft«, in diesem Band.

55 Im westlich gelegenen »Fletz« gibt es in beiden Geschossen offene Kaminzüge, die eine Beheizung der Wachturmräume ermöglichten, aber auch Küchenfunktion hatten. Reste eines Kaminzugs sind an der südlichen Außenwand der Kapelle im Obergeschoss erhalten; die Zuordnung ist hier ungeklärt.

56 Bei der Sanierung der Burgkapelle 1996 traten auch vereinzelt Fassungsreste eines früheren Zustands zutage, die allerdings nicht zweifelsfrei auf eine sakrale Nutzung zurückzuführen waren, BSV, Archiv Baudokumentationen der Bauabteilung, Mayer 1996. Zur Kapelle mit den spätgotischen Figuren ausführlich Sebastian Karnatz, »Bild und Herrschaft«, in diesem Band. Gegen eine vollständige Umgestaltung durch die Fraunberger spricht deren ambitionierter Kirchenbau in der Ortschaft Prunn unterhalb der Burg, der auch als Grablege der Familie diente.

57 Die Ansicht von Michael Wening von 1701 zeigt noch den Zustand vor den Umbauten durch die Jesuiten. Ein über zwei Geschosse führender Aborterker wird dort mit einer Fensteröffnung im zweiten Obergeschoss dargestellt, im Stockwerk darunter musste die Beleuchtung über eine Kerzennische in der Wand erfolgen, die noch erhalten ist. Ein schematischer Erkeranbau ist auch auf der Grenzkarte um 1600 dargestellt. Fassungsreste, Aborterker und die schon auf dem Wening-Stich fehlenden romanischen Arkadenfenster machen eine stärkere Umgestaltung der Palasräume schon unter der Herrschaft der Fraunberger wahrscheinlich. Spätere bauliche Veränderungen im Palas sind erst unter den Jesuiten nach 1701 greifbar.

58 Im Erdgeschoss besitzt dieser Anbau einen tonnengewölbten Raum, im Osten mit gewachsenem Boden. Der zweifach mit Türen gesicherte Bereich könnte eher als Aufbewahrungsort von wertvollen Gegenständen genutzt worden sein. Im Obergeschoss wurde in späterer Zeit ein Durchbruch zu den Palasräumen geschaffen, ein südlicher Zugang mit Bogenöffnung ist heute zugesetzt.

59 Ähnliche hölzerne Aufbauten gab es an vielen Burganlagen, z. B. an der Cadolzburg oder – heute noch erhalten – an der Burg Karlstein in Tschechien.

60 Die Ritzzeichnungen sind schon im Inventar von 1908 erwähnt, siehe Hofmann/Mader (Bearb.) 1908,
S. 112. Hierzu ausführlich mit einer Bestandsaufnahme aller vorhandenen Darstellungen Sebastian Karnatz, »Bild und Herrschaft«, in diesem Band. Die dicken Putzschichten auf den Buckelquadersteinen weisen auf die nachträgliche Nutzung dieser Räumlichkeiten hin; ursprünglich war das Bergfriedmauerwerk
hier außenansichtig gedacht. Die schlichte Nutzung des Saals als Aufenthaltsraum für die Burgbelegschaft
wäre im Dürnitzbau nicht unpassend.

61 Es sei an dieser Stelle noch auf hölzerne Ständerkonstruktionen im hinteren Keller verwiesen, die um die
Mitte des 15. Jahrhunderts hier eine Fachwerkwand – ähnlich der nicht erhaltenen über dem Torbau – bil-
deten (Abb. 45). Die Holzaltersbestimmung ist wegen der fehlenden Waldkante nur ein Anhaltspunkt für
den Einbau, siehe BSV, Archiv Baudokumentationen der Bauabteilung, Hofmann 2011.

62 Nach Aussage von Peter Dresen, der die Bohrkerne entnahm, sind an den Schwellhölzern Blattsassen für
die Eckerker vorhanden, wobei der heutige Dachstuhl des Bergfrieds überwiegend aus neuerer Zeit
stammt.

63 Mayer 1838, S. 313: »Im Löwlerkriege ist die Felsenburg zu Prun, wie die weiter oben bei Dietfurt gelegene Burg Flügelsberg von den Herzöglichen i. J. 1491 erstürmt und zerbrochen worden.«

64 Fischer/Schmid 1996, S. 8. Siehe hierzu auch den Beitrag von Uta Piereth, »Prunn und seine Burgherren«,
in diesem Band. Die Nennung der Gründungsmitglieder und eine Abbildung des Briefs in AK Das Fürstentum der Oberen Pfalz 2004, S. 167 und Abb. S. 23.

65 Eine dendrochronologische Untersuchung der Türhölzer macht eine Herstellung um 1520 wahrscheinlich,
siehe BSV, Archiv Baudokumentationen der Bauabteilung, Eißing 2006. Zu Material und Herstellung der
Bergfriedtür siehe den Beitrag von Susanne Raffler in diesem Band.

66 BayHStA, GL Haag 16, Lit B, und ebd., KÄA 554, fol. 476–481: »Varnus zu Prunn«, siehe Anhang,
S. 192–194.

67 Im Folgenden sollen Anhaltspunkte für eine Zuweisung der Raumnennungen aufgezählt werden: Das genannte »Frauen Zimer« ist wohl im südlichen Palasobergeschoss zu verorten. Dort müssen mindestens zwei
Räume ohne die heutige Unterteilung angenommen werden. Eine »Duornitz« zusammen mit einer Kammer ist mit Waffen oder Rüstungen ausgestattet. Diese könnte im ersten und zweiten Obergeschoss der Dürnitz gewesen sein; die heutige Unterteilung der Räume stammt aus der Köckh'schen Zeit. Die benannte
»Graff Lenhartens Camer« war wohl kleiner; sie ist im Inventar v. a. mit kirchlichen Utensilien bestückt
und deshalb in der Nähe der Kirche zu suchen, vielleicht im Obergeschoss des nördlich am Palas ange-
bauten Raums oder in der sogenannten Gotischen Stube. Eine »Fellsstube« könnte mit der heutigen Wachstube oder mit den südlichen Räumen im Untergeschoss des Palas in Verbindung gebracht werden; Letztere liegen direkt auf dem anstehenden Felsen. Ein »haber Cassten«, dem ein »Fletz« vorgesetzt ist, würde
als Nutzung im Palasuntergeschoss passen. Eine »Camer ab der Kirchen« ist nachweisbar und spricht für
eine vorhandene Burgkapelle im zweiten Obergeschoss wie heute. Im Inventar sind zwei Gewölbe genannt,
eines für wertvolle Gegenstände, das andere für Nahrungsmittel. Ersteres könnte dem heutigen »Kerker«
zugeordnet werden, das »Speis gewelb« dem nicht mehr vorhandenen Kellerbau im Burghof. Die Gewölbe im nordöstlichen Burgbereich und in der »Wildbretkammer« bestehen aus Backstein und sind wahrscheinlich erst später eingebaut worden. Ein genannter »Pairhoff« wäre ebenso wie ein »Cassten« auf der
vor der Burg liegenden »Bastion« zu verorten, die noch 1857 als »Kastengärtchen« genannt wird.

68 In diese Zeit fällt der damals schon spektakuläre Fund der Handschrift D des Nibelungenlieds, die wenig
später in die herzogliche Bibliothek inkorporiert wurde. Hierzu ausführlich der Beitrag von Sebastian Karnatz, »Burg Prunn und das Nibelungenlied«, in diesem Band.

69 Siehe Anm. 24 mit dem Hinweis, dass der Schlussstein vielleicht nachträglich eingebaut wurde. Ob ein
Umbau schon unter den Fraunbergern stattfand, ist unklar. Das Tor zum Burghof schlägt nach innen auf,
was verteidigungstechnisch unvorteilhaft ist.

70 Wappentafel über dem Dürnitzeingang mit Jahreszahl 1631, siehe Hofmann/Mader (Bearb.) 1908, S. 109,
und Fischer/Schmid 1996, S. 12.

71 Im Zuge dieser Maßnahmen verlor die nördlich des Bergfrieds gelegene Treppe ihre Funktion. Siehe hierzu auch Anm. 27.

72 Im Jahr 1647 ist der Zimmermeister Thomas Eckstein genannt, siehe Hofmann/Mader (Bearb.) 1908, S. 107.
Zur Person Georg von Truckmillers siehe ausführlich Sieghardt 1977, S. 214–218.

73 BSV, Archiv Baudokumentationen der Bauabteilung, Dresen 2006, S. 4: »Eine besondere Herausforderung
für den Zimmermeister waren die Fluchtänderungen im Grundriss der Mauerkrone. Elegant reagiert er hier-

auf mit Sparrenquerschnitten in der Form eines Parallelogramms. Nur durch diese aufwendige Maßnahme konnten die Sparren in der Flucht der Decken- und Kehlbalken angeschlossen werden.«

74 Siehe hierzu ebd., S. 8 und Abb. 1. Die Bauinschrift ist an einigen historischen Abbildungen und Fotos erkennbar und wurde wohl Mitte des 20. Jahrhunderts übertüncht. Das Zeichen der Jesuiten (IHS – Jesum habemus socium – mit Kreuz) ist auch im Inneren z. B. der Kapelle öfter auffindbar.

75 Auf dem Wening-Stich ist der mittelalterliche Toilettenerker noch dargestellt; die bis ins 20. Jahrhundert erhaltene barocke Fassadengestaltung »kaschiert« diese Stelle nach dem Wegfall des Erkers mit einer einheitlichen Fenstergliederung. Um eine innere Trennwand im Palas ausführen zu können, musste eine Strebekonstruktion im Untergeschoss an die vorhandenen Holzständer angebracht werden (siehe Abb. 38).

76 Ein Aquarell um 1840 (siehe Abb. 52, S. 90) belegt die Scheinarchitektur an der Palasfassade eindrücklich. 1963 und spätestens 2003 wurden sämtliche Putzoberflächen an den Fassaden entfernt.

77 Die Zuordnung der einzelnen Bauteile gelingt mit Mühe wegen der perspektivisch verzerrten Darstellung. Bemerkenswert ist die gewünschte »Transformation« der mittelalterlichen Burg Prunn in eine nach barockem Geschmack einheitliche Schlossanlage.

78 Siehe hierzu Anm. 29 und 31.

79 Fischer/Schmid 1996, S. 25; hierzu ebenfalls der Beitrag von Sebastian Karnatz, »Bild und Herrschaft«, in diesem Band.

80 Die zum Burghof liegende Westwand wird als noch romanisch angenommen, siehe Fischer/Schmid 1996, S. 25.

81 Die Ausführung in Backstein spricht gegen einen sehr frühen Einbau des Gewölbes, der Zugang zum sogenannten Hexenkeller (um 1400) z. B. ist in Kalkstein ausgeführt, die sogenannte Schatzkammer (Köckh'-sche Phase) im Norden hingegen in Backstein wie auch die verschiedenen Ausmauerungen in der Jesuitenzeit. Der Raum könnte aber auch schon vor der Herrschaft der Jesuiten als Lagerraum gedient haben, wobei dann die Vorgängerkapelle wie heute auch im darüberliegenden Geschoss situiert gewesen wäre.

82 Die Jahreszahl 1631 ist am Glockenstuhl im Bergfried erhalten, siehe Hofmann/Mader (Bearb.)1908, S. 112. Ob der Bergfried schon zu dieser Zeit mit einer Schallöffnung ausgestattet wurde, lässt sich nicht nachweisen.

83 Fischer/Schmid 1996, S. 15, vermuten eine Zerstörung im Löwlerkrieg 1491, für die es aber keine Hinweise gibt. 1899 wurde die Öffnung saniert, 1966 verschlossen und die Buckelquaderoberfläche rekonstruiert.

84 Vielleicht ist diese Maßnahme mit den von Mayer 1838, S. 315, für das Jahr 1704 erwähnten Schäden an der Burg in Verbindung zu bringen: »Im spanischen Successionskriege hat das Schloß Prun während der Belagerung Kelheims vom 9ten bis 16ten Juni 1704 mit Randeck und dem Bräuhaus zu Essing einen Schaden von 1212 fl. 3 kr. 2 dl. erlitten.«

85 Mayer 1838, S. 318, und Fischer/Schmid 1996, S. 14. Siehe hierzu und für das Folgende den Beitrag von Uta Piereth, »Prunn und seine Burgherren«, in diesem Band.

86 Zumindest lässt ein 2007 im Auktionshaus Richter & Kafitz aufgetauchtes Gemälde der Burg diesen Schluss zu. Das kleine Gemälde (38 x 45 cm) befindet sich heute in Privatbesitz und könnte als Entwurf einer Regotisierung der Burg gedeutet werden.

87 BSV, Planarchiv der Bauabteilung, PR.01.04.00001–PR.01.04.00008. Die Ergänzungen in Bleistift sind mit »Hirschmann« signiert, die Planaufnahme von 1860 fertigte ein Herr Münch. Die genannten Nummern beziehen sich auf die Planbeschriftungen und die im dazugehörigen Inventar (Anhang, S. 195 f.) genannten Räume.

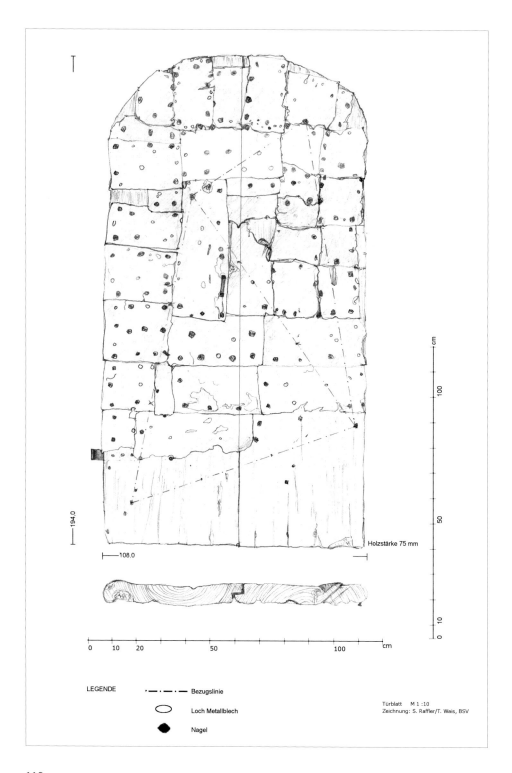

194.0

108.0

Holzstärke 75 mm

cm

100

50

10

0

0   10   20   50   100   cm

LEGENDE   —·—·—·—   Bezugslinie

⬭   Loch Metallblech

◆   Nagel

Türblatt   M 1 :10
Zeichnung: S. Raffler/T. Wais, BSV

TECHNOLOGIE UND ERHALTUNG EINER SPÄTMITTELALTERLICHEN BERGFRIEDTÜR

Susanne Raffler

Im Zuge der Sanierung des Dachwerks der Burg Prunn wurde 2006 im Bergfried im dritten Obergeschoss eine einseitig mit Metallplatten beschlagene Tür aus Holz aufgefunden, deren oberer Abschluss als Rundbogen gestaltet ist. Über einige Jahre war die Tür im zweiten Obergeschoss im Gang am Burghof aufgestellt, ihr ursprünglicher Standort ist nicht überliefert.

1. KONSTRUKTION UND HOLZBEARBEITUNG

Das Türblatt ist stabil ausgeführt und aufwendig gearbeitet. Die Konstruktion besteht aus zwei überfälzten, rund 6,5 Zentimeter starken und etwa 57 Zentimeter breiten Bohlen aus Nadelholz, die mit zwei eingegrateten Querleisten aus Eichenholz verbunden sind (Abb. 1). Der Stamm für die Herstellung der Bohlen wurde wohl zunächst gespalten und anschließend weiterbearbeitet. An der Oberfläche erhaltene Werkzeugspuren zeugen von der Bearbeitung mit einem Beil und einem 1,5 bis zwei Zentimeter breiten Stechbeitel. Beide Werkzeuge sind typisch für Zimmermannsarbeiten.

Die einseitig montierten Metallplatten sind schuppenartig übereinander angebracht, wobei im Wesentlichen zeilenförmig von unten nach oben gearbeitet wurde: Die beiden untersten Reihen wurden von links nach rechts montiert. Ab der dritten Reihe verändert sich die Vorgehensweise und die Arbeitsrichtung geht von rechts nach links und gleichzeitig von unten nach oben. Eine exakte Reihenfolge der Anbringung der Bleche kann ab dieser Stelle nicht mehr zweifelsfrei ermittelt werden. Der Handwerker, der die Bleche montierte, hat sich vermutlich bei seiner Arbeit an der Größe der Platten orientiert. Die Art und Weise, die Platten von unten beginnend zu montieren, hat auch einen praktischen Hintergrund. Ähnlich wie bei mit Holzschindeln verkleideten Wänden kann Feuchtigkeit nach unten abgeleitet werden.

2. DATIERUNG UND URSPRÜNGLICHE FUNKTION

Das Alter des zum Bau der Tür verwendeten Holzes konnte durch dendrochronologische Untersuchungen[1] an der Universität Bamberg datiert werden.[2] Die Untersuchungen ergaben, dass der Baum für die Bohlen nach 1509 gefällt wurde.[3] Berücksichtigt man, dass zur Weiterverarbeitung des Baumstamms üblicherweise die äußeren Bereiche – meist einige Jahrringe – abgetrennt werden, kann man davon ausgehen, dass das Türblatt zwischen 1515 und 1520 angefertigt wurde. Nimmt man ein frühestmögliches Herstellungsdatum um

Abb. 1 ▪ Konstruktion der mit Metallplatten beschlagenen Seite der Bergfriedtür

Abb. 2–4 ▪ Bergfriedtür vor der Konservierung und Restaurierung

1515 an und versucht jenes mit überlieferten Ereignissen aus der Geschichte der Burg Prunn zu vereinbaren, fällt die Herstellung der Tür in die Zeit der Fraunberger (1338–1566).[4]

Untersuchungen ergaben, dass die Metallteile wohl zweitverwendet wurden. An den Metallplatten sind zahlreiche ungenutzte Nagellöcher und eine wohl ursprünglich als Schlüssellochöffnung dienende, längsovale Aussparung vorhanden. Daher ist zu vermuten, dass es sich bei der Montage nicht um die ursprüngliche handelt. Indizien dafür sind zudem, dass die Metallplatten zahlreiche Risse und Verformungen aufweisen, die beim Kaltverformen von Blech entstehen. Die Metallplatten könnten sowohl durch Gewalteinwirkung als auch durch das Abnehmen und Neumontieren mehrfach einer Kaltverformung ausgesetzt gewesen sein. Die Verformungen der Metallplatten stehen wohl im Zusammenhang mit dem »Zerbrechen« der Burg im Löwlerkrieg[5] im Dezember 1491. Dieses Ereignis lag zum Zeitpunkt der Neuanfertigung der Holzkonstruktion der Tür bereits rund 30 Jahre zurück, kann aber ursächlich für die Reparatur der Bergfriedtür gesehen werden.[6]

Hätte ein Schmied die Bleche montiert, hätte er sie wohl vor einer erneuten Befestigung erhitzt und damit der Rissbildung des Metalls entgegengewirkt. Die Arbeitstechnik lässt darauf schließen, dass hier ein Zimmerer am Werk war, der die Holzkonstruktion neu anfertigte und die noch vorhandenen Blechplatten einfach darauf befestigte.

Die Bergfriedtür ist eines der ältesten erhaltenen Ausstattungsstücke der Burg. Die Fundsituation im Bergfried und ihr hohes Gewicht – die Tür wiegt rund 100 Kilogramm – wird verhindert haben, dass die Tür innerhalb des Baus unnötig bewegt wurde. Die einzig mögliche Türöffnung, zu deren Verschluss dieses Türblatt infrage kommt, ist der Eingang vom sogenannten Rittersaal zum Bergfried im dritten Obergeschoss. Hier befinden sich auch Aussparungen im Türgewände, die auf einen innenseitigen Verriegelungsmechanismus hinweisen. Auf der Rückseite des Türblatts lässt sich über

Abdrücke und Verfärbungen auf der Oberfläche noch der Schlosskasten rekonstruieren, dieser ist aber heute leider verloren.

Auf der Rückseite ist mittig eine runde Aussparung sichtbar, die mit einem zylinderförmigen Holzstück verschlossen ist. Ob es sich hier eventuell um ein Teil eines früheren Verschlussmechanismus handelt, kann nicht geklärt werden.

Abb. 5 und 6 ▪ Detail der Holzoberfläche vor (links) und nach (rechts) der Reinigung und Festigung

Eine ganz ähnliche Tür befindet sich noch heute in der Sakristei der Prunner Expositurkirche Unserer Lieben Frau. Sie ist ebenfalls mit Metallplatten verschiedenen Formats belegt, diese sind vermutlich sogar in ihrer ursprünglichen Montage auf dem Holzträger erhalten. Eine Datierung der Sakristeitür steht noch aus. Beide Türen könnten aufgrund ihrer vergleichbaren Konstruktion aus derselben Werkstatt stammen.

3. ERHALTUNGSZUSTAND UND KONSERVIERUNG

Es gibt bislang keine Hinweise auf eine frühere Restaurierung, lediglich an der Oberkante der Tür wurde wohl nach der Auffindung ein Drahtstift eingeschlagen, um die Tür in der Ausstellung vor dem Umfallen zu sichern. Das Nadelholz ist im Kern erstaunlich gut erhalten. In den oberflächennahen Schichten war der Faserverbund als Folge von Verwitterung abgebaut – lose Fasern, abstehende und gelockerte Späne kennzeichneten das Schadensbild. Stellenweise ist ein inaktiver Schädlingsbefall mit Fraßgängen unmittelbar unter der ansonsten intakten Oberfläche vorhanden. Diese war stellenweise so dünn, dass sie ab- oder einzubrechen drohte (Abb. 2–4).

Die Querleisten auf der Rückseite bestehen aus Eichenholz aus dem Übergangsbereich zwischen Kern- und Splintholz[7]. Das Splintholz war größtenteils so stark abgebaut, dass kein Faserverbund, sondern lediglich durch Schmutz verbundene Einzelfasern und Faserstränge erhalten waren. Die über 30 Metallplatten unterschiedlichen Formats sind mit geschmiedeten Nägeln direkt auf das Holz montiert. Die Oberflächen der Eisenteile waren unterschiedlich stark korrodiert und verschmutzt.

Die Konservierung der Tür zielte in erster Linie auf eine Stabilisierung der Materialien, ohne dabei zu weit in die Substanz und das überkommene Erscheinungsbild mit allen Alterungsspuren einzugreifen. Die geschwächte Holzoberfläche sollte konsolidiert und die verlustgefährdeten Fasern wieder im ursprünglichen Faserverbund fixiert werden. Neben einer trockenen Reinigung der Holzoberfläche wurde ein Verfahren entwickelt, das eine wässrige Reinigung bei gleichzeitiger Festigung der Oberfläche ermöglichte (Abb. 5 und 6). So konnten auch kleinste Holzfasern und Späne erhalten werden.[8] Größere Späne und Holzteile wurden mit Glutinleim

Abb. 7 ▪ Detail der Metalloberfläche vor (rechts) und nach (links) der Reduzierung der Korrosion

(Warmleim) wieder angeleimt. Bei der Reinigung und Festigung wurde insbesondere darauf geachtet, Spuren der Nutzung in Form von Verfärbungen der Oberfläche zu erhalten. Die Insektenfraßgänge unmittelbar unter der Oberfläche, die einzubrechen drohten, wurden durch eine injizierte Kittmasse[9] an den Rändern stabilisiert. Diese wurde mit Aquarellfarben farblich an die Umgebung angepasst.

Die Korrosion der Metallplatten konnte nach einer trockenen Reinigung mit Pinsel, Staubsauger und Druckluft durch Trockeneisstrahlen[10] reduziert werden (Abb. 7). Ein abschließend aufgetragener Schutzüberzug aus mikrokristallinem Wachs soll ein Fortschreiten der Korrosion verlangsamen. Alle verwendeten Materialien haben den höchsten Ansprüchen bezüglich Alterungsbeständigkeit und Unbedenklichkeit zu genügen. Für die Präsentation auf Burg Prunn galt es, ein geeignetes Gerüst zu entwickeln, das eine freistehende Aufstellung erlaubt (Abb. 8–10).

Abb. 8–10 ▪ Bergfriedtür nach der Konservierung und Restaurierung

ANMERKUNGEN

1 Mithilfe der Dendrochronologie ist es möglich, anhand der unterschiedlichen Breite der Jahrringe von Bäumen und deren Zuordnung zu bekannten Wachstumszeiten den Zeitpunkt des Fällens einzugrenzen und so eine Datierung vorzunehmen.

2 Die Messungen wurden an der Unterkante des Türblatts ohne Bohrkernentnahme durchgeführt.

3 An beiden Brettern ist keine Waldkante vorhanden, der Baum dürfte also einige Jahre nach 1509 gefällt worden sein. Meist werden nur wenige Zentimeter bei der Bearbeitung abgetrennt, um Material zu sparen. Dies entspricht einigen Jahrringen. Vgl. BSV, Archiv Baudokumentationen der Bauabteilung, Eißing 2006.

4 Vgl. den Beitrag von Alexander Wiesneth in diesem Band.

5 Vgl. den Beitrag von Uta Piereth, »Prunn und seine Burgherren«, in diesem Band sowie Fischer/Schmid (1996), S. 34.

6 Vgl. den Beitrag von Alexander Wiesneth in diesem Band.

7 Eichen-Splintholz gilt im Allgemeinen als wenig beständig gegen Insekten und Mikroorganismen.

8 Hierbei wurde ein Gel aus einem niedrigviskosen Celluloseether, Wasser und Ethanol angewendet.

9 Die Kittmasse war in den vergangenen Jahren von Studenten der TU München, Lehrstuhl für Restaurierung, Kunsttechnologie und Konservierungswissenschaft, für die Stabilisierung offener Fraßgänge an archäologischen Trockenholzfunden entwickelt worden. Vgl. Reischl/Knidlberger 2008 und Raffler 2009.

10 Trockeneis ist festes, gefrorenes Kohlendioxid, das über -78,5 ° C sublimiert. Damit verbleiben keine Strahlmittelrückstände. Das Wirkungsprinzip der Trockeneisreinigung basiert auf einem thermischen und einem mechanischen Effekt. Eine Reinigung mit Trockeneis gewinnt innerhalb der Restaurierung zunehmend als effektive und schonende Methode an Bedeutung. Das Verfahren wurde innerhalb der Bayerischen Schlösserverwaltung bereits erfolgreich zum Entfetten von Beschlägen und zur Reinigung gewachster Parkettböden eingesetzt. Vgl. Meissner 2008.

Abb. 1 ▪ Hl. Blasius,
süddeutsch, um 1500,
Öl/Holz, Kapelle,
Burg Prunn

BILD UND HERRSCHAFT: MOBILIEN, WANDMALEREIEN, RITZZEICHNUNGEN

Sebastian Karnatz

V on der historischen Bedeutung der Burg Prunn zeugt nicht nur die weitgehend erhaltene repräsentative Burganlage[1], sondern auch die Stellung der jeweiligen Burgbesitzer im Hoch- und Spätmittelalter[2]. Sowohl die Herren von Prunn-Laaber, eine Nebenlinie der Abensberger Babonen, als auch die Fraunberger von Haag zählen zu den bedeutenden Adelsgeschlechtern des Mittelalters.[3]

Nach der Übernahme der Burg durch die Fraunberger in der ersten Hälfte des 14. Jahrhunderts sind an der hochmittelalterlichen Anlage zahlreiche Umbauten durchgeführt worden.[4] Bauhistorisch unstrittig sind dabei beispielsweise die Umgestaltung von Portal- und Eingangssituationen – abzulesen an den zahlreichen gotischen Türöffnungen der Burg – und der Umbau der an den Bergfried anschließenden Schildmauer.[5]

1. DIE ERHALTENE MÖBLIERUNG

Von den ursprünglichen mobilen Kunstwerken der Burg hat sich leider nur wenig erhalten.[6] Die meisten der bis 2011 in der Burg gezeigten Möbelstücke, Gemälde und Plastiken stammen nicht aus den ursprünglichen Prunner Beständen, sondern kamen bei der letzten umfassenden Restaurierung und musealen Neugestaltung in den 1950er-Jahren in die Burg.[7] Diese Möblierung verfolgte vor allem den Zweck, einen vermeintlich authentischen Einblick in die Wohnkultur des Mittelalters zu geben. Die Kunstgegenstände und Möbel stammen vorwiegend aus den Vorkriegsbeständen der Münchner Residenz. Zum Großteil setzen sie sich aus einem für die Museen und Schlösser unter staatlicher Verwaltung vorgesehenen Depotbestand zusammen. Im Falle der in Prunn ausgestellten Möbel ist nur eine lose Sammlungslogik zu erkennen, die sich sowohl über topographische als auch über stilistische Grenzen hinwegsetzt.[8]

Anhand älterer Inventare ist der kleine Kern des tatsächlichen Prunner Bestands – der unzweifelhaft 1566 nach dem Tod des Grafen Ladislaus, des letzten Burgherrn aus dem Geschlecht der Fraunberger, auf ein Minimum reduziert wurde – zumindest in Ansätzen rekonstruierbar.[9] In der Burg verblieben sind einige wenige Gemälde aus nachmittelalterlichem Bestand von kunsthistorisch eher geringer Bedeutung, diverse Möbelstücke aus der Frühen Neuzeit und dem Barock sowie vereinzelte spätmittelalterliche und frühneuzeitliche Truhen.

2. DIE AUSSTATTUNG DER KAPELLE

Bedeutende Ausnahmen sind zwei spätmittelalterliche Holztafeln (Abb. 1 und 2) aus dem ursprünglichen Prunner Bestand und ein kleines spätgotisches Vortragekreuz (Abb. 3) mit den vier Evangelistensymbolen in den Eckrundungen. Diese drei Kunstwerke sind sicherlich von größerer kunsthistorischer Bedeutung als die restlichen dokumentierten Prunner

Abb. 2 ▪ Hl. Vitus, süd-
deutsch, um 1500, Öl/Holz,
Kapelle, Burg Prunn

Abb. 4 ▪ Predella-Figuren,
um 1500, Altar, Kapelle,
Burg Prunn

Mobilien. Ihr Verbleib erklärt sich wohl einzig und allein aus ihrer ursprünglich sakralen Bestimmung. Das Kreuz und die beiden Tafeln scheinen zur Ausstattung der mittelalterlichen Burgkapelle zu gehören, die sich zwar bauhistorisch nur schwer nachweisen lässt[10], die archivalisch jedoch durch das nur wenige Monate nach dem Tod des Grafen Ladislaus angelegte Inventar greifbar ist.

Vor diesem Hintergrund liegt es durchaus nahe, die beiden spätgotischen Holztafeln als Seitentafeln eines Altars der mittelalterlichen Burgkapelle zu betrachten.[11] In welchem Zusammenhang allerdings die Heiligen Blasius und Vitus mit der spätestens seit der jesuitischen Zeit den Heiligen Christophorus und Jakobus geweihten Burgkapelle stehen, ist nach derzeitiger Quellenlage nicht zu klären. Dass beide Holztafeln einem gemeinsamen Werkzusammenhang entstammen, dürfte jedenfalls unstrittig sein.[12]

Ein weiterer Beleg für einen mittelalterlichen Vorgängeraltar sind die in die Predella des mächtigen Barockaltars eingebauten sechs Halbrelieffiguren, die wiederum zeitgleich mit den beiden Tafeln entstanden sein könnten (Abb. 4). Zu sehen sind Christus, Maria mit dem Jesuskind sowie die Heiligen Barbara, Katharina, Margaretha und Ursula. Die spätgotischen Figuren garantieren die Anknüpfung der Jesuiten an eine bereits vorhandene Tradition liturgischer Nutzung.

Abb. 3 ▪ Spätgotisches Vortragekreuz, 2. Hälfte 15. Jh., Kapelle, Burg Prunn

Abb. 5 ■ Decke, Kapelle, Burg Prunn

Abb. 6 ▪ Blumen- und Früchtestuck,
Kapelle, Burg Prunn

Abb. 7 ▪ Expositurkirche
Unserer Lieben Frau, Prunn

Bemerkenswert ist die vollständig erhaltene barocke Ausstattung der jesuitischen Kapelle. Sowohl der Decken- als auch der Wandstuck sind ansprechend gestaltet und zeugen vom Repräsentationsbewusstsein der jesuitischen Mönche (Abb. 5).[13] Ebenfalls von hervorragender Qualität ist das an den Wangen reich verzierte Kirchengestühl (Abb. 8).

Wann genau der Raum vollständig stuckiert wurde, kann anhand der archivalischen Quellen nicht geklärt werden. Bauarbeiten werden jedenfalls direkt nach dem Erwerb der Burg bzw. des Schlosses genannt.[14] Aus stilistischen Erwägungen denkbar wäre auch eine zeitlich gestaffelte Abfolge der Dekorationsarbeiten, da die klare Deckenfeldgliederung und die stilistisch sehr ähnliche Gliederung der Längswand, die die ebenfalls jesuitischen Gemälde mit den vier Evangelisten rahmen, mittig von einem aus der Kontinuität der Gestaltung fallenden Füllhorn- bzw. Blumenstuck durchbrochen werden (Abb. 6).[15] Eine überaus enge stilistische Verwandtschaft besteht mit der Stuckgestaltung der Prunner Expositurkirche Unserer Lieben Frau. Es scheint sich hier um denselben Stuckateur zu handeln, wie die detailgleiche Ausführung des Deckenstucks beweist. Auch dieser – ursprünglich gotische – Kirchenraum wurde im Auftrag der jesuitischen Herren der Hofmark Prunn durchgreifend im Stil des Barock verändert (Abb. 7).[16] Zeichen der jesuitischen Umbauten ist – wie in der Burgkapelle – das zentral an der Decke angebrachte IHS-Symbol.

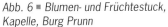

Abb. 8 ▪ Schnitzereien an den Wangen
der Kirchenbänke, Kapelle, Burg Prunn

Zur ursprünglichen Ausstattung gehören ebenfalls die drei Gemälde an der Emporenbrüstung, die neben den Jesuitenheiligen Ignatius und Franz Xaver den heiligen Sebastian zeigen – als Namenspatron des ehemaligen Regensburger Weihbischofs und großzügigen Stifters Sebastian Denichius, der mit der Vererbung seines Vermögens an das Ingolstädter Jesuitenkolleg den Kauf der Burg überhaupt erst ermöglicht hatte.[17]

Der jesuitische Altar (Abb. 9) scheint fast millimetergenau in die architektonische Situation der Kapelle eingepasst zu sein. Wie die bauforscherische Untersuchung plausibel nahelegt, wurde für den Einbau des Altars ein mittelalterlicher Erker der Vorgängerkapelle abgebrochen.[18] In der jetzigen Situation dominiert der wuchtige Altar mit den prominenten Figuren der Patroziniumsheiligen Jakobus und Christophorus im Zentrum den Kirchenraum.[19] Das Altarblatt von malerisch eher zweifelhafter Qualität (siehe auch Abb. 53, S. 91) scheint die Burg Prunn darzustellen, gibt jedoch Proportionen und Gestalt der Burg entweder aus mehransichtiger oder aus falscher Perspektive wieder. Hier ist aus der einstigen Burg bereits das Idealbild einer barocken Residenz geworden.

Insgesamt zeugt die Kapelle eindrucksvoll vom Repräsentations- und Gestaltungswillen der Ingolstädter Jesuiten, die noch einmal entscheidend in das Erscheinungsbild Prunns eingegriffen haben.

3. DER TURMANBAU

Im Folgenden sollen weniger die barocken Um- und Einbauten des Ingolstädter Jesuitenkollegs an Kapelle und Palasbau im zweiten Obergeschoss besprochen werden als die letzten erhaltenen Bildzeugnisse der Burg aus mittelalterlicher, genauer spätmittelalterlicher Zeit. Es handelt sich dabei um die künstlerische Wandgestaltung eines Raums unter der Herrschaft der Fraunberger und um erst im Zuge der musealen Neupräsentation der Burg im Jahr 2012 vollständig dokumentierte und gesicherte Wandritzungen im sogenannten Rittersaal im Dachgeschoss. Beide sind als Spuren der ursprünglichen Ausgestaltung für die Erforschung der Burg von großem Wert und vermitteln zumindest im Kleinen einen Eindruck der Anlage im Spätmittelalter unter der Herrschaft der einflussreichen Familie der Fraunberger, die in ihrem Haager Stammsitz als reichsfreies Geschlecht direkt dem Kaiser und nicht dem bayerischen Herzog unterstellt waren.[20] Nach der Übernahme der Burg von dem altbayerischen Adelsgeschlecht der Laaber scheinen sie alles daran gesetzt zu haben, die Burg in einen repräsentativen Herrschaftssitz zu verwandeln. Vergleiche mit der Burg Haag, die im 15. Jahrhundert ebenfalls zu einer standesgemäßen und repräsentativen gotischen Burg umgewandelt wurde, bieten sich hier an (siehe Abb. 44, S. 83).

Die umfassendste Umbaumaßnahme der Fraunberger betrifft die Aufstockung des turmartigen Vorbaus an der Südseite der Burg. Die heute nur durch ein Bodenloch zugängliche romanische (Wach-)Kammer mit deutlich sichtbarer Schießscharte wurde von den Fraunbergern um zwei Geschosse aufgestockt.[21] Die dendrochronologische Untersuchung der Deckenbalken in beiden Geschossen lässt eine eindeutige Datierung der Bauzeit zu. Um 1410 wurden beide Geschosse inklusive des Deckenabschlusses mit Holzbohlen errichtet.[22]

Der Umbau der ehemaligen Wachkammer mit deutlichem Wehrcharakter in einen repräsentativen Wohnturm entspricht der Nutzung des repräsentativen Haager Bergfrieds als

Abb. 9 ▪ Altar, Kapelle, Burg Prunn

Abb. 10 ▪ Balkenlöcher,
Herrschaftsraum, Burg Prunn

Abb. 11 ▪ Fensterbänke,
Herrschaftsraum, Burg Prunn

Wohnturm. In Haag zeugen Reste der mittelalterlichen Raumgestaltung im Bergfried vom Wohncharakter des Turms. Erhalten sind ein umlaufendes Zierband und mehrere Rötelmalereien.[23] Im Prunner Anbau sind jedoch noch weit größere Reste der mittelalterlichen Raumgestaltung zu sehen. Von höchstem Interesse sind die im ersten Obergeschoss im Zuge der grundlegenden Renovierungsarbeiten in den 1950er-Jahren aufgedeckten Wandmalereien, die im Folgenden eingehender besprochen werden sollen.[24]

Die Gegend um Altmühl, Donau und Naab – historisch der Oberpfalz zuzuordnen, heute Grenzgebiet zwischen Niederbayern, Oberpfalz und Oberbayern – kann im Bereich der profanen Wandmalerei des Mittelalters, sieht man einmal von der gewichtigen Ausnahme der freien Reichsstadt Regensburg ab, sicherlich nicht zu den gut bestückten Regionen Deutschlands gerechnet werden. Im Gegenteil: Profane Wandmalereien sind hier bis heute nicht weiter dokumentiert.[25] Umso bedeutender sind die Reste mittelalterlicher Wandgestaltung in der ehemals sogenannten Wachstube (siehe Abb. 41, S. 80).

Die Raumbezeichnung als »Wachstube« scheint eine nachträgliche, wohl vor allem durch die außergewöhnliche Lage des Raums mit zwei exponierten Fensterseiten zu erklärende Funktionsbestimmung zu sein, die dem tatsächlichen historischen Befund nicht entspricht und sich eher auf die ursprüngliche Nutzung, die durch die heute unzugängliche Kammer unter der Stube dokumentiert ist, bezieht.[26] Ein um 1567 angefertigtes Rauminventar der Burg kennt diese Bezeichnung jedenfalls nicht mehr. Auch weitere Inventare aus der Zeit des bayerischen Königreichs benennen den Raum dezidiert nicht als Wachstube. Der in jüngerer Zeit verbreitete Begriff der »Landsknechtstube« kann ebenfalls für die Entstehungszeit der Malereien anhand der historischen Quellen nicht belegt werden.

Abb. 12 ▪ Decke (Detail),
Herrschaftsraum, Burg Prunn

Abb. 13 ▪ Decke,
Herrschaftsraum, Burg Prunn

Der Raum wird durch zwei Fenster natürlich erhellt. Die Fenster entsprechen mit ihren parallel angeordneten Sitzbänken dem klassischen Bild mittelalterlicher Raumgestaltung (Abb. 11). Auffällig sind drei große Löcher an der Außenwandseite, von denen das erste tiefer sitzt, während die beiden anderen in einer horizontalen Linie parallel angeordnet sind (Abb. 10). Die beiden parallelen Löcher finden auf der gegenüberliegenden Raumseite symmetrische Pendants, für das tiefer sitzende Loch fehlt jenes. Plausibel erscheint, dass es sich hier um Balkenlöcher für die Befestigung eines Balkens als Aufhängeapparatur handelt. Was allerdings in diesem Raum, der zumindest bauzeitlich sicher nicht als Vorratskammer zu denken ist, aufgehängt wurde, muss historische Spekulation bleiben. Anzunehmen ist in jedem Fall eine nicht bauzeitliche Anbringung der Balkenlöcher.

Im Zuge der Restaurierungsarbeiten in den 1950er-Jahren wurde auch die mit symmetrisch angeordneten Mustern verzierte Holzdecke freigelegt (Abb. 13). Die Ornamente sind mit roter Farbe in eine plastisch in den Balken eingearbeitete Kreisform einbeschrieben (Abb. 12). Dabei ist jeweils eine dekorative Positivform auf eine entsprechende Negativform bezogen. Die einzelnen rosettenartigen Musterpaare variieren zum Teil beträchtlich voneinander, ergeben allerdings zusammen eine ästhetisch hochwertige Deckenverzierung, die sicherlich nicht für eine Wachstube gedacht war. Die Medaillons sind durch eine erhabene, eigens hervorgehobene kreisrunde Struktur architektonisch in die Decke eingefasst, sind also keine nachträgliche Zutat, sondern integraler Bestandteil der ursprünglichen mittelalterlichen Deckengestaltung.

Auch die Wandmalereien selbst sprechen dezidiert gegen die Deutung des Raums als Wachstube. Es handelt sich um fünf Burgen, mehrere Wappen, eine fragmentarisch erhaltene Kreuzigungsszene, eine – inzwischen kaum mehr erkennbare, aber aus Umrisszeichnungen

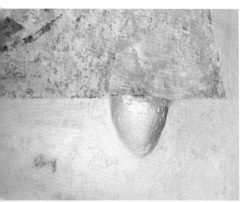

Abb. 14 ■ Sockel,
Herrschaftsraum, Burg Prunn

Abb. 15 ■ Burgdarstellung,
Herrschaftsraum, Burg Prunn

Abb. 16 ■ Burgdarstellung,
Herrschaftsraum, Burg Prunn

der Aufdeckungszeit rekonstruierbare – Darstellung eines Falkners sowie Darstellungen von einem berittenen Kämpfer bzw. einem Pferd ohne Reiter.

Sämtliche Malereien sind auf eine über dem Putz liegende Kalkschicht vermutlich zumindest zum Teil freskal aufgebracht. Der Putz weist eine sehr glatte Oberfläche auf, das heißt, er wurde mit einer Glättkelle abgezogen. Jene Technik ist überwiegend für mittelalterliche Putze nachgewiesen.[27]

Im Folgenden sollen zuerst ausführlich die Burgdarstellungen besprochen werden, die den überwiegenden Teil der erhaltenen Malereien ausmachen. Ausgehend von den Befunden sollen anschließend die weiteren Wandmalereien analysiert und in den Gesamtzusammenhang des Raumentwurfs eingeordnet werden.

3.1 Die Burgdarstellungen

Die Burgen sind aus einer leichten Vogelperspektive wiedergegeben; das Mauerwerk ist jeweils mit dezenten Grautönen angedeutet, während sich die Türme mit farbkräftigem Rot von den Mauern abheben. Bei genauerer Untersuchung der Gestaltung finden sich allerdings Hinweise auf das ursprüngliche Aussehen der Burgen. So lassen sich Reste schwarzer Bemalung ebenso finden wie leichte Ockertöne. Die schwarze Bemalung hätte den Wandaufbau der Burgen sicherlich noch weiter spezifiziert; es sind zum Beispiel Spuren einer Fenstergliederung zu erkennen. Die Ockertöne können als zusätzliche Hervorhebung der Plastizität der Burgdarstellungen gedeutet werden.

Erklärende Beischriften fehlen gänzlich. Dies bedeutet allerdings nicht zwingend, dass es derartige Tituli nicht gegeben hat. Die Analyse des Wandputzes zeigt eine Putzgrenze cirka 30 Zentimeter unter den Burgdarstellungen – genügend Platz für erklärende Beischriften. Es ist nicht ausgeschlossen, dass durch sorgfältige neue Wandrestaurierungsmaßnahmen weitere Teile der ursprünglichen Ausgestaltung zum Vorschein kommen könnten.[28]

Seltsam mutet die heutige Konstruktion mit einer direkt unter dem Bild befindlichen Konsole bzw. einem Sockel an (Abb. 14). Schwerlich kann es sich hierbei um eine tatsächliche bauzeitliche Zutat handeln, da das plastische Element bildintern keine Aufgaben übernimmt. Kombinationen von skulpturalen Elementen und bildlich-topographischen Darstellungen – beispielsweise Stadtheiliger und Herrschaftssitz – sind ungewöhnlich und nicht weiter dokumentiert. Auch als Kerzenhalter könnte die Konsole erst nach der Verdeckung der Malereien mit einer neuen Putzschicht gedient haben, da auf dem Putz der Burgdarstellungen keinerlei Rußspuren zu finden sind.

Im Hinblick auf die pikturale Ausgestaltung der Malereien ergibt sich ein durchaus überraschender Befund: Zwar scheinen die Wandmalereien auf den ersten Blick eher als Burgsymbole denn als »reale« Burgen zu fungieren; bei näherer Betrachtung ergibt sich allerdings für jede der fünf Darstellungen eine spezifische architektonische Struktur, die die Burgen ausdrücklich als Abbreviatur einer jeweils charakteristischen, singulären Burgenarchitektur ausweisen. Zu sehen sind:

Abb. 17 ▪ Burgdarstellung, Herrschaftsraum, Burg Prunn

▪ auf der ersten Wand links vom Eingang eine Burg mit durchgehendem Bering, drei Längsbauten, zwei Türmen innerhalb der Ringmauer und einem Turm außerhalb des Berings (Abb. 15);

▪ auf der dem Eingang gegenüberliegenden Wand eine Burg mit zwei Türmen, einem Wohnbau und einem massiven, zinnenbewehrten Bergfried (Abb. 16).

Auf der folgenden Wand finden sich drei weitere Burgdarstellungen:

▪ eine Burg ohne Ringmauer mit drei Wohnbauten, einem massiven Bergfried mit Zinnen und einem schlanken Turm (Abb. 17);

Abb. 18 ▪ Burgdarstellung, Herrschaftsraum, Burg Prunn

▪ eine alle anderen Burgdarstellungen des Raums an Größe und Repräsentationsgrad der Architektur weit übertreffende Burg mit einer Vorburg und einem von zwei Türmen eingefassten, beflaggten Burgtor und zwei Wohnbauten; die Vorburg ist von einer eigenen Mauer umgeben; mächtig erwächst dahinter die Hauptburg, die durch eine hohe Zinnenmauer und einem innen liegenden Mauerbering geschützt wird; sie besteht aus einem Langhaus und zwei kleineren Querbauten; drei Mauerzinnen zwischen den beiden Türmen verdeutlichen die Wehrhaftigkeit der Burg (Abb. 18);

▪ ein kleineres Ensemble ohne Bering mit zwei großen Türmen, einem kleineren Turm und einem turmartigen Wohntrakt sowie einem längs gestreckten Wohngebäude; diese Darstellung – vollkommen ohne den Charakter der Wehrhaftigkeit – scheint etwas aus dem vorher skizzierten Rahmen zu fallen (Abb. 19).[29]

Abb. 19 ▪ Burgdarstellung, Herrschaftsraum, Burg Prunn

Schon aus dieser kursorischen Beschreibung ist erkennbar, dass sich die fünf Burgdarstellungen in den Punkten Burgtypus, -größe und Funktionalität zum Teil stark voneinander unterscheiden. Es lässt sich hier von der unbewehrten Wohnburg bis hin zur repräsentativen, bewehrten Burg eine enorme Bandbreite von Burgenarchitekturen finden. Es scheint also in diesem Fall nicht damit getan zu sein, die – ohne Zweifel nicht zuletzt bedingt durch den schlechten Erhaltungszustand – in starker Abbreviatur wiedergegebenen Burgen pauschal als idealisierte Burgentypologie abzutun bzw. sie gar mit sakralen Topoi wie jenem des Himmlischen Jerusalems in Zusammenhang zu bringen. Stattdessen geben die Burgen in ihrer pikturalen Struktur vor, tatsächliche, verifizierbare Architekturen anzuzeigen. Zu

Abb. 20 ▪ Miniatur, Falkenstein, aus Codex Falkensteinensis, um 1166 (BayHStA, München)

Abb. 21 ▪ Doppelwappen, Herrschaftsraum, Burg Prunn

rechnen ist hier, wie bereits angedeutet, auch mit einem größeren Verlust weiterer gliedernder Elemente durch die zum Teil für heutige Maßstäbe unsachgemäß durchgeführte Freilegung der Malereien in den 1950er-Jahren.

Geht man also von der bildlichen Wiedergabe real existierender Architekturen aus, so führt dieser Befund zu weiteren Fragen: Ist es mittels einer vergleichenden Analyse heute noch bestehender Burganlagen bzw. durch die Rekonstruktion historischer Burganlagen möglich, den Prunner Malereien historische Vorbilder zuzuweisen? Daran anknüpfend: Handelt es sich bei den dargestellten Burgen um eine Auswahl aus den weit verzweigten Besitzungen der Fraunberger von Haag?

Die Wiedergabe tatsächlicher, topographisch fassbarer Burgen als bildliche Demonstration des eigenen Herrschaftsbereichs besitzt eine weit zurückreichende Tradition. Einige der frühesten Burgdarstellungen finden sich im um 1166 entstandenen Codex Falkensteinensis.[30] In Auftrag gegeben wurde das Traditionsbuch vom bayerischen Grafen Siboto von Falkenstein. Der Codex enthält »testamentarische Verfügungen über seine [= Sibotos, Anm. d. Verf.] Burgen, Herrschaftsrechte und Grundbesitzungen«[31]. Im Zusammenhang mit den Wandmalereien der Burg Prunn sind vor allem die Angaben über Sibotos Burgenbesitz von Interesse. Vier Burgen – Falkenstein, Neuburg, Hartmannsberg, Hernstein – werden mit den ihnen zugeordneten Ämtern beschrieben und durch beigefügte Miniaturen bildlich festgehalten.

Blickt man auf die Darstellung der zentralen Burg der Herrschaft, also auf Falkenstein selbst (Abb. 20), so zeigt sich, dass trotz aller symbolischer Verkürzung der Bildsprache einzelne grundsätzliche Züge der Miniatur der tatsächlichen, topographischen Anlage des Gebäudes zu entstammen scheinen: Zwei Türme auf einem Hügel repräsentieren die Burg. Die beiden Türme gleichen sich jedoch dezidiert nicht in ihrer Konstruktion. Während der linke Turm ein spitz zulaufendes Dach besitzt, endet der rechte in einem Zinnenkranz.

Diese Unterscheidung ist sicherlich nur im Zusammenhang mit der Kenntnis der tatsächlichen Burganlage sinnvoll. Die Miniatur fungiert als bildliches Substitut der tatsächlichen Burg: »HEC EST URBS VALCHENSTEINE«[32] lautet die sprechende Beischrift. Aus der Kombination von Wappentieren – zwischen den Türmen sitzen zwei Falken –, Beischrift und symbolisch-veristischer Burgdarstellung entsteht für den Chronisten ein tatsächliches Bild der Burg, eine reale Dokumentation des Herrschaftsbereichs Graf

Abb. 22 ▪ Wappen der von Laiming, aus Scheibler'sches Wappenbuch (hier ca. 1450–1480)

Sibotos. Schon dieses frühe Beispiel aus der hochmittelalterlichen Buchmalerei zeigt, dass die bildliche Darstellung von Herrschaftssitzen mit einem wie auch immer gearteten Repräsentationsanspruch des Auftraggebers verknüpft ist. Es liegt nahe, dies auch für die spätmittelalterlichen Malereien im Prunner Wohnturm anzunehmen.

Geht man vom Einzug der Bohlendecke als Terminus post quem aus, dann ergibt sich, wie bereits besprochen, der Zeitraum um das Jahr 1410 als die frühestmögliche Entstehungszeit der Burgdarstellungen. Eine historische Fundierung dieser Datierung ist durch die Identifizierung der verschiedenen Wappenmalereien in der Fensternische möglich (Abb. 21).

Rudolf Münch schlägt zur Datierung der Wandmalereien vor, das Doppelwappen als das Allianzwappen der Familien Fraunberg und Laiming-Amerang zu identifizieren.[33] Das Allianzwappen Fraunberg-Laiming-Amerang würde auf eine Auftraggeberschaft des Prunner Fraunbergers Hilpolt hindeuten. Seine Ehegattin stammt aus dem Haus Laiming-Amerang.[34] Vor dieser Heirat sind in der Prunner Linie keine Beziehungen zum Laiminger Adel dokumentiert.

Unstrittig ist auf der rechten Seite des Doppelwappens die Gurre[35] der Fraunberger zu sehen. Schwerer fällt allerdings die Identifizierung des anderen Wappenbestandteils. Das Laiminger Wappen – zum Beispiel in einer Wappenminiatur des Scheibler'schen Wappenbuchs (hier ca. 1450–1480, Abb. 22) – zeigt eingerahmt von zwei dicken, roten horizontalen Flächen zwei silberne Querstreifen, die durch einen schwarzen Querstreifen voneinan-

Abb. 23 ▪ Doppelwappen (Detail), Herrschaftsraum, Burg Prunn

der abgetrennt werden. Als Helmzier fungiert eine bekrönte Katze. Das vermeintliche Laiminger Wappen im Prunner Ehewappen zeigt ebenfalls einen roten Schild, der zwei silberne – hier weiße – Flächen rahmt. Auch ein schmaler schwarzer Zwischenstreifen wäre im heutigen Zustand zumindest zu erahnen. Die unpassende untere Frei- bzw. Silberfläche ließe sich allerdings nur durch eine Umgestaltung bzw. Ergänzung des Wappens in jüngerer Zeit erklären. Auf eine derartige Ergänzung würde auch der Putzbefund deuten. Gerade im Bereich des unteren Wappendrittels finden sich bei beiden Wappenscheiben Ausbesserungen, die auf eine nachträgliche Verlängerung des Schilds deuten könnten (Abb. 23).

Folgt man also der durchaus plausiblen – wenn auch nicht gänzlich unproblematischen – Identifizierung des Allianzwappens mit dem Ehewappen Fraunberg-Laiming-Amerang, ergäbe sich für die Malereien ein zweiter verlässlicher Terminus post quem, der sich mit der dendrochronologisch gestützten Datierung deckt: Im Jahr 1403 wird erstmals Martha von Laiming zu Amerang als Frau Hilpolts erwähnt; vor dieser Zeit kann das Wappen nicht in diesem Raum angebracht worden sein.[36] Hilpolt war der zweite Sohn von Hans III. zu Prunn und Agnes von Gufidaun, einer Adeligen aus dem Tiroler Eisacktal.[37] Urkundlich lässt sich Hilpolt erstmals 1381 fassen, gestorben ist er vor 1432. In unzähligen diplomatischen und kriegerischen Fehden trat Hilpolt als durchsetzungsfähiger und streitbarer Adeliger bzw. Ritter auf.[38] Die Dialektik von berittenem Kriegertum und hochadeliger Bildung scheint auch das Bildprogramm des Wohnturms zu prägen. Während die Burgen als repräsentatives Herrschaftsprogramm gelesen werden können, deuten die spärlichen Reste einer Krieger- bzw. Reiterdarstellung auf die zusätzliche Ausgestaltung des Raums mit Kampfszenen hin.

138

Abb. 24 ▪ Modell der Burg Haag um 1430 (Geschichtsverein Haag)

Es bleibt aber auch nach der groben historischen Einordnung der Malereien und der Klärung der Auftraggeberschaft
die Frage nach der grundsätzlichen Semantik der Burgdarstellungen bestehen. Es ist zum Teil gelungen, die Burgenarchitekturen mit tatsächlichen Gebäuden aus dem Herrschaftsbereich der Fraunberger in Einklang zu bringen.[39]
Rudolf Münch apostrophiert in seiner vierbändigen Publikation »Das große Buch der Grafschaft Haag« die erste
Burgdarstellung als Wiedergabe der Burg Haag.[40] Für eine
derartige Identifikation spräche die kreisrunde Anordnung
der Burg ebenso wie die Aufteilung in Wohn- und Wehr-
trakte. Allerdings scheint der in der Darstellung nur leicht
erhöhte Bergfried nicht mit der in Haag vorgefundenen Situation übereinzustimmen. Die grundsätzliche bildliche Anordnung ähnelt jedoch stark der Anlage der Burg Haag: Die
zwei größeren Ecktürme finden sich hier ebenso wieder wie
ein kleinerer vorgelagerter Turm und ein Eingangsbau
außerhalb des Berings. Legt man als Vergleichsabbildung

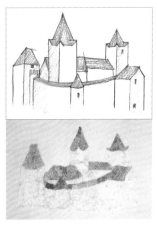

Abb. 25 ▪ Skizze der Burg
Haag (oben) von Rudolf Münch
und Burgdarstellung
in Prunn (unten)

ein rekonstruiertes Modell der spätmittelalterlichen Burg zugrunde (Abb. 24), ergeben sich
mehr Gemeinsamkeiten als Unterschiede.[41] Je nach Wahl des Betrachterstandpunkts (vgl.
dazu die Skizze Rudolf Münchs, Abb. 25) scheint die abgebildete Burg sogar im Detail der

Abb. 26 ▪ *Burg Hohenburg*

Abb. 27 ▪ *Burg Egg*

bauhistorisch belegten räumlichen Gestaltung der Burg Haag um 1400 – der im Modell dokumentierte Zeitpunkt gibt die architektonische Gestalt der Burg von 1300 bis 1476 wieder – zu gleichen. Dann würde die Prunner Darstellung von einem erhöhten Betrachterstandpunkt aus die Südostansicht der Burganlage zeigen.

Anhand dieses Einzelbeispiels lässt sich allerdings auch die methodische Problematik derartiger Zuschreibungen aufzeigen. Zu viele unbekannte Variablen stehen zwischen dem Vergleich von bildlicher Darstellung und bauhistorischer Rekonstruktion. Die Fixierung auf Gemeinsamkeiten leitet den Blick weg von den durchaus auffälligen Unterschieden. Unabhängig vom Betrachterstandpunkt fehlt in jedem Fall die niedrige äußere Ringmauer. Sie könnte freilich eine architektonische Zutat der Zeit nach 1400 – also eventuell nach der Entstehung der Wandmalereien – sein.

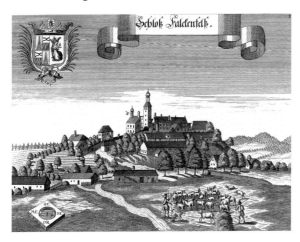 

Abb. 28 ▪ Burg Falkenfels, Michael Wening, 1726, Kupferstich

Abb. 29 ▪ Skizze der Burg Falkenfels (oben) von Rudolf Münch und Burgdarstellung in Prunn (unten)

Die Annahme einer einheitlichen, mimetischen Betrachterperspektive in der zeitgenössischen Malerei der Region um Prunn im frühen 15. Jahrhundert erscheint ebenso zweifelhaft. Viel eher handelt es sich um eine symbolische Perspektive: Die Anmutung einer vogelperspektivischen Architekturmalerei als Ausdruck des Authentizitätswillens des Künstlers darf nicht davon ablenken, dass in den Prunner Malereien trotz allem keine reine Zentralperspektive vorliegt, sondern unterschiedliche Blickwinkel, die sich zu einer Gesamtkomposition verbinden, um so eine gedachte Idealansicht – und damit auch eine »veristische« Ansicht – der jeweiligen Burg zeigen zu können.

Diese gewichtigen Einschränkungen gelten auch für die folgenden Zuordnungsvorschläge: In der größten Burgdarstellung des Raums erkennt Münch die Burg Hohenburg, die als Nebenburg der Haager Grafschaft fungierte (Abb. 26), in der Burg auf der dem Eingang gegenüberliegenden Wand die Burg Egg, der Sitz der Linie 1 der Fraunberger (Abb. 27), sowie in der bereits angesprochenen, aus dem Darstellungsrahmen fallenden Burg rechts von der Eingangstür die Burg Falkenfels, ihres Zeichens Sitz der Linie 2 der Fraunberger (Abb. 28).[42]

Abb. 30 ▪ Wappen, Herrschaftsraum, Burg Prunn

Die Burg Falkenfels beispielsweise lässt sich von 1422 bis 1479 im Besitz der Fraunberger nachweisen, also gut zehn Jahre nach dem angenommenen Terminus post quem. Dies muss nicht zwangsläufig bedeuten, dass die Wandmalereien erst ein Jahrzehnt nach dem Bau des Wohnturms angebracht wurden: Münchs Rekonstruktionsversuche gehen von einem – durch Quellen und Bauforschung bisher nicht zu belegenden – romanischen Kirchturm von in etwa gleicher Höhe wie der noch heute zu sehende Bergfried aus. Nur aufgrund dieser Vermutung können schematische Umzeichnungen von Burgdarstellung und Burgrekonstruktion überhaupt auf ein vergleichbares Ergebnis kommen (Abb. 29).[43] Unabhängig von der Zuordnung der Burg zu ihrem realen topographischen Vorbild fällt jedoch vor allem der spezifische Darstellungsmodus dieser Wandmalerei auf. Stärker noch als alle anderen Wandmalereien scheint sich das Gebäude auf ein tatsächliches Vorbild zu beziehen. Auch architektonisch passt das Ensemble nur schwerlich mit den anderen (Burg-)Darstellungen zusammen. Es finden sich keine Wehrgänge, keine verstärkenden Schildmauern, kein Bering, keine Zinnen, kein Bergfried. Stattdessen weisen die beiden parallelen hohen Türme und der kleinere Eingangsturm architektonisch den Weg vom späten Mittelalter in die Frühe Neuzeit – aus der Veste ist beinahe ein Renaissanceschloss geworden.[44] Dafür sprechen auch die Zeltdachbekrönungen der Türme. Dies ließe durchaus Rückschlüsse auf die Ausgestaltung der Wände zu: Sollten die meisten Burgdarstellungen tatsächlich bauzeitlich sein – was aufgrund der architektonischen und künstlerischen Formensprache als plausibel erscheint – und sollte diese Darstellung tatsächlich später zu datieren sein, dann könnte man von einem fortlaufenden bzw. von einem fortlaufend, also auch noch Jahrzehnte nach der ursprünglichen Ausmalung fortgeführten Burgenfries ausgehen. Dies muss allerdings aufgrund der schwierigen stilistischen Zuordnung der Malerei Spekulation bleiben.

Doch bereits ohne derartige Zuschreibungen, die sich notwendigerweise im Rahmen der Plausibilität bewegen müssen, ließe sich die Bedeutung des Raums für das Hoch- und Spätmittelalter ausgehend von den Befunden der Wandmalereien spezifizieren: Eine derart sorgfältige Ausmalung würde für eine Wachstube sicherlich keinen Sinn ergeben. Stattdessen handelt es sich hier um eine repräsentative Ausmalung, die den Herrschaftsbereich der

Burgherren entweder tatsächlich oder symbolisch anzeigt. Viel eher ist hier also an eine Nutzung als Wohn-, Empfangs- oder Herrschaftsraum zu denken als an eine wie auch immer geartete Wehrfunktion.[45]

Als Datierungsvorschlag bieten sich aufgrund der dendrochronologischen Bestimmung der Decke, wie bereits angedeutet, die Jahre nach der Bauzeit um 1410 an. Dies würde eine sehr frühe Datierung der topographischen Burgdarstellungen bedeuten und diese in der Region rund um Altmühl, Donau und Naab zu einzigartigen Zeugnissen der adeligen Wohnkultur des Spätmittelalters machen. Bereits in den 1950er-Jahren hatte Luisa Hager die Wandmalereien in die 1410er- bzw. 1420er-Jahre datiert und Hans VII. von Fraunberg zu Prunn als möglichen Auftraggeber genannt.[46] Dieser Topos zieht sich bis in die letzten Auflagen des Amtlichen Führers zur Burg wie ein roter Faden durch die Literatur. Leider geht diese Datierung von einem epigraphischen Fehler aus. In den Kunst-

Abb. 31 ▪ Wappen der von Leuchtenberg, aus Scheibler's sches Wappenbuch (hier ca. 1450–1480)

denkmäler-Inventarbänden des bayerischen Königreichs findet sich die Umschrift des Grabsteins Hans VII. in der Prunner Pfarrkirche (siehe Abb. 9, S. 22).[47] Die Inschrift wird mit »… in dem acht und zwenigisten jar starb der edel herr hans fravnberger …« wiedergegeben. Allerdings gibt der Inventarband hier eine falsche Jahreszahl an: Das Epitaph nennt als Sterbejahr deutlich 1478, nicht 1428.[48] Luisa Hagers Datierung basiert auf der vermeintlich passenden Koppelung stilkritischer Erwägungen mit der historischen Kontextualisierung der Wandmalereien vor dem Hintergrund der schillernden Figur des Ritters Hans des Freudigen. Dieser fällt jedoch aufgrund des dendrochronologischen Befunds als Auftraggeber aus.

Rätsel gibt das einzelne Wappen an der Nordwand des Raums auf (Abb. 30). Es lässt sich nicht ohne Weiteres in das hier postulierte Bildprogramm integrieren. Ein Vergleich mit den Wappen des Scheibler'schen Wappenbuchs ergibt mehrere heraldische Deutungsmöglichkeiten: In der derzeitigen Gestalt entspricht das Wappen dem Schild der Grafen von Isenburg. Es gibt allerdings – soweit bekannt – keinerlei verwandtschaftliche Verbindungen zwischen den Isenburger Grafen und den Fraunbergern von Haag. Sollte es Veränderungen in der Wappengestalt gegeben haben, käme auch das Wappen der Oberpfälzer Grafenfamilie Leuchtenberg in Betracht (Abb. 31). Hier ließen sich zumindest ab 1504 über die Heirat Leonhards II. mit Amalie Landgräfin zu Leuchtenberg verwandtschaftliche Beziehungen ausmachen.[49]

3.2 Prunn und Runkelstein

Als stilistischer und motivischer Vergleichspunkt bieten sich die großflächig erhaltenen profanen Wandmalereien der Südtiroler Burg Runkelstein an (Abb. 32).[50] Dass die Burg über die Heirat Beatrix' von Fraunberg mit Petermann von Schenna, dem Burggrafen von Tirol, 1346 gleichsam aufs Engste mit dem Prunner Herrschergeschlecht verknüpft war, muss allerdings in diesem Zusammenhang nicht zwingend eine Rolle spielen.[51] Die bekannte malerische Ausgestaltung der Burg fand erst mit dem Kauf der Burg durch die Vintler 1385 statt. Dass sich die Fraunberger in ihrer eigenen »Bilderkammer« bewusst an die Burgdarstellungen in der Burg Runkelstein anlehnten, ist jedenfalls weder archivalisch noch stilistisch einwandfrei zu belegen, andererseits aber aufgrund der historischen Nähe auch nicht auszuschließen.

Abb. 32 ▪ Burg Runkelstein

Im sogenannten Saal der Ritterspiele[52] (Abb. 33) im Westpalas der Burg Runkelstein finden sich die ältesten erhaltenen Wandmalereien der Burg. Wie Joachim Zeune herausgestellt hat, zeigen die Wandmalereien an der Ostwand des Raums eine bildliche Darstellung der Burg Runkelstein selbst (Abb. 34).[53] Die Burg ist allerdings im Status des Umbaus direkt nach dem Kauf durch die Vintler zu sehen, wie anhand des deutlich zu erkennenden Krans im Bildhintergrund klar wird. Als sicherer Datierungshinweis der Wandmalereien bieten sich also die weitreichenden Umbaumaßnahmen ab 1388 an, sodass die Malereien um 1390 entstanden sein sollten.

Zusammen mit der Burg der Nordwand und einer kleineren Turmhügelburg am äußeren Rand der Ostwand ergibt sich hier eine frühe topographische Burgdarstellung im Medium der monumentalen Wandmalerei, entstanden nur wenige Jahrzehnte vor den Prunner Ausgestaltungen. Kristina Domanskis und Margit Krenns detaillierte Beschreibung der Burg zeigt, wie stark sich die Malerei geradewegs mimetisch auf die tatsächlich vorgefundene und gesehene Runkelsteiner *Baustelle* bezieht.[54]

Nicht anschließen kann man sich allerdings ihrer Schlussfolgerung: »Ob auch die übrigen, auf den Hügelkuppen gelegenen Burgenbauten und Türme als topographische Darstellungen aufzufassen sind, scheint fraglich, da sie sich im Vergleich zur Wiedergabe der Burg Runkelstein wesentlich unbedeutender ausnehmen.«[55] Tatsächlich trägt auch die Burgdarstellung der Nordwand (Abb. 35) deutlich die Züge einer topographischen Darstellung: Gezeigt wird eine Höhenburg mit einem langgestreckten, mutmaßlich schindelgedeckten

Abb. 33 ▪ Saal der Ritterspiele, Burg Runkelstein

Abb. 34 ▪ Darstellung der Burg Runkelstein, Saal der Ritterspiele, Burg Runkelstein

Abb. 36 ▪ Turmburg, Saal der Ritterspiele, Burg Runkelstein

Wohnbau und zwei Türmen, von denen der linke Turm perspektivisch ausgearbeitet und mit einer Fenstergliederung versehen ist. Erkennbar wird auch, dass sich die spitze Dachform über einem ungedeckten Zinnenkranz erhebt. Derartige Details eines Umbaus fehlen am rechten Turm völlig. Allein von der Größe der Darstellung auf ihre tatsächliche topographische Aussagekraft zu schließen, wäre also – wie es die auffälligen Details des linken Turms bereits andeuten – zu kurz gegriffen.

Ähnliches gilt auch für den kleinen Bau am äußersten Rand der Ostwand (Abb. 36), der typologisch völlig dem frühen Burgenbau – ein Wohnturm auf einer entweder natürlichen oder künstlichen Erhöhung – entspricht.[56] Bildlogisch richtig ist der Wohnturm beispielsweise wesentlich dicker dargestellt als der umgebaute Wehrturm auf der Nordwand. Auch hier erweist sich das kunsthistorische Urteil als vorschnell – gerade vor dem Hintergrund der in der Buchmalerei, wie gezeigt, schon wesentlich früher fassbaren Tradition der pikturalen Vermengung von topographischer und symbolischer Darstellung.

Gerade die bisher nicht identifizierte Burg auf der Nordwand der Kammer scheint stilistisch enge Berührungspunkte mit den Prunner Burgdarstellungen zu haben. Grundsätzlich dominieren Grau und Weiß als Farben für die Andeutung des Mauerwerks. Rottöne wiederum zeigen die Dachstruktur der Burg an, während Wandgliederungen und Fenster

Abb. 35 ▪ Burgdarstellung, Saal der Ritterspiele, Burg Runkelstein

Abb. 37 ▪ Monatsdarstellung,
Castel Buonconsiglio, Trient

Abb. 38 ▪ Miniatur, Stundenbuch
des Herzogs von Berry

in schwarzer Farbe auf weißem Grund eingetragen sind. Diesem basalen gestalterischen Dreiklang folgen auch die Wandmalereien der Burg Prunn. Sowohl jene als auch die Wandmalereien der Kammer der Ritterspiele haben wenig mit der im Süden herrschenden, nahezu gleichzeitigen Mode der verfeinerten internationalen Gotik zu tun. Dies zeigt schon ein kurzer Blick auf die zu Beginn des 15. Jahrhunderts entstandenen Fresken des Adlerturms im Trienter Castel Buonconsiglio (Abb. 37).[57] Die Monatsdarstellungen werden von Stadtarchitekturen im Stil der Gotik flankiert, die in ihrer graziösen Ausformung nur wenig mit den blockhaft-plakativen Prunner bzw. Runkelsteiner Burgenarchitekturen gemein haben und gänzlich andere Darstellungsmodi nutzen.

Deutliche stilistische Differenzen zeigen sich auch im Vergleich der Burgdarstellungen aus Runkelstein und Prunn mit den kanonischen Stadt- und Burglandschaften im reich ausgestalteten Stundenbuch des Herzogs von Berry (vgl. Abb. 38).[58] Es wurde von 1410 bis 1416 von den Brüdern von Limburg illuminiert und zeigt in den prächtigen Monatsbildern neben den monatlichen Tätigkeiten auf fast allen Miniaturen eine Stadt- bzw. Burgdarstellung im Bildhintergrund. Diese Architekturen sind jeweils realen Bauwerken zuweisbar und bestechen durch eine veristische, detailgetreue Wiedergabe, die im Vergleich zu den Prunner Darstellungen sicherlich trotz ihrer in etwa zeitgleichen Entstehung einer gänzlich anderen Stilebene zu entstammen scheint.

Mit diesen beiden Beispielen sollen die Prunner Burgdarstellungen zumindest exemplarisch von einer parallelen Entwicklung in der pikturalen Darstellung von Architektur abgegrenzt werden. Sie entspringen – wie die Runkelsteiner Wandmalereien – einer anderen Traditionslinie, die sich bis zu den Falkensteiner Miniaturen zurückverfolgen lässt. Burg, Symbol und Herrschaftsrepräsentation werden in eins gesetzt. Wirklichkeit konstituiert sich aus der künstlerischen Aneignung signifikanter architektonischer Strukturen und der gleichzeitigen Umgestaltung zu idealen, das heißt allgemein verständlichen Burgsymbolen.

3.3 Reiter, Pferd und Falkner

Aufschlussreich sind für diese Betrachtungen auch die bisher nur kursorisch besprochenen restlichen Wandmalereien im Herrschaftsraum (Abb. 39).[59] Noch gut erkennbar sind die Malereien an der Wand links der Eingangstür. Sie befinden sich ziemlich genau in der vertikalen Mitte der Wand. Gezeigt werden ein Reiter mit gezogenem Schwert in undefinierter Gewandung, höchstwahrscheinlich ursprünglich mit Helm, und hinter ihm mit gleicher Blickrichtung ein Pferd ohne Reiter. Es scheinen auf den ersten Blick Malereien von minderer Qualität zu sein. Sowohl Pferd als auch Reiter sind in stärkster malerischer Abbreviatur wiedergegeben. Allerdings haben wir es gerade hier mit zahlreichen nachträglichen Veränderungen zu tun, die das ursprüngliche Aussehen der Fi-

Abb. 39 ▪ Pferd und Reiter, Herrschaftsraum, Burg Prunn

guren maßgeblich verunklaren. Schon allein die missverstandene polyperspektivische Ergänzung von Augen, Mund und Nase, die den Reiter vermeintlich frontal zum Betrachter zeigt, trägt erheblich zur Simplifizierung der Darstellung bei. Diese schwarzen Ergänzungen sind sicherlich von späterer Hand. Auffällig sind auch große Fehlstellen an beiden Pferden und die anatomische Unbestimmtheit des Reiters, die auf schwere Beschädigungen bei der Freilegung der Malereien hindeuten.

Festzuhalten bleibt allemal, dass der Raum ursprünglich nicht ausschließlich mit Burgdarstellungen freskiert war. Die Untersuchung der Putze hat ebenfalls keine auffälligen Unterschiede zwischen Figuren- und Architekturmalerei zutage gefördert. Dies kann durchaus Aufschluss über die ursprüngliche Wandgestaltung geben: Sollten sich noch mehrere Burgdarstellungen im Raum befunden haben – was aufgrund der heutigen asymmetrischen Verteilung der Malereien anzunehmen ist –, so ergeben die Architekturdarstellungen miteinander eine klar definierte Zone; gleichsam ein den Raum auf drei Seiten umspannendes Burgenfries. Einzig auf der Eingangsseite scheinen keine Burgdarstellungen angedacht gewesen zu sein.

Dafür würde eine weitere erhaltene Malerei sprechen, die sich im Bereich der heutigen Tür befindet (Abb. 40).[60] Aus dem aktuellen Zustand lässt sich eine motivische Struktur nur mit Mühe ableiten. Zieht man jedoch ein mutmaßlich kurz nach der Aufdeckung an-

Abb. 40 ▪ Falkner,
Herrschaftsraum, Burg Prunn

Abb. 41 ▪ Falkner, Aquarell
(BSV, München, Graphische Sammlung)

gefertigtes, dokumentierendes Aquarell zurate, so ergibt sich ein klareres Bild der Male-
rei: Zu sehen ist ein Falkner mit Hut und zugehöriger Hutfeder (Abb. 41). Über ihm ist ein
Falke zu erkennen, rechts von ihm – zumindest in der Zeichnung – die Andeutung eines
Gebäudes.

Auch hier bietet sich ein Beispiel aus Runkelstein als Vergleich an. In einer Fensternische an der Ostwand der sogenannten Badestube findet sich die durchaus vergleichbare
Darstellung eines Falkners (Abb. 42), der als männliches Pendant zu einer Frauenfigur mit
langem Zopf und einer Krone in der Hand fungiert.[61] Auch auf Prunn kann der Falkner auf
der anderen Seite der Türöffnung durchaus eine Pendantfigur besessen haben. Für weitere
Figurenmalereien dürfte aufgrund der zwar heute veränderten, grundsätzlich aber sicherlich schon bauzeitlich vorhandenen Kaminöffnung an dieser Wand wenig Platz gewesen sein.

Nicht in die Betrachtung mit einzubeziehen sind zwei Zeichnungen an der dem Eingang
gegenüberliegenden Wandseite in den Fensterlaibungen. Sowohl die vollkommen abstra-
hierte Weinkelter mit Bildüberschrift »vinum« (Abb. 43) als auch die Zeichnung mit Christus am Kreuz (Abb. 44) entsprechen nicht dem repräsentativen Programm der sonstigen
Ausgestaltung und besitzen als schnell entstandene Graffiti nicht den Charakter einer plan-
vollen bildlichen Raumdekoration. Gerade das sakrale Motiv der Kreuzigung Christi, das
aufgrund seiner minderen Qualität zeitlich und stilistisch schwer einzuordnen ist, steht in
keinerlei Zusammenhang mit der sonstigen profanen Gestaltung des Raums.

Abb. 43 ▪ Weinkelter,
Herrschaftsraum, Burg Prunn

Abb. 42 ▪ Falkner, Badestube,
Burg Runkelstein

Abb. 44 ▪ Christus am Kreuz,
Herrschaftsraum, Burg Prunn

Abb. 45 ■ *Ritzzeichnungen (Gesamtaufnahme), Ostwand, Rittersaal, Burg Prunn*

4. DIE RITZZEICHNUNGEN IM SOGENANNTEN RITTERSAAL

Der sogenannte Rittersaal befindet sich im zweiten Obergeschoss der Burg über dem an den Torbau anschließenden Wohntrakt.[62] Es handelt sich um einen großen repräsentativen Raum mit drei Fenstern und zugehörigen Fensterbänken, der sich direkt unter dem hölzernen Dachstuhl befindet. An der Nordseite umschließt der Raum einen Teil des romanischen Bergfrieds – genauer dessen Ost- und Südwand. Die mächtigen Buckelquader scheinen noch in gotischer Zeit großflächig verputzt worden zu sein. Dies entspricht durchaus dem Geschmack des Spätmittelalters und scheint auf eine Wohnnutzung des Raums hinzudeuten.

Abb. 46 ▪ Ritzzeichnungen (Detail),
Ostwand, Rittersaal, Burg Prunn

Abb. 47 ▪ Decke (Detail),
Herrschaftsraum, Burg Prunn

Auf dem Putz finden sich an beiden Seiten des Bergfrieds unzählige Wandritzungen von zum Teil erstaunlicher Qualität (Abb. 45). Nach einer ersten Erwähnung im Kunstdenkmälerinventar von 1908 sind die Ritzzeichnungen in Vergessenheit geraten.[63] Nicht bekannt ist, ob zu diesem Zeitpunkt noch großflächigere Ritzungen vorhanden waren. Im heutigen Zustand zeigen sich leider bereits etliche Partien abgebröckelt. Zudem wurde der Wandputz in späteren Zeiten zum Teil abgenommen, sodass nur noch ein Rest der Ritzzeichnungen zu sehen ist.[64] Die bisher in der Forschung noch nicht genauer besprochenen Ritzzeichnungen im Rittersaal offenbaren größtenteils Zeichenkunst von erstaunlicher Fertigkeit. Die schiere Masse an Ritter- und Reiterdarstellungen weiß ebenso zu beeindrucken wie die Detailgenauigkeit in der Beobachtung von Rüstung und menschlicher Anatomie.

Allgemein treten Ritzzeichnungen häufig in Bedienstetentrakten und weniger im herrschaftlichen Bereich auf. Sie sind eine ressourcen- und kostensparende Möglichkeit der künstlerischen Betätigung bzw. des Zeitvertreibs. Vergleichbare Wandritzungen finden sich beispielsweise auf Burg Runkelstein im ehemaligen Küchentrakt.[65] Auffällig ist an den Prunner Zeichnungen das vollständige Fehlen genitaler bzw. obszöner Darstellungen, wie sie sich in Runkelstein in erstaunlicher Dichte beobachten lassen. Über die Gründe für diese augenscheinliche Fehlstelle kann nur spekuliert werden.[66] Sicher sind jedoch auch die Wandritzungen auf der Burg Prunn genuiner Ausdruck privaten »Kunstschaffens« und nicht Teil einer repräsentativen Ausgestaltung.

Neben figürlichen Darstellungen finden sich auf der Wand auch ornamentale Ritzungen, welche die Formen der Deckengestaltung des Herrschaftsraums zu wiederholen scheinen (Abb. 46). Bei einer genauen Gegenüberstellung (Abb. 47) ergeben sich gar direkte

Abb. 48 ▪ *Ritter, Ritzzeichnungen, Ostwand, Rittersaal, Burg Prunn*

Abb. 49 ▪ *Ritter, Ritzzeichnungen, Ostwand, Rittersaal, Burg Prunn*

motivische Übernahmen, die trotz der einfachen geometrischen Konstruktion der Muster kaum zufällig zu sein scheinen. Es liegt durchaus nahe, auch nach möglichen Übernahmen aus dem restlichen Bestand an Wandmalereien zu suchen.

Tatsächlich finden sich gerade auf der Ostwand zahlreiche Szenen, die eine Verknüpfung mit den Wandmalereien plausibel erscheinen lassen. Besonders deutlich wird dies bei einem Reiter mit gezogenem Schwert vor dem Hintergrund einer Burgenarchitektur (Abb. 48) – eine Konstellation, die stark an die künstlerische Ausgestaltung des Herrschaftsraums erinnert.

Schwer fällt die grundsätzliche Kategorisierung des Dargestellten: Als Gemeinsamkeit lässt sich jeweils die Blick- bzw. Reitrichtung der Ritter erkennen – sie reiten vom Betrachter aus nach links. In den meisten Fällen deuten Verplattungen am Ellenbogengelenk (Abb. 49) auf Ritter in vollem Plattenharnisch hin. Früheste Beispiele der Plattenrüstung finden sich im ausgehenden 14. Jahrhundert. Rechnet man mit einer ähnlichen Datierung

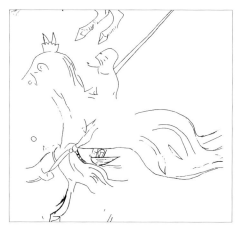

Abb. 50 ▪ Ritter, Ritzzeichnungen, Ostwand, Rittersaal, Burg Prunn

Abb. 51 ▪ Ritter mit Lanze, Ritzzeichnungen, Ostwand, Rittersaal, Burg Prunn

Abb. 52 ▪ Ritter mit Lanze, Ritzzeichnungen, Ostwand, Rittersaal, Burg Prunn

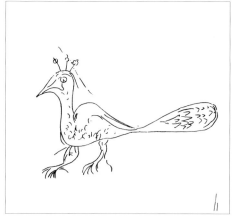

Abb. 53 ▪ Pfau, Ritzzeichnungen, Ostwand, Rittersaal, Burg Prunn

wie im Fall des Wohnturms, also nach 1410, so würden die Ritzungen hochmoderne, ideal-typische Rüstungen zeigen.[67] Alle Reiter scheinen in einer kämpferischen Position gezeigt zu sein. In manchen Fällen spricht der Zierhelmschmuck des Reiters (Abb. 50) sowie des Pferds eher für eine Turniersituation, in anderen Fällen ist es eher schwierig, zwischen tat-sächlichen Kampfhandlungen und Turniergefechten zu unterscheiden (Abb. 51). Die Ritter sind jeweils mit Lanzen in verschiedenen Haltungen (Abb. 52) sowie vereinzelt auch mit Schwertern gezeigt. Neben den Reiterdarstellungen finden sich auch Pferde ohne Reiter sowie weitere Tierdarstellungen: ein Pfau (Abb. 53) und ein Ziegenbock (Abb. 54).

Aus dem Rahmen fällt die Darstellung eines jungen Mannes, mutmaßlich mit Platten-hemd (Abb. 55). Die zeichnerisch feine Behandlung der Figur des jugendlichen Ritters scheint bereits Züge eines gewandelten Portraitverständnisses zu tragen. Sowohl das we-

Abb. 54 ▪ *Ziegenbock, Ritzzeichnungen,*
Ostwand, Rittersaal, Burg Prunn

Abb. 55 ▪ *Junger Mann, Ritzzeichnungen,*
Ostwand, Rittersaal, Burg Prunn

Abb. 56 ▪ *Mischwesen, Ritzzeichnungen,*
Ostwand, Rittersaal, Burg Prunn

Abb. 57 ▪ *Rückenfigur, Ritzzeichnungen,*
Ostwand, Rittersaal, Burg Prunn

hende krause Haar als auch die etwas überproportionierte Nase entsprechen vermutlich – unter Berücksichtigung regionaler Unterschiede – eher dem Kunstverständnis des 16. als dem des 15. Jahrhunderts. Die Figur scheint wenig eingebunden in die restliche Motivik. Zudem überschneidet sich sein Körper zum Teil mit der Ritzzeichnung eines Pferds, das in keinem handlungslogischen Zusammenhang mit dem Jüngling steht. Dies deutet darauf hin, dass die Ritzzeichnungen zu verschiedenen Zeitpunkten entstanden sind.

Für diese These sprechen auch weitere Motive, die im semantischen Zusammenhang der Ritzzeichnungen als Kuriosa gelten dürfen. So fnden sich an anderen Stellen Mischwesen aus Bäumen bzw. Wurzelwerk und menschlichen Gesichtern (Abb. 56); auch hier scheint keine Verwandtschaft mit den Ritterdarstellungen gegeben zu sein. Ebenso von spielerisch karikierendem Charakter ist die Zeichnung einer Rückenfigur in lässiger Standpose (Abb. 57).

Abb. 58 ▪ Kritzeleien, Ritzzeichnungen,
Ostwand, Rittersaal, Burg Prunn

Abb. 59 ▪ Reiter vor einem Berg,
Ritzzeichnungen, Ostwand, Rittersaal, Burg Prunn

Generell gilt für die Ostwand: Je niedriger die Ritzzeichnungen angebracht sind, desto geringer ist die Qualität der Zeichnungen. Im unteren Bereich finden sich nahezu ausschließlich undefinierbare Kritzeleien und einfachste geometrische Muster (Abb. 58). Die Figur eines Reiters vor der als schematisches Dreieck entworfenen Konstruktion eines Bergs lässt eher an die Zeichnung eines Kindes denken (Abb. 59). Dies würde auch die deutliche vertikale Aufteilung in qualitativ hochwertige Zeichnungen in den höheren Zonen und minderwertige Zeichnungen in den unteren Bereichen der Wand erklären.

Bei der Ballung von Motiven auf der oberen linken Wandseite handelt es sich ebenfalls größtenteils um nicht vollständig ausgeführte Zeichnungen – abgebrochene Pferdedarstellungen, ein Schild, Abbreviaturen von Reitern usw. (Abb. 60). Ein Teil dieser unfertigen Ritzungen ist sicherlich auch auf den fehlenden Schutz der Wandritzungen in den letzten Jahrhunderten zurückzuführen.

Die qualitativ hochwertigsten und besterhaltenen Ritzzeichnungen finden sich ohne Zweifel in der Wandmitte. Hier liegt die Vermutung nahe, dass es sich um Darstellungen aus einer Künstlerhand – womöglich kurz nach Fertigstellung des Herrschaftsraums – handelt. Zwar bemüht sich der Zeichner sogar, die Pferde jeweils leicht unterschiedlich darzustellen, von der grundsätzlichen Anlage her bestehen jedoch große, wohl nicht zufällige Ähnlichkeiten zwischen den einzelnen (Turnier-)Reitern (Abb. 61).

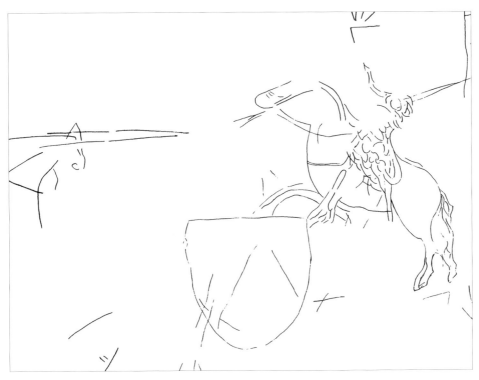

Abb. 60 ▪ Ritzzeichnungen (Detail), Ostwand,
Rittersaal, Burg Prunn

Deutlich weniger Ritzzeichnungen befinden sich auf der Südwand des Bergfrieds. Weite Teile des Putzes sind hier inzwischen abgenommen, sodass von einem großflächigen Verlust der Zeichnungen auszugehen ist. Es finden sich hier allerdings auf den wenigen erhaltenen Putzpartien noch einmal drei eindrucksvolle Ritzungen (Abb. 62). Es handelt sich dabei um einen Mann, mutmaßlich mit Beinlingen, relativ kurzer Oberbekleidung, Hutfeder und Schnabelschuhen, um einen Reiter mit Pferd und Helmzier sowie um den relativ veristisch eingefangenen Kopf eines gezäumten Pferds. In der unteren Wandhälfte beschließt ein Band mit dekorativen Rautenmustern die Ritzzeichnungen.

5. ZUSAMMENFASSUNG

Die erhaltenen Malereien im Herrschaftsraum der Burg Prunn ergeben miteinander ein komplexes Dekorationssystem, das von einer umlaufenden Burgenfrieszone dominiert wird. Reste profaner Malerei an den Längswänden unter den Burgdarstellungen haben sich nur in Gestalt eines Reiters und eines Pferds erhalten. Es ist jedoch davon auszugehen, dass die Wände in dieser Zone großflächig mit profanen Themen bemalt waren.

An den Fensterlaibungen hat sich ein Doppelwappen erhalten, das die mögliche Auftraggeberschaft Hilpolts von Fraunberg auch heraldisch stützen würde. Zusammen mit den

Ergebnissen der dendrochronologischen Untersuchung (um 1410) sind dies relativ handfeste Indizien für eine Entstehung unter der Herrschaft Hilpolts. An der Eingangsseite befindet sich die nur noch rudimentär erhaltene Darstellung eines Falkners. Auch diese Malerei deutet auf das hochentwickelte Standesbewusstsein Hilpolts hin – galt doch nicht zuletzt die Falkenjagd als genuin adeliges Privileg und Vergnügen. Eindeutig machen diese Reste profaner Wandmalereien diesen Raum zu einem repräsentativen Herrschaftsraum oder auch zu einem besonders exponierten Wohnraum. Die früher behauptete Funktion als Wachstube kann für die Bau- und Folgezeit ausgeschlossen werden.

Stilistisch ergeben sich auffällige Parallelen zur profanen Wandmalerei der Burg Runkelstein in Südtirol. Dies muss kein Zufall sein: Hilpolt hatte durch zwei Verwandte – die mit Petermann von Schenna verheiratete Beatrix von Fraunberg sowie Hilpolts Mutter Agnes von Gufidaun – durchaus enge Beziehungen nach Südtirol. Dass Hilpolt von der Ausstattung der Burg unter den Vintlern Kenntnis hatte, ist also nicht unwahrscheinlich.

Abb. 62 ▪ Ritzzeichnungen (Detail), Südwand, Rittersaal, Burg Prunn

Stilistisch nicht verwandt sind die Burgdarstellungen hingegen mit den fein-veristischen spätgotischen Stadt- und Architekturdarstellungen, wie sie sich beispielsweise im Stundenbuch des Herzogs von Berry finden. Die Prunner Malereien entspringen einer anderen Traditionslinie der Wiedergabe des Herrschaftsbereichs durch Architektursymbolik, die charakteristische Elemente der verschiedenen Bauten ohne größere Details in idealisierter, zum Teil stereotyper Form angibt. Diese Traditionslinie lässt sich, wie gezeigt, bis ins hohe Mittelalter zurückverfolgen.

Gerade im regionalen Zusammenhang sind die Wandmalereien von hohem Rang. Sie sind eines der wenigen erhaltenen Beispiele mittelalterlicher Wandmalerei auf Burgen im Bereich der heutigen bayerischen Regierungsbezirke Oberpfalz und Niederbayern. Für den Raum Kelheim-Altmühltal sind sie einzigartige Zeugnisse mittelalterlicher Wohn- und Repräsentationskultur.

Ähnliches gilt auch für die Ritzzeichnungen im sogenannten Rittersaal: In dieser Dichte und Qualität stellen sie ohne Zweifel ein außergewöhnliches Zeugnis der spätmittelalterlichen Zeichenkultur dar, das im Rahmen der musealen Neupräsentation erstmals lückenlos dokumentiert werden konnte.

Die Burgkapelle hingegen zeugt von dem enormen Gestaltungswillen der Burgherren. Ihre prächtige barocke Ausstattung ist ein künstlerisches Zeichen der vielfältigen Besitzergeschichte, die längst nicht mit dem Mittelalter endet. Auch spätere Generationen haben das Antlitz der Burg entscheidend mitgeprägt.

Abb. 61 ▪ Reiter (Detail), Ritzzeichnungen, Ostwand, Rittersaal, Burg Prunn

ANMERKUNGEN

1 Siehe dazu den Beitrag von Alexander Wiesneth in diesem Band.

2 Siehe dazu den Beitrag von Uta Piereth, »Ritter, Recken, edle Frauen. Burg Prunn und das Nibelungenlied«, in diesem Band.

3 Vgl. zu den Herren von Prunn-Laaber neben dem Beitrag von Uta Piereth, »Prunn und seine Burgherren«, in diesem Band Scheuerer 1980. Zu den Fraunbergern von Haag vgl. Münch 1987/1993.

4 Zur Baugeschichte der Burg existierten bisher keine weitreichenden Arbeiten. Hierzu zusammenfassend Zeune 1999 b, S. 174 f.

5 Die sogenannte Schildmauer im Bereich des heutigen Spätrenaissance-Treppenturms wurde von Georg Brütting (Otto-Friedrich-Universität Bamberg) beprobt. Aus der Dokumentation: »1. Sturzholz von Nord, Eiche, 90 Jahrringe, inkl. 14 Splintjahrringe. Waldkante nicht erhalten. Letzter ausgemessener Jahrring 1333. Fälljahr ›um 1339 +/- 5‹.« Das bedeutet, dass der Umbau der Schildmauer sowohl aus repräsentativen als auch aus verteidigungsstrategischen Gründen die erste tatsächliche Umbaumaßnahme unter den neuen Burgherren aus Haag darstellte.

6 Vgl. dazu das Inventar von 1893.

7 Einen Überblick über diese Maßnahmen gibt Hager 1952, S. 88–90.

8 Zumindest in Teilen sind die Aktenvermerke im Zuge der musealen Neueinrichtung ab 1949 noch in der Registratur der Bayerischen Schlösserverwaltung vorhanden. Aus ihnen lässt sich die hier beschriebene Sammlungs- und Einrichtungsstrategie rekonstruieren.

9 Das Inventar aus der Zeit um 1567 ist sicherlich nicht als vollständige Dokumentation des Bestands zu verstehen.

10 Siehe dazu den Beitrag von Alexander Wiesneth in diesem Band.

11 So ist es in der Literatur seit Hagers erster Auflage des Amtlichen Führers aus dem Jahr 1960 (Hager 1960) immer wieder geschehen. 1996 findet sich im Amtlichen Führer (Fischer/Schmid 1996, S. 27) der Passus: »An der Ausgangswand zwei kleine spätgotische Tafelbilder des hl. Vitus und des hl. Blasius eines Flügelaltärchens, vielleicht aus der gotischen Burgkapelle stammend.«

12 Beide Tafeln besitzen das vollkommen identische Format, die identische Rahmung (jedoch sicher nach historischem Vorbild erneuert) und zeigen die Heiligen jeweils als Standfigur. Es dominieren farblich auf beiden Gemälden – in spiegelbildlichem Verhältnis – Rot- und Grüntöne. In beiden Fällen stehen die Figuren auf einem definierten Boden vor einem dunklen Hintergrund. Stilistisch dürfte es sich um einen Maler bzw. eine eng zusammenarbeitende Schule handeln.

13 Eine umfassende Restaurierung des Stucks wurde 1996 von Claus-Peter Mayer durchgeführt. Im Folgenden sei kurz die Befundlage aus der Dokumentation der Maßnahmen zitiert. Zum Deckenstuck: »Im Deckenbereich sind jeweils große Fehlstellen in der originalen Stukkierung (wahrscheinlich Wasserschäden) in der Nordwest- wie in der Südostecke nachweisbar. Die Felderungen der Decke an sich mit ihren Lorbeer-, Perlstab- und Eierstabrahmungen … scheint aufgrund der Vielzahl der aufliegenden Fassungen original; ebenso die Monogrammierung IHS mit Sonnenkranz, Kreuz und Kreuzesnägeln im zentralen Deckenfeld. Nachträglich hinzugekommen sind am Zentralfeld wohl sowohl die Engelsköpfchen mit Bändern wie auch die aufgesetzten Bänder und Rosetten auf dem Rundrahmen (Rahmen läuft unten durch). … Dies [eine spätere Überarbeitung, Anm. d. Verf.] trifft ebenso auf die flachen Frucht- und Bandwerke in den umgebenden Deckenfeldern zu. … Der Originalstuck ist wahrscheinlich auf Lattung aufgebracht und besitzt als Flächenputz einen Kalkputz mit Kälberhaaren und gelblichem Zuschlag. Auch der originale Rahmen- und Antragsstuck ist ein mehr oder weniger reiner Kalkputz mit gelblichem körnigen Zuschlag.« Zum Wandstuck: »Die Akanthusrahmungen sind in ihrer Machart und Putzstruktur (Antragsstuck und Kalkputz) dem originalen Bestand zuzuordnen, wobei bei den mittleren Feldern die Rahmungen teils ausgewechselt und den Emporenbrüstungen wieder verwendet wurden und durch Fruchtgehänge (Gips) dem späteren Zeitgeschmack entsprechend ergänzt wurden.« Die bis zur Restaurierung des Raums zu sehende Zweifarbigkeit des Stucks (gelb-weiß) entspricht nicht dem originalen Befund. Hinweise auf eine frühere Nutzung des

Raums als Kapelle wurden ebenfalls gefunden: »Als Befund älterer Ausstattung trat im Emporenbereich eine in Rot (gebrannter Ocker) und Ocker ausgeführte Linierung unterhalb der untersten Stufe der Emporentreppe sowie als Dekoration in der Fensternische zu Tage.« Ebenso wurden ältere Stuckfragmente gefunden: »Dies kann auf eine frühere Stukkierung und gleichzeitige Ausmalung des Kapellenraums hinweisen; ob die Nutzung jedoch zu dieser Zeit (16. Jh.) profan oder religiös war, konnte nicht geklärt werden.«

14 Baurechnungen tauchen ab 1676 auf, vgl. BayHStA, Jesuitica 1812.

15 Es besteht durchaus eine Verwandtschaft mit der Stuckgliederung frühneuzeitlicher Decken bzw. Wände, auch wenn diese schon über 50 Jahre vor der Schlosskapelle belegbar sind. Als Vergleichsbeispiel einer strengen Feldergliederung sei das Schloss Höchstädt an der Donau genannt, das sich ebenfalls in der Pflege der Bayerischen Schlösserverwaltung befindet. Vgl. Häfner/Schorer 2010.

16 Zeichen der ursprünglichen Gestaltung ist der Chor mit Kreuzrippengewölbe. Vgl. zum Bau Hofmann/Mader (Bearb.) 1908, S. 98–104.

17 Siehe hierzu den Beitrag von Uta Piereth, »Prunn und seine Burgherren«, in diesem Band.

18 Siehe hierzu den Beitrag von Alexander Wiesneth in diesem Band.

19 Die beiden Figuren sind trotz ihrer befremdlichen Fassung von starker skulpturaler Qualität, sodass es sich durchaus um das Werk einer bekannteren Werkstätte handeln könnte. Geht man davon aus, dass der Altar nach 1700 – also nach einer letzten Umbauphase der Jesuiten – entstanden ist, so wäre Anton Joseph Machalky als Bildhauer denkbar. Machalky ist als Künstler in Riedenburg 1717 nachgewiesen. Von ihm stammt der Sebastiani-Altar in der Riedenburger Marktkirche des hl. Johann Baptist. Vgl. Halbritter 1992.

20 Vgl. hierzu den Beitrag von Uta Piereth, »Prunn und seine Burgherren«, in diesem Band, v. a. S. 18–37, sowie die mehrbändige Chronik der Stadt Haag von Münch 1987/1993.

21 Die Dokumentation dieses Raums findet sich im Beitrag von Alexander Wiesneth in diesem Band.

22 Georg Brütting hat hier mehrere Proben entnommen. Zitiert sei aus dem Bericht jeweils eine Probe für die Wachstube und die Gotische Stube. Wachstube: »1. Deckenbalken von West, Eiche, 160 Jahrringe, inkl. 8 Splintholzjahrringe – weitere 10 zerfallene Splintholzjahrringe konnten gezählt, aber nicht gemessen werden. Waldkante nicht erhalten. Letzter ausgemessener Jahrring 1396. Fälljahr um ›1408/+5/-2‹.« Für die Gotische Stube: »5. Deckenbalken von West, Kiefer, 108 Jahrringe. Winterwaldkante erhalten. Letzter ausgemessener Jahrring 1409. Fälljahr 1409/10.« Dies ergibt zusammen eine eindeutige Datierung um 1410.

23 Die Malereien sind jedoch wohl erst gegen Ende des 15. Jahrhunderts entstanden. Vgl. dazu Münch 1998.

24 Zur Beschreibung des Putzes fertigte Ingrid Winklmann im Auftrag der Bayerischen Schlösserverwaltung 2007 ein Gutachten an, das den Putz in der Wachstube grob um 1400 einordnet. Diesem Putzbefund entspricht auch der – später noch zu besprechende – Putz im sogenannten Rittersaal an der Bergfriedwand.

25 Dies ist sicherlich auch mit der schlechten Dokumentationslage zu erklären. Ein kunsthistorischer bzw. denkmalpflegerischer Überblick über profane Wandmalereien in der Oberpfalz fehlt. Einen Überblick über die sakrale Wandmalerei des Mittelalters in der Oberpfalz gibt Dobler 2002. Zu den Burgen im Altmühltal (hier hat sich leider keine weitere Wandmalerei erhalten) vgl. Sieghardt 1956. Für die Burgen der Oberpfalz verschafft das populärwissenschaftliche Werk »Oberpfälzer Burgen« (Moser u. a. [Hrsg.] 2004) einen guten Überblick.

26 Im Folgenden werde ich die Benennung »Wachstube« nicht fortführen.

27 Dies bestätigt Ingrid Winklmann in ihrem Putzgutachten.

28 Eine derartige Maßnahme ist jedoch zumindest in naher Zukunft aus Gründen der Bestandsschonung nicht vorgesehen.

29 Es wird an anderer Stelle noch einmal gesondert über diesen Wohnbau zu sprechen sein.

30 Hierzu Rösener 2000 und Noichl 1978. Der Codex Falkensteinensis firmiert im BayHStA, München, als KL Weyarn 1.

31 Rösener 2000, S. 35.

32 BayHStA, KL Weyarn 1, fol. 6v. Zu den Miniaturen siehe auch Noichl 1978, S. 29–36.

33 Münch 1987/1993, Bd. 1, S. 131–133.

34 Siehe hierzu den Beitrag von Uta Piereth, »Prunn und seine Burgherren«, in diesem Band, v. a. Anm. 71.

35 Gurre ist die bis ins hohe Mittelalter gebräuchliche Bezeichnung für ein weibliches Pferd.

36 Allerdings gibt es eine zweite Variante, das Doppelwappen zu lesen: Georg IV. von Fraunberg von Haag heiratete 1457, gut 50 Jahre später, Barbara von Laiming zu Amerang. Auch aus historischer Perspektive würde eine derartige Zuschreibung durchaus Sinn machen: Während sein Vetter Hans IV. von Fraunberg von Haag 1437 den oberen Teil der Grafschaft Haag erbte, fiel der niedere Teil der Grafschaft zeitgleich an Georg IV., der in der Folgezeit immer wieder in erhebliche Rechtsstreitigkeiten um seinen Besitz verwickelt war. Auf Prunn saß zu dieser Zeit Hans VII. von Fraunberg, eben jener Hans der Freudige, dessen Epitaph sich bis heute in der Prunner Stadtpfarrkirche befindet. Der politische Hintergrund der Burgdarstellungen ließe sich so durchaus prägnant umreißen: Die drei regierenden Fraunberger zur Zeit Georgs IV., also neben ihm jener Hans VI. von Fraunberg von Haag zu Massenhausen und der Prunner Hans VII., gleichzeitig Hauptmann zu Regensburg, beschließen am 5. Dezember 1453 eine gemeinsame Haager Ordnung, deren Inhalte eine engere Zusammenarbeit zwischen den einzelnen Häusern regeln. In diesem Sinne könnten die unter der Prunner Herrschaft Hans' VII. entstandenen Wandmalereien eben jenen stärkeren Zusammenhalt der Familie bildlich untermauern. Insgesamt sprechen allerdings Heraldik und stilkritische Auswertung eher für eine Ausführung unter Hilpolt – zumal Georg IV. im Gegensatz zu Hilpolt nicht auf der Burg Prunn saß.

37 Münch 1987/1993, Bd. 1, S. 131–133. Wichtige Hinweise finden sich auch im unveröffentlichten Familienarchivband der Familie Fraunberg, dessen Bestände inzwischen an das Staatsarchiv für München und Oberbayern übergeben wurden. Die Bände geben auch Einblicke in verloren gegangene Archivalien. Hier Familienbesitz der Fraunberg von Fraunberg, Archivbd. V, 2, S. 43–62.

38 Vgl. dazu den Beitrag von Uta Piereth, »Prunn und seine Burgherren«, in diesem Band. Um den geldwerten Briefnachlass eines weiteren weiblichen Familienmitglieds stritt Hilpolt jahrzehntelang mit seinem Vetter Hans III. von Fraunberg zu Massenhausen. Hilpolt war ein ebenso kampfeslustiger, durchsetzungsfähiger wie wirtschaftlich denkender Herrscher. In Landshut war er 1397/98 Stadtrichter, den Münchner Herzögen gegenüber war er Lehensmann mit Prunn – was ihn alles aber nicht daran hinderte, um 1400 gegen die Landshuter und 1404 gegen die Münchner eine Fehde zu führen und sich im letzteren Fall für die nicht zurückgezahlten herzoglichen Schulden an den städtischen Steuern schadlos zu halten. Vielleicht stand auch die Fehde mit der Stadt Nürnberg von 1409 bis 1414 im Zusammenhang mit der Reklamation seiner Rechte.

39 Ich beziehe mich im Folgenden weitgehend auf die mündlich weitergegebenen bzw. in Notizen festgehaltenen Thesen von Rudolf Münch (Geschichtsverein Haag), dem ich an dieser Stelle noch einmal herzlich für die wertvollen Anregungen danken möchte.

40 Vgl. Münch 1984, S. 132.

41 Diese Modelle basieren auf den intensiven Forschungen des Haager Geschichtsvereins; vgl. Münch 1998.

42 Ich zitiere hier, wie bereits angedeutet, aus bisher nicht veröffentlichten Forschungen Rudolf Münchs, die er der Bayerischen Schlösserverwaltung dankenswerterweise zur Auswertung überlassen hat. Münch hat versucht, alle Burgen mit einem realen Vorbild in Einklang zu bringen und dies mit Umzeichnungen zu belegen.

43 Die Umzeichnung wurde von Rudolf Münch angefertigt.

44 Zur Terminologie Burg, Veste und Schloss vgl. Biller/Großmann 2002; ebenso Schütte 1994.

45 Im Folgenden wird dieser Raum deswegen »Herrschaftsraum« genannt.

46 Die bisherigen Datierungsversuche gilt es in jedem Fall kritisch zu hinterfragen. Luisa Hager, unter deren Leitung die Wandmalereien im Zuge der Renovierungsarbeiten in den 1950er-Jahren gefunden wurden, gibt als mögliche Entstehungszeit die Regentschaft Hans' VII. von Prunn an. In ihrem kurzen Aufsatz zur Instandsetzung von Burg Prunn findet sich folgende Angabe: »Als frühe topographische Wiedergaben sind diese Burgen, die nach Stil und Technik in die Zeit Hans Frauenberger des Freudigen (gest. 1428) weisen, von Interesse.«; siehe Hager 1952, S. 89.

47 Hofmann/Mader (Bearb.) 1908, S. 100.

48 Ärgerlich ist, dass selbst das in jüngster Zeit für die Bayerische Schlösserverwaltung angefertigte Gutachten zu den Wandputzen in der Wachstube diese falsche Jahreszahl in seinen Datierungsversuchen berücksichtigt.

49 Schwennicke (Hrsg.) 1988, Tafel 58. Vgl. auch den Beitrag von Uta Piereth, »Prunn und seine Burgherren«, in diesem Band, hier Anm. 92.

50 Zu Runkelstein vgl. einführend v. a. die offizielle Monographie der Stadt Bozen mit zahlreichen Aufsatzbeiträgen zu Bau-, Kunst- und Kulturgeschichte, Stadt Bozen (Hrsg.) 2000. Vgl. auch Grebe u. a. 2005.

51 Von Schenna ist 1346 sogar im Pfandbesitz der Burg; vgl. Münch 1984, S. 54.

52 Siehe hierzu Domanski/Krenn 2000.

53 Vgl. Zeune 2000 a, hier v. a. S. 34–36.

54 Domanski/Krenn 2000, S. 56–58.

55 Ebd., S. 60.

56 Zur Entwicklung des Burgenbaus vgl. Biller/Großmann 2002, S. 43–70.

57 Zum Castel Buonconsiglio und zur Gotik im italienischen Alpenraum vgl. AK Il Gotico nelle Alpi 2002, hier v. a. Francesca De Gramatica: Il ciclo dei Mesi di Torre Aquila, S. 342–365.

58 Vgl. Wolf 2004.

59 Der bisherige Amtliche Führer setzt sich nicht näher mit den Wandmalereien auseinander.

60 Nach einer Farbuntersuchung von Heinrich Piening (Restaurierungszentrum, BSV) kann nun mit großer Sicherheit davon ausgegangen werden, dass auch diese Malerei aus dem Spätmittelalter stammt.

61 Domanski/Krenn 2000, S, 64 f.

62 Der Begriff des Rittersaals als Sammelbegriff für große (Fest-)Räume in Burgen ist eine Schöpfung der Burgenromantik des 19. Jahrhunderts und lässt sich vorher archivalisch nicht belegen. Vgl. Krahe 2002, S. 39.

63 Hofmann/Mader (Bearb.) 1908, S. 112.

64 Allerdings werden die Ritzzeichnungen im Rahmen der musealen Neupräsentation gesichert. Zu danken ist der Bauforscherin Annika Zeitler für die lückenlose Dokumentation der in situ verbliebenen Ritzungen. Die folgenden Abbildungen sind ein direktes Produkt ihrer Arbeit an den Wandritzungen.

65 Vgl. Bechtold 2000.

66 Denkbar ist die bewusste Zerstörung derartiger Ritzungen in späterer Zeit.

67 Dies wurde bspw. anhand der Rodenegger Iwein-Malereien als Datierungshilfe diskutiert; vgl. Masser 1993.

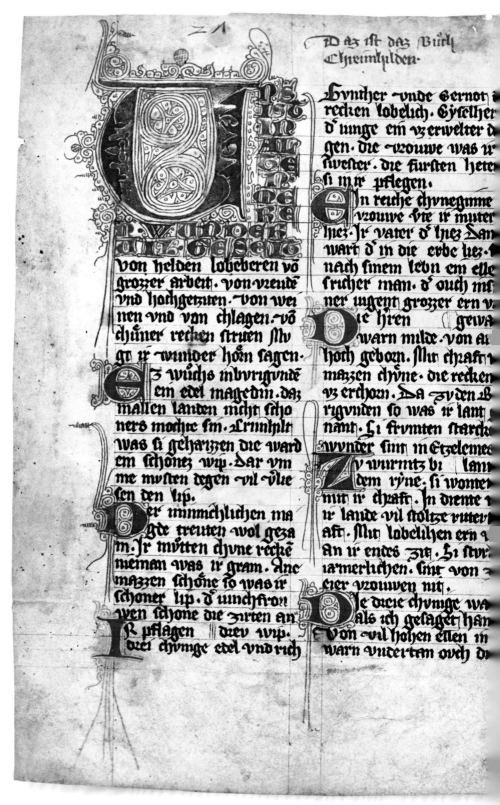

Abb. 1 ▪ Das Nibelungenlied und die Klage, Handschrift D, fol. 1v–2r (Bayerische Staatsbibliothek, München, Cgm 31)

besten recken · von den man
hat gesagt. Starcke · vnde
ouch vil chvne · in starchen
strten vnvtzagt.

Er von troyn hagen
vnd ovch d' bruder sin·
Danchwart d' snelle von
metzen Ortwin. die zwene
marckraven Gere vnd Ge
rewart volker von altzy
e mit grozzen ellen wol be
Rvmolt d' chv   wart
chen meister em vzer
welter degen. Syndolt vnd
jvnolt die herren musten
pflegen. des hoves vnd d'
ern der dreier chunige m
n. si heten ovch mamgen
recken. des ich genennen
mucht enckan.

Danchwart d' was Mar
schalk. do was der ne
ve sin. truchsetz des chun
es von metzen Ortwin.
jmolt hiez d' schenche ein
vackerlicher degen. Hvno
t was kamerere si chun
en hoher ern pflegen·

On des hoves chrefte
vnd von ir witen chr
aft. Von ir vil hohen wer
ackeit vnd von ir ruter
schaft. d' die herren pfla

gen mit vreuden al ir lebn·
des enchunde euch nieman
zwar ein ende gebn.

Jn disn hohen ern troumte
Chrimhilden · wie si zvg
einen valken schonen vnd
wilden. den ir zwen arn
erchrummen daz siz muzste
sehen. Ir enchunde mowre
werlde · nimm' leid geschehe.

Den traume si do sagte
ir mut' vten · si enchu
nde in niht bescheiden baz
d' guten · den valken den dv
da zuhest · daz ist ein edel
man · in enwelle got behv
ten · du must in schir vloren
han.

Waz sagt ir mir von
mannen vil liebe mu
ter min. Ane recken minne
so wil ich min sin. sus
schone wil ich belibn vntz
An minen tot. daz ich von
mannes minne s nimmer
sol gewinnen not.

Ne sprach ez niht zvse
re · sprach ir mut'
do · soltv immer hitzenlich
zvd' werlde · werden vro.
daz bvnt von mannes mi
me · du wirdest ein schonez
wip · ob dir got gefuget

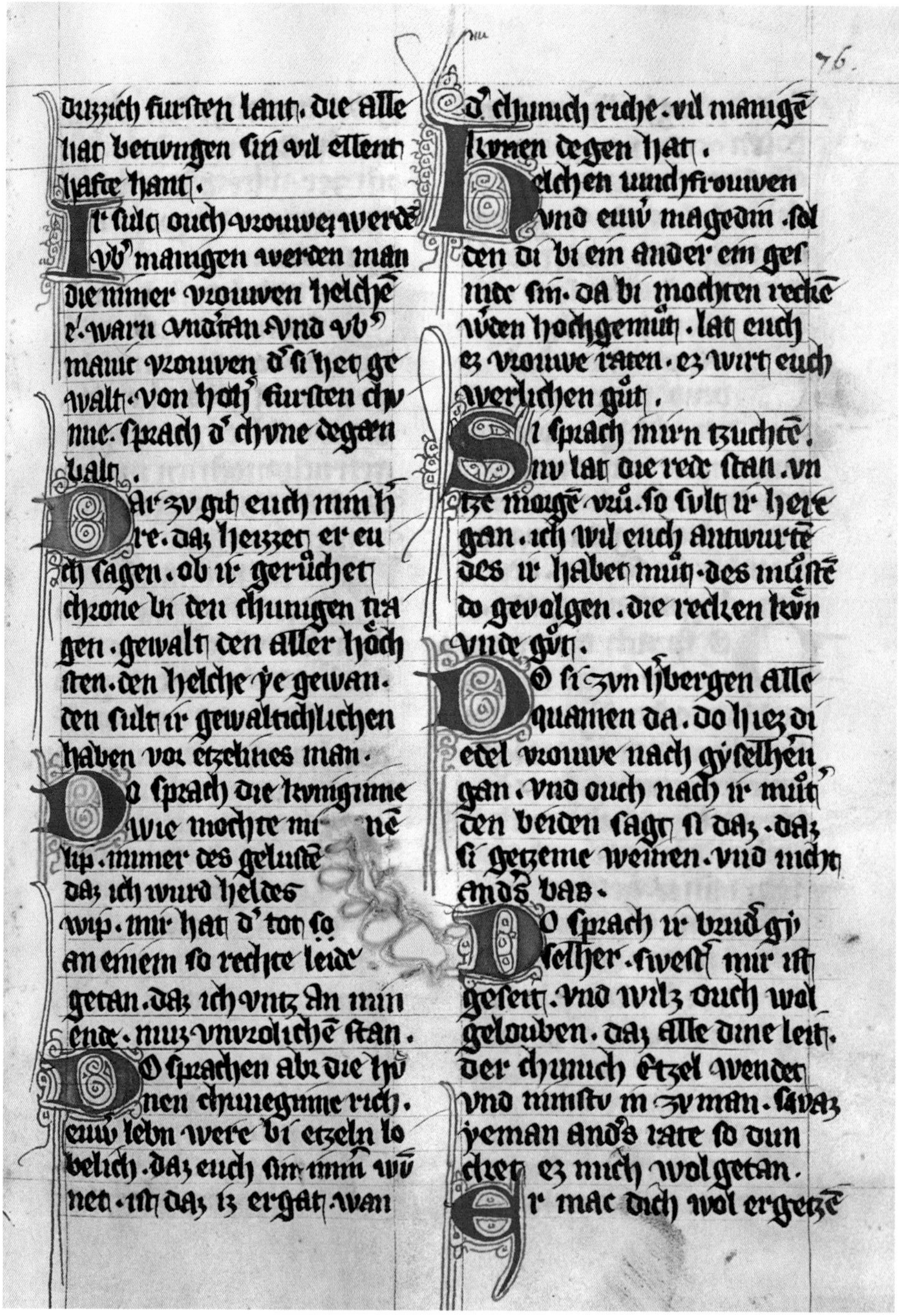

durzich fursten lant. die alle
hat betwngen sin vil ellent
hafte hant.

Ir sult ouch vrouwen werde
vb manigen werden man
die nimer vrouwen helche
d’warn vndtan vnd vb
mant vrouwen d’si het ge
walt von hoh fursten chv
nne. sprach d’chvne degen
valn.

Dar zv gib euch min h
re. daz herzer er eu
ch sagen. ob ir geruchet
chrone bi den chunigen tra
gen. gewalt den aller hoch
sten. den helche ye gewan.
den sult ir gewaltichlichen
haben vor etzelnes man.

Do sprach die kvnigune
Wie mochte mi ne
lip. nimer des geluste
daz ich wurd heldes
wip. mir hat d’tot so
an einem so rechte leide
getan. daz ich vntz an min
ende. muz vnvrolichē stan.

Do sprachen abr die hv
nen chunegunne rich.
euw lebn were bi etzeln lo
belich. daz euch hin imm wv
net. ich daz iz ergat. wan

d’chunich riche. vil manigē
kvnen degen hat.

Welch en umd frouwen
vnd euw magedm. sol
den di bi ein ander em ges
inde sin. da bi mochten recke
wden hochgemut. lat euch
ez vrouwe raten. ez wirt euch
werlichen gut.

Si sprach mir’n zuchtē.
nv lat die rede stan. vn
tze mange vru. so sult ir here
gan. ich wil euch antwurte
des ir haber mut. des muste
do gevolgen. die recken kvn
vnd gut.

Do si zvn ir bergen alle
quamen da. do hiez di
edel vrouwe nach gyselhen
gan. vnd ouch nach ir mut
ten beiden sagn si daz. daz
si getzeme weinen. vnd mith
emos daz.

Do sprach ir brud gy
selher. swest mir ist
geseit. vnd wilz ouch wol
gelouben. daz alle dine leit.
der chunich etzel wenden
vnd nimstu in zv man. swaz
yeman ands rate so dun
chet ez mich wolgetan.

Er mac dich wol ergetze

*Abb. 2 ▪ Das Nibelungenlied und die Klage (Detail), Handschrift D, fol. 76r
(Bayerische Staatsbibliothek, München, Cgm 31)*

168

BURG PRUNN UND DAS NIBELUNGENLIED: DER PRUNNER CODEX

Sebastian Karnatz

Neben den Wandmalereien des Herrschaftsraums und wenigen erhaltenen mittelalterlichen Mobilien vor allem aus dem sakralen Bereich ist ein zunächst unscheinbarer Pergamentcodex ohne Zweifel der kulturgeschichtlich bedeutendste Gegenstand aus dem ehemaligen Besitz der Prunner Burgherren. Die illuminierte Handschrift wird heute als »Codex germanicus monacensis 31« (Cgm 31) in der Bayerischen Staatsbibliothek in München verwahrt und enthält eine vollständige Fassung des Nibelungenlieds mit der Nibelungenklage (Abb. 1 und 2).

Vor allem in der regionalgeschichtlichen Sekundärliteratur firmiert jenes Buch unter der Bezeichnung »Prunner Codex«.[1] Die germanistische Mediävistik führt den Prunner Pergamentcodex als Handschrift D. Damit rangiert er der Zählung nach direkt hinter den drei Leit- und Welterbehandschriften: der Handschrift A (Cgm 34 in der Bayerischen Staatsbibliothek in München), der Handschrift B (Cod. Sang. 857 in der Stiftsbibliothek St. Gallen) und der Handschrift C (Cod. Donaueschingen 63 in der Badischen Landesbibliothek in Karlsruhe).[2]

1. WIGULÄUS HUND UND DAS NIBELUNGENLIED

Schwierig zu klären ist die Provenienz des Prunner Codex. Eine erste Erwähnung findet sich in Wiguläus Hunds 1582 in Ingolstadt erschienener »Metropolis Salisburgensis continens primordia christianae religionis per Boiariam«[3]. Der Humanist Hund (1514–1588) nahm im bayerischen Herzogtum eine gewichtige Stellung ein. Unter der Regierung Herzog Albrechts V. wurde er 1551 zum Regierungskanzler zu Landshut ernannt und 1552 in den Hofratsdienst nach München berufen. Dort war er bis 1559 einer der engsten Vertrauten des Herzogs.[4] Er galt nicht zuletzt aufgrund seiner gemäßigten Haltung in Religionsfragen als ein Mann des Ausgleichs.[5] In zweiter Ehe war er – bis zu ihrem Tod im Jahr 1569 – mit Anastasia von Fraunberg, einer Verwandten des letzten Haager Grafen und Prunner Burgherrn Ladislaus, verheiratet.[6]

Zur Übergabe des Codex schreibt Wiguläus Hund: »Extat hic liber in pergameno scriptus, quem ego Wigileius Hundt, collector huis operis, in arce Prunn ad Altmilam repertum, ac per generosum dom. Joachimum, comitem de Ortenberg, donatum in bibliothecam illustrissimi Quondam principis Alberti, ducis Bavariae piae memoriae anno 1575 dedi.«[7]

Hund hat demnach in Prunn an der Altmühl ein Buch aus Pergament gefunden, das er durch die großzügige Schenkung Joachims von Ortenburg in die Obhut der herzoglichen Bibliothek Albrechts V. gegeben hat. Als Datum für diese Übergabe nennt Wiguläus Hund ausdrücklich das Jahr 1575. Zu dieser Zeit ist Prunn allerdings längst im Besitz der Hammerherren-Familie Köckh, die weder mit Hund noch mit den Ortenburgern in einem verwandtschaftlichen Verhältnis standen.[8]

Eine Verbindung Joachims von Ortenburg zur Burg Prunn besteht 1575 nicht mehr. Schon Friedrich Zarncke mutmaßte 1856, dass Hund den Codex bereits 1567 – also kurz nach dem Tod des letzten Haager Grafen Ladislaus – erhalten hat.[9] Zarncke zitiert einen Brief des Bibliothekars Heinrich Conrad Föringer, der zu dieser Zeit als Kustos der Bayerischen Staatsbibliothek firmiert. Darin äußert Föringer Zweifel an der Behauptung Franz Xaver Mayers von 1832, Joachim von Ortenburg habe nach dem Tod des Grafen Ladislaus als Pfleger der Burg Prunn fungiert.[10] Viel eher vermutet er einen Zusammenhang mit der komplexen Verwandtschaftslage Graf Joachims: »Ich erkläre daher die Art und Weise, wie Graf Joachim v. Ort. in den Besitz des fraglichen Codex kam, durch seine Verwandtschaft mit zweien der Intestat-Erbinnen des im Jahre 1567 gestorbenen letzten Grafen von Haag (Ladislaus), nämlich mit den Töchtern des Grafen Carl von Ortenburg (welcher eine Schwester der Grafen Ladislaus v. Haag zur Gemahlin hatte) Veronika, verehlichten Hohenzollern, und Anna Maria, verehlichten Lichtenstein.«[11] Beide Intestat-Erbinnen wurden für ihre Anteile am Erbe des Grafen Ladislaus von Herzog Albrecht V. entlohnt. Ihnen und Margaretha, der zeitweise auch auf Prunn lebenden Schwester des Grafen Ladislaus, blieb jedoch nach Wiguläus Hunds Auskunft nur die »fahrende Haab«.[12]

Die Bedeutung Joachims von Ortenburg für die Burg Prunn lässt sich anhand der neueren Forschungen[13] noch weiter spezifizieren. Für die Intestat-Erbinnen Veronika und Anna Maria fungierte er bis zu ihrer Volljährigkeit als Vormund. Es ist anzunehmen, dass er auch in dieser Funktion die Erbangelegenheiten auf Prunn für sie abwickelte.

Unklar bleibt das Jahr der Auffindung der Handschrift auf Prunn. Föringer jedenfalls gibt bereits das leicht zu überprüfende Todesjahr des Grafen Ladislaus falsch an: Ladislaus stirbt 1566, nicht 1567.[14] Trotz allem gilt in der regionalgeschichtlichen Sekundärliteratur 1567 nach wie vor als Datum der Auffindung der Handschrift durch Ortenburg und Hund. Dies kann nicht verifiziert werden. Wieso Hund überhaupt nach Prunn kam, ist nicht klar. Vielleicht war er auf der Suche nach Dokumenten für die Arbeiten an seinem »Stammen Buch«, einer genealogischen Abhandlung über den bayerischen Adel.[15] Sein guter Freund Graf von Ortenburg hat ihm gewiss die Türen geöffnet. Da er sich mehrere Monate in der ersten Jahreshälfte 1567 als Reichstagsgesandter seines Herzogs in Regensburg aufhielt, wäre dies kein weiter Weg für ihn gewesen.[16] Als verlässliche Daten können das Jahr 1570 als Terminus ante quem – seit diesem Jahr ist die Burg im Besitz der Köckh – und 1575 als das Jahr der Übergabe an die herzogliche Bibliothek, dokumentiert in der »Metropolis Salisburgensis«, gelten. Sicher ist also nur, dass Hund den Codex nach der Auffindung auf Prunn noch einige Jahre in seinem Besitz behalten hat.

Dies führt zu einer weiteren interessanten Provenienzfrage: Inwieweit handelt es sich bei dem als »Cgm 31« in der Bayerischen Staatsbibliothek aufbewahrten Codex tatsächlich um jenes Buch, das Hund auf Prunn gefunden und Jahre später dem Herzog übergeben hat? Die Forschung hat bislang nur wenige Zweifel daran geäußert, dass sich der Prunner Codex dahinter verbirgt. Allerdings beschreibt Hund selbst den Inhalt jenes Codex noch im Jahr 1582 – also nach der ausführlichen Gelegenheit zur Überprüfung des Buchs – mit folgenden Worten: »Author fuit [= Pilegrinus, Anm. d. Verf.] cuidam sui seculi versificatori Germanico, ut is rhythmis gesta Avarorum et Hunorum, … et quomodo hae barbarae gentes ab Othone Magno profligatae et victae essent.«[17]

Hund informiert also darüber, dass der Passauer Bischof Pilgrim selbst Autor des germanischen Versepos sei, das in Versen (hier: rhythmisiert) die Geschichte der Avaren und Hunnen wiedergebe und erzähle, »wie diese Barbaren von Otto dem Großen geschlagen und besiegt wurden«[18]. Nun ist die Lechfeldschlacht, auf die sich Hund hier – den Humanisten Bruschius zitierend – offensichtlich bezieht, sicherlich kein Ereignis, das in einem direkten Zusammenhang mit dem mittelhochdeutschen Nibelungenlied stehen würde.[19] Auch der Verweis auf Bischof Pilgrim, der in der Klage als Auftraggeber einer lateinischen Version derselben genannt wird und im Nibelungenlied als Verwandter des burgundischen Königsgeschlechts auftritt, ist kein hinreichendes Indiz für die tatsächliche Übereinstimmung der in Prunn gefundenen Handschrift mit Cgm 31.

Die Zweifel steigern sich mit einem kurzen Blick auf die spezifische Textgestalt. Eben jener »Pilgrimteil«, der zumindest mit gutem philologischen Willen zu Hunds Beschreibung der Handschrift passen könnte, fehlt in der vorliegenden Version der Klage. Hund kann sich hier nicht auf Gelesenes bezogen haben bzw. zumindest nicht auf in diesem Codex Gelesenes. Es sei denn, er rekurriert auf den Halt des Nibelungenzugs in Passau. Die Autorschaft Pilgrims jedenfalls konnte Hund aus der spezifischen Textgestaltung jener Handschrift D nicht ableiten.

Bespricht die Handschriften- und Provenienzforschung also seit zwei Jahrhunderten ein Phantom, eine Handschrift, von der wir nun nicht einmal mehr den Ort ihrer Auffindung ohne Zweifel bestimmen können? Sicher scheint lediglich, dass Hund in Prunn tatsächlich einen Pergamentcodex gefunden bzw. diesen von Joachim von Ortenburg überreicht bekommen hat und dass eben jener Codex als Geschenk dem bayerischen Herzog Albrecht V. für dessen jüngst gegründete Bibliothek überreicht wurde.[20]

Das Verhältnis Graf Joachims zu Albrecht V. war schwierig: Der Graf von Ortenburg war einer der Protagonisten jener Adelsfronde, die sich mit dem Wechsel zum protestantischen Glauben 1563 noch verschärfte. Auch Graf Ladislaus von Fraunberg zählte zu jenen protestantischen Feinden des Herzogs und war 1559 mit der Grafschaft Haag selbst ins protestantische Lager übergelaufen. Allerdings hatte sich Joachim von Ortenburg wenige Monate vor dem Tod Ladislaus' im Mai 1566 mit seinem einstigen Kontrahenten Albrecht versöhnt.[21] Es könnte sich also bei dem Geschenk von Hund an Herzog Albrecht V., der als Sammler kostbarer Bücher bekannt war, durchaus um ein politisch motiviertes gehandelt haben, das Hund bewusst erst später – in den Zeiten seines verblassenden Ruhms am herzoglichen Hof ab 1559[22] – an Albrecht übergab.

Etwas mehr Klarheit in der Frage der Identifizierung von Cgm 31 mit dem sogenannten Prunner Codex schafft der von Wolfgang Prommer 1582 zusammengetragene Katalog der herzoglichen Bibliothek[23]. Hier findet sich ab folio 388r ein Verzeichnis der deutschsprachigen Handschriften.[24] Auf folio 410v scheint Cgm 31 beschrieben zu sein: »HVUN-NORVM und AVARORVM /Alte geschichten und riterliche thaten welches B ch von Herrn D. Wiguleo Hundio A o 75 in die (Herz.) Liberey verehrt worden xx.-------- St. 4 Nr. 1212«.

Eine Randbemerkung – wohl des 19. Jahrhunderts – teilt diese Vermutung: »Viell. die Nibelungen? Viell Cgm. 31«. Jedenfalls gibt Prommers Eintrag einen Hinweis auf die zeittypische Verquickung von Hunnen und Avaren mit einem offensichtlich hochmittelalter-

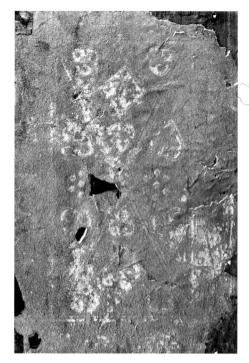

Abb. 3 ▪ Einband des Prunner Codex vor den
tief greifenden Restaurierungsmaßnahmen

Abb. 4 ▪ Herzogliches Exlibris von
1618 aus dem Prunner Codex

lichen Stoff, anders jedenfalls wäre die Bemerkung »alte Geschichten und ritterliche Taten«
nicht zu erklären. Vor diesem Hintergrund scheint die Identifizierung von Cgm 31 mit dem
von Hund auf Prunn gefundenen Codex als wahrscheinlich.

2. BESCHREIBUNG DER HANDSCHRIFT

Die Handschrift umfasst 169 Pergamentblätter, die auf folio 1v bis 144r das Nibelungenlied, auf 144r bis 168v die Nibelungenklage wiedergeben. Die Blattgröße beträgt 26 mal
17 Zentimeter. Der Text wird pro Blatt auf zwei Spalten und 32 Zeilen verteilt. Die Blätter
sind durchgehend liniert. Der Text ist in Aventiuren aufgeteilt; jede Aventiure besitzt eine
eigene Überschrift. Dabei erscheinen die Initialen prächtig farbig und zum Teil durch Ver-
goldung ausgezeichnet. Die erste Zierinitiale markiert als größte Initiale des Codex den
Beginn des Texts (siehe Abb. 1).

Der um 1900 durchgreifend restaurierte Ledereinband weist auffällige Blindprägungen
auf (Abb. 3).[25] Zu sehen sind ornamentale Muster, Drei- und Vierpässe, Herzformen und
Karos. Der Band enthält das Exlibris Herzog Albrechts (Abb. 4). Weitere offensichtliche
Provenienzspuren fehlen.

Die Frage nach den Schreiberhänden scheint weitgehend geklärt zu sein: Die Fleuron-
né-Initialen deuten nach Béatrice Hernad darauf hin, dass zumindest die Schmuckelemen-

172

te von einer Hand stammen.[26] Zwischen Nibelungenlied und Klage ist jedenfalls kein stilistischer Bruch zu erkennen. Das Schriftbild der Klage erscheint zwar minimal schlanker als das des Nibelungenlieds, die Forschung ist sich jedoch einig, dass grundsätzlich von einem einzigen Schreiber auszugehen ist.[27]

Es finden sich mehrere Korrekturen im Text: Durchstreichungen mit roter Tinte, zum Teil ergänzt in Textura oder – in einem Fall – mit einer Kursivschrift. Die Korrekturen sind wohl von der gleichen Hand wie die Überschrift »Daz ist daz buoch Chreimhilden«. Dafür würde auch die im Vergleich zum Text differierende Schreibung von »Chreimhilt« – mit C im An- und t im Auslaut – sprechen.[28]

Im Nibelungenlied-Teil der Handschrift finden sich durchwegs sauber voneinander abgesetzte Strophen. Die Verse werden hingegen nicht gesondert abgesetzt. In der Klage ändert sich dieses Schriftbild: Die Verse heben sich hier mit kleinen rot-schwarzen Zierbuchstaben voneinander ab und es sind jeweils sechs- bis achtzeilige blaue und rote Initialen mit aufwendigem Flechtwerk und Goldschmuck zu sehen.

Im Hinblick auf die Entstehungszeit der Handschrift differiert die Forschungsmeinung nur unwesentlich. Bereits 1920 gibt Erich Petzet das 14. Jahrhundert als groben Orientierungspunkt an.[29] Robert Watson, der die Handschrift aus linguistischer Sicht in einem 1963 in der Zeitschrift »Euphorion« erschienenen Beitrag detailliert untersucht hat, legt sich auf das dritte Jahrzehnt des 14. Jahrhunderts fest.[30] Neuere Forschungen folgen ihm hier, gelegentlich versehen mit einer Ausweitung des möglichen Entstehungszeitraums auf die erste Hälfte des 14. Jahrhunderts.[31]

Aus philologischer Sicht ist die Handschrift D inzwischen nahezu vollständig ausgewertet. Sie gibt eine Mischform aus den Varianten *AB und *C wieder, wobei sich der anteilig wesentlich geringere Teil zu Beginn an die Fassung *C hält, während sich der umfangreichere Teil an der Fassung *AB orientiert.[32] Dieses Phänomen der Mischform betrifft sowohl die Klage als auch das Nibelungenlied und begründet wiederum den Phänotyp der Texttradition *Db, deren bekannte Handschriften allesamt jene eigentümliche Mischung aus beiden Varianten des Nibelungenlieds beinhalten.

Die kunsthistorische, kodikologische und linguistische Forschung – zuletzt Béatrice Hernad 2000 und Karin Schneider 2009 – hat plausibel nachweisen können, dass die Handschrift wohl in den 1330er-Jahren im Raum Nordbayern/Böhmen entstanden ist.[33] Es gilt also weiterhin das Urteil Robert Watsons: »The co-existence of Central German and Bavarian forms which is a feature of the text is found only in manuscripts identified as Bohemian. Of the manuscripts of the early fourteenth century known to be Bohemian, two of the most important ones are manuscript F of Heinrich von Freibergs Tristrant, written about 1310, and the Heidelberg collection of Novellen (Cpg 341), probably written at Michelsberg, near Plan, and south-east of Eger, about 1320. A comparison of both manuscripts with Nibelungenlied D shows striking similarities, though each is individual in its range of Central German characteristics.«[34]

Die Lokalisierung »Böhmen« würde dabei neben dem heute tschechischen den nordbayerischen Raum der heutigen Oberpfalz etwa mit Waldsassen ebenso einschließen wie das heute ebenfalls oberpfälzische Gebiet um Sulzbach, das gerade im fraglichen Entstehungszeitraum der Handschrift unter König Karl IV. zur Hauptstadt Neuböhmens aufstieg.[35]

Die Überschrift »Daz ist daz buoch Chreimhilden« ist im Zusammenhang mit den vollständigen Textüberlieferungen des Nibelungenlieds von exzeptionellem Charakter. In der weit später entstandenen maximilianischen Abschrift im Ambraser Heldenbuch findet sich die Überschrift »Ditz Puech heysset Chrimhilt« (HS d). Die Handschrift a aus der zweiten Hälfte des 15. Jahrhunderts erscheint unter der Überschrift »die avennteur des pueches vonn denn reckchenn vnd vonn kreymhilldenn«.[36] Erst jüngst hat Gunda S. Lange unter anderem ausgehend von der Überschrift der Handschrift D den hier angedeuteten »Gender-Diskurs« um die »Kriemhild-Diskussion« zum Ausgangspunkt einer weit ausgreifenden Analyse mittelalterlicher Heldenepik gemacht.[37]

3. DIE AUFTRAGGEBER DER HANDSCHRIFT D

Wer die heute als Prunner Codex bezeichnete Handschrift im 14. Jahrhundert in Auftrag gegeben hat, ist alles andere als klar. Zwei mögliche Hinweise auf ihre ehemaligen Besitzer ergeben sich aus der Analyse der Handschrift bzw. aus dem Kontext ihrer Auffindung:

1. Wenn Wiguläus Hund die Handschrift, wie er in der »Metropolis Salisburgensis« angibt, tatsächlich selbst in Prunn gefunden hat und sie ihm nicht lediglich von Joachim von Ortenburg auf Prunn übergeben wurde, ist der Konnex zwischen Handschrift und Prunn ein tatsächlicher, topographischer Hinweis. Die Handschrift muss sich dann beim Tod des letzten Grafen von Haag im Besitz der Fraunberger befunden haben.

2. In der Handschrift selbst finden sich verschiedene Schreibproben. In einem handschriftlichen Vermerk auf folio 169v ist ein Name zu lesen: »Ich Chr vom gumppenberg weckenn offenleych mit dem bryeff«. Liest man – was naheliegen würde – »Chr« als Kurzform für Christoph bzw. Christian, dann ergibt sich der Name eines Vorbesitzers der Handschrift, der dezidiert nicht aus dem Geschlecht der Fraunberger stammt.

Ausgehend von diesem Befund sind auch die weiteren Schreibproben von höchstem Interesse. Neben sinnspruchhaften Gedanken (»ein schone frau in armut …«) findet sich hier Derbes (»Hoya Weiggs auff das nit ins pœtt scheis«) neben Alphabetproben und Geschäftlichem. So scheint der Schreiber auf folio 1r den Anfang eines Bittbriefs hinterlassen zu haben: »Mein willigen dienst wize vor lieber vetter Jch pit ewr genad daz yr mit wellet leychen zway hundertt gulden.«[38]

Wer verbirgt sich also hinter dem offensichtlich verschuldeten Schreiber »Chr vom gumppenberg« und wie ist die Handschrift aus seinem Besitz nach Prunn gekommen? Die Gumppenberger stammen ursprünglich – eine weitere mögliche Verbindung zur Handschrift – aus Böhmen.[39] Seit circa 1280 dienten sie als oberbayerische Ministerialen – Mitglieder der Familie sind als Kastellane zu Vohburg und Richter in Pöttmes belegt.[40] In der Folgezeit schloss sich ein rasanter gesellschaftlicher Aufstieg an: Schon 1281 wurden sie mit Pöttmes als Stammlehen belehnt, erhielten dort unter Ludwig IV. Marktrecht und sogar die hohe Gerichtsbarkeit. Sie dürften also bereits gegen Ende des 13. Jahrhunderts zum bayerischen Hochadel gezählt haben.

Eine erste Verbindung zur Burg Prunn lässt sich 1433 fassen: In diesem Jahr erwarb Heinrich von Gumppenberg um 1 500 Pfund Regensburger Pfennige die Burg Breitenegg in der unmittelbaren Nähe von Prunn.[41] Dies ist allerdings durch Quellen nicht zu belegen und lässt sich überdies nicht mit dem Repräsentations- und Geltungsbewusstsein der Fraunberger von Haag in Einklang bringen, die gerade in der zweiten Hälfte des 15. Jahrhunderts enormen politischen Einfluss im bayerischen Herzogtum bzw. im Heiligen Römischen Reich besaßen. Es ist nur schwer vorstellbar, dass sie ausgerechnet zu dieser Zeit einen ihrer Stammsitze verkauft haben sollen.

Heinrichs Sohn Christoph I. von Gumppenberg – ein erster möglicher Schreiber des Briefanfangs – bewohnte die Burg Breitenegg nach dem Tod seines Vaters. Obwohl er in den Diensten des Augsburger Bischofs stand, kam er immer wieder in die Verlegenheit, sich größere Summen Geld – mehrfach werden 200 bis 300 Gulden genannt – leihen zu müssen.[42] Trotzdem empfing und verlieh er nach dem Tod seines Vetters Wolfgang alle Stammlehen der Gumppenberger. 1515 starb er und hinterließ einen ebenfalls auf den Namen Christoph getauften Sohn.[43]

Sowohl Christoph I. als auch Christoph II. könnten sich im Prunner Codex durch eine Schriftprobe verewigt haben. Allerdings erscheint es wahrscheinlicher, dass jener Eintrag von Christoph I. stammt. Zumindest stimmt der Anlass der Schriftprobe – das Aufsetzen eines Schuldnerbriefs – mit den dokumentierten Geldnöten Christophs von Gumppenberg überein. Plausibel erscheint auch, dass sich die Bitte um 200 Gulden an Christophs Vetter Wolfgang von Gumppenberg richtete, der als nominelles Oberhaupt der Familie in der finanziellen Not sicherlich Christophs erster Ansprechpartner gewesen sein dürfte.

Es führen noch weitere Spuren zu den Gumppenbergern: Sowohl die Prägungen des Bucheinbands als auch die vereinzelt an den unteren Seitenrändern auftretenden Verzierungen (Abb. 5) zeigen Formen, die mit der Wappenzier derer von Gumppenberg durchaus in Einklang zu bringen sind. Im Zusammenhang mit den Gumppenberg'schen Wappen ist von »Seeblättern«

Abb. 5 ▪ Cgm 31, 76r (Detail)

Abb. 6 ▪ Wappen der von Gumppenberg, aus Scheibler'sches Wappenbuch, um 1450 bis Ende des 17. Jh., Wappen 278 (Bayerische Staatsbibliothek, München, Cod.icon. 312 c)

oder Eicheln zu lesen. Diese sind beispielsweise auch in einer Wappenminiatur des Scheibler'schen Wappenbuchs zu sehen (Abb. 6). Herausgelöst aus dem illustrativen Kontext des Codex können sie als ein heraldisch motiviertes Einzelmotiv gedeutet werden. Allerdings besteht die Möglichkeit, dass die Prägungen des Einbands und die Randzeichnungen in späterer Zeit ergänzt wurden. Folgt man diesen Indizien, so könnte auch der Grund für die spätere Auffindung der Handschrift auf der Burg Prunn mit Christophs Geldnöten zu erklären sein. Womöglich sah er sich gezwungen, die Handschrift zu verkaufen.

Möglich wäre allerdings auch, dass die Handschrift mit dem Kauf der Burg in den Besitz Christophs von Gumppenberg überging. 30 Jahre lang – von 1433 bis 1463 – war die Burg Breitenegg (Abb. 7) im Besitz der Gumppenberger.[44] Vor und nach ihnen herrschten auf der Burg die Herren von Laaber, deren politischer Einfluss und genealogische Vernetzung in der Region kaum zu überschätzen ist. Auch sie wären also als mögliche Auftraggeber der Handschrift durchaus denkbar. Schließlich war Hadamar III. von Laaber (1316 – um 1360), in dessen Lebenszeit die Beauftragung der Handschrift fällt, nicht nur eng mit dem Hof Ludwigs des Bayern verbunden – Ludwig galt als literarisch hoch interessiert –, sondern auch selbst als Autor der »Jagd« literarisch tätig.[45] »Die Jagd« gilt als die bedeutendste Minneallegorie des Spätmittelalters. In der Literatur firmiert Hadamar als einer der letzten großen Minnesänger.[46] Sein Werk zeugt durch intertextuelle Querverweise von großer literarischer Kenntnis und kann kaum ohne Zugang zu einer gut sortierten Bibliothek entstanden sein. Sicherlich ist es nicht abwegig, in diesem Umfeld eine Beauftragung für eine Abschrift des Nibelungenlieds anzunehmen.[47]

Schließlich gibt es gar eine verwandtschaftliche Beziehung der Herren von Laaber mit den Gumppenbergern, die ebenfalls einen späteren Übergang der Handschrift in den Besitz der Gumppenberger möglich erscheinen lässt: Hadamar IV. von Laaber (1364–1420), Herr unter anderem von Wolfsegg und Breitenegg, zudem königlicher Rat, war mit Elsbeth von Gumppenberg verheiratet.[48]

Die Indizien für eine Provenienz oder gar Beauftragung durch die Fraunberger hingegen sind im Vergleich zu den Indizien für eine Beauftragung durch die Gumppenberger bzw. die Laaber erheblich vager. Immerhin ist anzumerken, dass zumindest die Nähe Seifrids III. und Konrads I. von Fraunberg zum Kreis um Ludwig den Bayern es nicht völlig unvorstellbar erscheinen lässt, an einen Erwerb oder eine Auftraggeberschaft der Fraunberger zu denken.

Plausibler erscheint allerdings, dass die Handschrift im 15. bzw. 16. Jahrhundert von den Fraunbergern angekauft wurde. Das Sammeln von kostbaren Büchern entspricht dem Repräsentationsbedürfnis der Familie, die sich wie Sigmund in einem Portrait Hans Holbeins des Älteren spätestens seit der zweiten Hälfte des 15. Jahrhunderts als vermögende und einflussreiche Stütze von Herzogtum und Reich zu inszenieren wusste.[49] Ein Kauf der Handschrift von den Gumppenbergern – eventuell just von jenem notorisch verschuldeten Christoph I. von Gumppenberg – ist wahrscheinlich.

Selbst zu späteren Zeiten, in der zweiten Hälfte des 16. Jahrhunderts, müssen im Übrigen auch auf Prunn noch hoch- bzw. spätmittelalterliche Handschriften vorhanden gewesen sein, wie vereinzelte Fundstücke wiederverwendeter Handschriften in frühneuzeitlichen Verwaltungsdokumenten zeigen.[50]

Abb. 7 ▪ Burg Breitenegg im heutigen Zustand

4. ZUSAMMENFASSUNG

Die Handschrift D des Nibelungenlieds (Cgm 31, Bayerische Staatsbibliothek, München) darf wohl zu Recht als »Prunner Codex« bezeichnet werden. Zwar gibt es in Bezug auf die Auffindung der Handschrift in Prunn einige Ungereimtheiten, en gros scheinen die Indizien jedoch für die Identifizierung von Cgm 31 mit der von Wiguläus Hund an die Bibliothek Herzog Albrechts V. übergebenen Handschrift zu sprechen.

Unsicher bleibt weiterhin die Benennung des Auftraggebers der Handschrift. Ein späterer handschriftlicher Eintrag Christophs I. von Gumppenberg allein kann nicht als hinreichender Beweis für eine Auftraggeberschaft dieser Familie gewertet werden. Allerdings sprechen weitere Indizien für die Beauftragung durch die Gumppenberger. Nicht ausgeschlossen werden kann, dass die Handschrift im Umfeld des Dichters Hadamar III. von Laaber entstand. Weniger plausibel erscheint die Entstehung im Auftrag der Fraunberger, die eher durch Kauf oder Verpfändung in den Besitz der Handschrift gekommen sein könnten.

Diese weit verzweigte Spurensuche vermag nochmals in Erinnerung zu rufen, dass ältere Handschriften in der Regel nicht nur in der Hand einer Familie bzw. eines Besitzers waren. Ein Codex wie Cgm 31 erscheint uns heute als herausragende literarische Preziose, die wir gerne in den Händen eines Auftraggebers und Besitzers verorten würden. Aber möglich und sogar wahrscheinlicher ist es doch, dass mehrere Besitzer dieses Buch in ihrer Obhut hatten und benutzten, noch lange bevor es in den sicheren Hort der herzoglichen, später staatlichen Bibliothek gelangte.

ANMERKUNGEN

1 Vgl. z. B. Sieghardt 1956, S. 62: »Sie [= die Handschrift, Anm. d. Verf.] trug die Bezeichnung ›Nibelungen Not und Klage‹ und war eines jener zwei Dutzend Manuskripte, die Bischof Pilgrin [sic!] von Passau im 10. Jahrhundert als Heldengedicht zu Ehren des herzoglichen Feldherrn Rüdiger von Bechelaren … von einem bayerischen Dichter (wie man annimmt) niederschreiben ließ. … Dort [= Bayerische Staatsbibliothek, München, *Anm. d. Verf.*] ruht das Manuskript heute noch, unter der Bezeichnung ›Prunner Codex‹, als die wertvollste unter allen festgestellten Nibelungen-Handschriften, denn sie reicht in ihren Besitzern zeitlich am weitesten zurück.« Es fällt durchaus schwer, alle sachlichen Fehler in diesem kurzen Abschnitt aufzuzählen, nur so viel: Keine einzige uns bekannte Nibelungenhandschrift ist im 10. Jahrhundert entstanden, Rüdiger spielt im Handlungsverlauf eine untergeordnete Rolle und der sogenannte Prunner Codex ist 1330 entstanden, also gut 100 Jahre nach der ebenfalls in der Bayerischen Staatsbibliothek aufbewahrten Handschrift A.

2 Vgl. einführend den reich bebilderten Katalogteil zu den verschiedenen Handschriften in der 2003 gezeigten Karlsruher Nibelungenschau: Klein u. a. 2003. Einen guten Überblick über die germanistische und kodikologische Forschungslage geben Heinzle u. a. (Hrsg.) 2003. Zur philologischen Kategorisierung der Handschrift vgl. Batts (Hrsg.) 1971, S. 802. Einen Überblick über die Literatur zur Handschrift D gibt das online zugängliche Marburger Repertorium unter www.mr1314.de/2641.

3 Hund 1582.

4 Zu Hund siehe Mayer 1892, Riezler 1894 und Leonhard Lenk: Hundt zu Lautterbach, Wiguleus. In: NDB 10 (1974), S. 64–66.

5 Siehe insbes. Lenk 1974 (wie Anm. 4), S. 64. Ganz anders – als »Aufheizer« – stellt ihn Rudolf Münch dar: Münch 1987/1993, Bd. 3, S. 125 f.

6 Siehe Mayer 1892, S. 124; Lenk 1974 (wie Anm. 4), S. 64; Anastasia stammte aus der Haidenburger Linie der Fraunberger.

7 Hund 1582, S. 124.

8 Zu den Köckh vgl. den Beitrag von Uta Piereth, »Prunn und seine Burgherren«, in diesem Band, v. a. S. 38–40.

9 Zarncke 1856.

10 Vgl. Mayer 1832.

11 Zarncke 1856, S. 205.

12 Hund 1585/1586, Teil 1, S. 68.

13 Vgl. den Beitrag von Uta Piereth, »Prunn und seine Burgherren – eine wechselvolle Geschichte«, in diesem Band.

14 Vgl. Zarncke 1856, S. 205.

15 Hund 1585/1586, Teil 1.

16 Hunds Briefe von und an Albrecht V. sind abgedruckt in Mayer 1892, S. 250–258. Zur Freundschaft mit Graf Joachim von Ortenburg siehe ebd., S. 132.

17 Hund 1582, S. 124.

18 Übers. d. Verf.

19 Vgl. Bruschius 1553, S. 199: »Author fuit [= Pilegrinus, *Anm. d. Verf.*] cuidam sui seculi versificatori Germanico, ut is rhythmis gesta Avarorum et Hunorum, Austriam supra Anasianam tum tenentium et omnem viciniam late deproedentium (quos Gigantes, nostrate lingua Reckhen et Riesen vocari fecit) celebraret et quomodo hae barbarae gentes ab Othone Magno profligatae et victae essent.«

20 Hunds hervorragende humanistische Bildung lässt darauf schließen, dass er auch ohne die direkte Autorennennung in der Klage den Text mit Bischof Pilgrim von Passau in Verbindung brachte. Dann wäre der fehlende Passus in der Klage kein Argument gegen Hunds Identifizierung der Handschrift. Dass er dann das Nibelungenlied gleichsam historisch mit der Lechfeldschlacht verknüpft hat, könnte ein durchaus zeittypischer Irrtum sein.

21 Siehe dazu den Beitrag von Uta Piereth, »Prunn und seine Burgherren«, in diesem Band.

22 Vermutlich besaßen seine konfessionellen Auseinandersetzungen maßgeblichen Anteil an einem kritischen Ratsgutachten gegenüber Albrecht V. Vgl. auch Riezler 1894, bes. S. 5–42. Auch später noch blieb Hund allerdings Gesandter und Ratgeber Albrechts, etwa auf den Kreis- und Reichstagen und immer wieder auch in religiös heiklen Situationen, siehe Mayer 1892 S. 54, 60–66 und 69. Erst 1583 bat Hund um Entbindung vom Amt des Hofratspräsidenten, siehe ebd., S. 73.

23 Bayerische Staatsbibliothek, München, Cod. bav.cat. 61.

24 Ebd., fol. 338r–410v.

25 Der Einband wurde im Zuge der großflächigen Restaurierung, die kaum mehr als eine Anmutung des ursprünglichen Ledereinbands zulässt, leider kopfstehend angebracht, wie eine fotographische Dokumentation des Vorzustands zeigt. Für diesen Hinweis danke ich den beiden Papierrestauratoren der Bayerischen Schlösserverwaltung, Jan Braun und Susanne Mayr. Zur Restaurierung findet sich eine handschriftliche Notiz im Codex: »Da der Deckel dieser Nibelungenhandschrift seit langem abgebrochen war, musste der Einband ausgebessert werden. Dabei ist jedoch nichts weiter geschehen, als dass der Rücken, der Anfang der XX. Jahrhs. aus scheusslichem marmorierten Papier – Proben sind noch auf dem Vorderdeckel zu sehen – hergestellt worden war (vgl. darüber und über die Geschichte der Hs überhaupt Föringer in Pfeiffers Germania I 202 ff. nebst meinen Randnoten in unserem Exemplar der Germania), durch weisses Leder ersetzt wurde. Bei dieser Gelegenheit wurden die Exlibris abgelöst und beide Deckel noch einmal genauestens auf Spuren einer alten Signatur oder sonstige Provenienzzeichen untersucht, es hat sich aber nichts dergleichen gefunden. F. Boll«

26 Hernad 2000, S. 186 f.

27 Auf fol. 144r – dem Beginn der Klage – überschreitet der Text jedoch deutlich die vorgegebene Linierung; dies könnte auf einen anderen Schreiber hindeuten. Zwischen Nibelungenlied und Klage könnte also auch ein Schreiberwechsel stattgefunden haben; beide müssten dann allerdings sehr eng miteinander gearbeitet haben, da sich die Schriften in den signifikanten Merkmalen nicht voneinander unterscheiden. So bleibt resümierend festzuhalten, dass nur wenig gegen die Apostrophierung einer einzigen Schreiberhand spricht.

28 Bereits auf fol. 1v findet sich die anderslautende Schreibung »Krimhilt«.

29 Petzet 1920, S. 54.

30 Vgl. Watson 1963.

31 Bumke 1996, S. 168.

32 Vgl. u. a. Klein 2003.

33 Vgl. Schneider 2009, S. 115 f.

34 Watson 1963, S. 286.

35 Zum Kloster Waldsassen und dem Skriptorium, dessen Belege allerdings spärlich sind, vgl. Schrott 2003. Eine Verbindung zwischen dem Kloster Waldsassen und der Prunner Handschrift haben die Recherchen nicht ergeben. Auf einen interessanten Konnex hat uns freundlicherweise Armin Binder hingewiesen. Er vermutet, die Handschrift könnte im Umkreis des seit dem Hochmittelalter sehr bedeutenden Klosters Kastl (Lkr. Amberg-Sulzbach) entstanden sein. Allerdings ist das Kastler Skriptorium archivalisch schwer zu fassen. In seinem Beitrag für das Bibliotheksforum Bayern ist es Binder gelungen, einzelne Bände anderer Bibliotheken der Kastler Bibliothek bzw. dem Kastler Skriptorium zuzuordnen (vgl. Binder 2006). Eine Handschrift in der Schlossbibliothek Pommersfelden (Kunstsammlungen Graf Schönborn) mit der Signatur HS 215 zeigt zumindest zum Teil ähnliche Schrift- und Zierformen. Sie ist allerdings mit weit aufwendigeren Miniaturen versehen als die Prunner Nibelungenhandschrift (vgl. fol. 64r).

36 Zu den verschiedenen Handschriften vgl. Batts 1971.

37 Lange 2009.

38 Schriftproben (Auswahl, einiges schwer lesbar): 1r: »Mein willigen dienst wize vor lieber vetter Jch pit ewr genad daz yr mit wellet leychen zway hundertt gulden ein schone frau in armut die ir er wehaltn tut vnd hat got

lieb und irn man die tregt wol [der werlt?] ain kran«; 169v: »Ich hoff mir geling/Ich wart der zeyt/Hoya Weiggs auff das nit ins pœtt scheis/Ich Chr vom gumppenberg weckenn offenleych mit dem bryeff«.

39 Zur Geschichte der Familie vgl. von Gumppenberg 1856.

40 Vgl. ebd., S. 33 f.

41 Siehe Hund 1585/1586, Teil 2, S. 114; siehe auch von Gumppenberg 1856, S. 123; hier v. a. Anm. 3. Auch Ludwig Albert von Gumppenberg bestätigt das Fehlen eines urkundlichen Beweises. Er stellt die Vermutung eines vorübergehenden Pfandbesitzes auf, freilich ebenso ohne nähere Anhaltspunkte zu liefern. Die Einsicht in das Lehenbuch des Christoph von Gumppenberg aus dem Jahr 1510 im Schlossarchiv Pöttmes der Familie von Gumppenberg (Sign. 721) hat keinen Nachweis ergeben. Der Schwerpunkt der Besitzungen lag naturgemäß auf den Landgerichten Rain, Vohburg u.a. Für Prunn oder das Landgericht Riedenburg findet sich kein Eintrag. Wir danken an dieser Stelle Johannes Freiherr von Gumppenberg und Frau Sibylle Scherer für die Möglichkeit der Einsichtnahme. Die Ergebnisse mussten erwartungsgemäß mager ausfallen, da 1704 bei der kriegsbedingten Verlegung des Archivs von Pöttmes nach Pöttmes und einem verheerenden Brand der Großteil der urkundlichen Altbestände verloren ging; siehe dazu auch Krausen 1950, masch.schriftl. Exemplar der Bayerischen Staatsbibliothek, München, S. XII.

42 Zu Christoph I. und seinem Sohn Christoph II. von Gumppenberg siehe von Gumppenberg 1856, S. 128 f. Zur Verbindung zwischen der Familie und dem Prunner Codex siehe ebd., S. 123, Anm. 3.

43 Christoph II. von Gumppenberg hatte in Ingolstadt studiert, lebte in kinderloser Ehe und starb kurz nach seinem Vater 1519. Vgl. von Gumppenberg 1856, S. 128 f.

44 Siehe hierzu den Beitrag von Uta Piereth, »Prunn und seine Burgherren«, in diesem Band, S. 12 und Anm. 10.

45 Zu Kaiser Ludwig IV. vgl. Thomas 1993. Zu Ludwigs literarischen Neigungen vgl. ebd., S. 240–244; speziell zu Hadamar, S. 244. Die These, die Handschrift wäre auf Burg Breitenegg geschrieben worden, stellt Peter Jörg Becker auf (vgl. Becker 1977, S. 145–147). Hier ist ihm die Forschung allerdings nicht gefolgt.

46 Zu Hadamars Rang in der volkssprachlichen Literatur des Mittelalters vgl. Emmerling 2005.

47 Die Beziehungen von Breitenegg zu Prunn unter den Herren von Laaber sind vielfältig: Zu Lebzeiten Hadamars II. und III. ging Prunn zwar in den Besitz des oberbayerischen Herzogs über, verblieb aber als Lehen bei den Herren von Prunn-Laaber. Parallel wechselte die Burg Breitenegg in den Jahrzehnten zwischen 1275 und 1302 mehrfach zwischen den Familienzweigen der Laaber und der Prunner hin und her. Vgl. hierzu den Beitrag von Uta Piereth, »Prunn und seine Burgherren«, in diesem Band, v. a. S. 12 f. Auffällig ist auch die archivalische Leerstelle nach dem Tod Wernhers VII. (1292). Denkbar ist durchaus, dass die Burg Prunn danach wieder im Besitz der Stammlinie von Laaber war. Die Burg war sicherlich nicht herrenlos, wie die dendrochronologisch um 1315 datierten hölzernen Einbauten im Palasbereich beweisen.

48 Vgl. zu den Herren von Laaber auch Jehle 1981, S. 138–140.

49 Auch Ladislaus z. B. verhandelte noch in fortgeschrittenem Alter über den Erwerb bestimmter Bücher (siehe BayHStA, KÄA 562).

50 Spuren älterer Handschriften finden sich in einem Verzeichnis der Leibeigenen bzw. derer Schulden aus dem Jahr 1558 (StA Amberg, Hofmark Prunn KR 20); ebenso in einem Überblick über die »Pfeningilten« über »Carl Köckhens Aigentumbliche Hofmark Prün« aus den Jahren 1603/04 (ebd., Hofmark Prunn KR 21). Weitere Fragmente in ebd., Hofmark Prunn KR 22 und KR 27.

»RITTER, RECKEN, EDLE FRAUEN. BURG PRUNN UND DAS NIBELUNGENLIED« – ZUR MUSEALEN NEUPRÄSENTATION

Uta Piereth

itte des 20. Jahrhunderts hatte die Bayerische Schlösserverwaltung unter Luisa Hager Prunn museal eingerichtet. Nach rund 60 Jahren war es Zeit, diese Präsentation zu erneuern und anzureichern. Dieser Wunsch war der Ausgangspunkt für die vertieften Reflexionen und Recherchen rund um die Besitzverhältnisse und Baugeschichte der Burg. Zugleich geriet das Nibelungenlied in den Fokus unserer Aufmerksamkeit, denn dieses faszinierende mittelalterliche Epos wurde in einer der ältesten vollständigen Handschriften auf Prunn gefunden. Es lag nahe, in der Ausstellungskonzeption eine Brücke zu schlagen zwischen (kultur-)historischen sowie regionalen Aspekten der Burgengeschichte und den vielen Fragen rund um diesen sogenannten Prunner Codex. Die Forschungsergebnisse, die in diesem Band vorgestellt werden, waren selbstverständlich die Grundlage für alle musealen Aussagen. Gleichzeitig galt es, die Interessen der Besucher ebenso zu berücksichtigen wie bauliche, logistische und konservatorische Gegebenheiten.

Der veränderte Rundgang bezieht außer den bisher gezeigten Räumen auch zwei neu zugänglich gemachte Geschosse des Palas sowie den Bergfried mit ein. Führer begleiten die Besucher bei ihrem Weg durch Burg und Museum und können so auf die Bedürfnisse verschiedenster Besuchergruppen gezielt eingehen. Aus diesem Grund ist es möglich, auf längere Ausstellungstexte zu verzichten. Da das Mittelalter auf der Burg Prunn naturgemäß im Zentrum der erzählten Geschichte steht, bildet auf Objektebene die Burg selbst das erste und hauptsächliche Exponat, das möglichst unverstellt und in seiner ungewöhnlich authentischen Ausstrahlung zu spüren sein soll. Ausgewählte weitere Exponate und Leihgaben mit engem Sachbezug ergänzen die Präsentation. Textile Banner liefern in allen Räumen zusätzliches Anschauungsmaterial mit kurzen Notizen sowie Zitaten aus dem Nibelungenlied. Die beiden Themenstränge – die Burg mit ihren Burgherren und das Nibelungenlied – werden zunächst separat vorgestellt, dann aber parallel geführt. Unsere Bestände an historischen Truhen regten zum Bau interaktiv nutzbarer neuer Truhen an. Fast durchweg besteht die Möglichkeit, sich Inhalte auch eigenständig anzueignen oder zu vertiefen. Ziel der musealen Neupräsentation ist es, auf kurzweilige Weise bei einem breiten Publikum das Interesse an der Kulturgeschichte des Mittelalters zu wecken oder zu stärken.

Frei nähert sich der Besucher der Burg über die Brücke und den Torbau, der auch den Kassenraum aufnimmt. Hier sind noch Elemente der Befestigungseinrichtungen zu sehen, im Innenhof steht malerisch ein Ziehbrunnen, der für jede Burg von existenzieller Bedeutung war.

Der Rundgang selbst beginnt im ersten Obergeschoss in einem Gewölberaum mit Haken an der Decke (Raum 1), die einst der ungeziefersicheren Unterbringung von Vorräten dienten, heute aber zum Abhängen einiger gängiger Vorstellungen über Burgen und Ritterleben, etwa »Ritter trugen immer prächtige Rüstungen«, verwendet werden. Die meisten dieser Ideen sind zumindest im Detail korrekturbedürftig. Gemeinsam mit dem Führer geht es in den großen Saal des Palas (Raum 2), der die mittelalterlichen Herrscher (und Bauherren) von Prunn konzentriert vorstellt: die von Prunn-Laaber und die Fraunberger von Haag, beides bedeutende Geschlechter mit berühmten Vertretern. Ein kleiner Annexraum (Raum 3) eignet sich, um kurz die hervorgehobene Lage und fortifikatorische Bedeutung einer Felsspornburg darzulegen. Der Raum darüber (Raum 4) widmet sich der baulichen Entwicklung der Burg in diversen Ansichten aus verschiedenen Jahrhunderten und einem wissenschaftlich-didaktischen Burgmodell. Im Rundgang folgt der aufwendig mit Wandmalereien ausgestaltete Raum 5 im Wohnturm des 15. Jahrhunderts: Die ehrgeizig und standesbewusst

konzipierte Ausstattung bildet den Rahmen für einen Raum, in dem gewiss Burgherrschaft fühl- und sichtbar wurde. Eine Luke ermöglicht nun den Blick in die darunter liegenden älteren Gebäudeteile.

Die weitere Besitzergeschichte Prunns von der Renaissance bis heute erfährt man im Gang des zweiten Obergeschosses (Raum 7), bevor sich die drei folgenden Räume schwerpunktmäßig mit dem Prunner Codex befassen. Den Auftakt bildet naturgemäß die Vorstellung von Inhalt und Aussehen des Nibelungenlieds

Detail einer Eisentruhe mit Jagdmotiven, um 1600

in der »Handschrift D« (Raum 8). Beantwortet werden auch die Fragen, wer die Handschrift auf Prunn zu welcher Zeit gefunden hat, warum sie von der germanistischen Forschung unter dem Buchstaben D geführt wird und wie das Buch in die Bayerische Staatsbibliothek in München gelangte. Durch die zahlreichen Fenster sieht man auf das Altmühltal in Richtung Kelheim bzw. Weltenburg einerseits, andererseits zur Rosenburg und nach Riedenburg – schöne Aussichten! Dazu passt eine kartographische Veranschaulichung, die zeigt, auf welchen Wegen der literarisch zum Teil exakt beschriebene Zug der Nibelungen durch Bayern führte. Raum 9 ermöglicht das digitale Durchblättern des Prunner Codex, aber auch die genaue Untersuchung der Eigenheiten der Handschrift: Welche Hinweise erhalten wir in der Handschrift auf denkbare Auftraggeber oder Besitzer? Diese Spurensuche wird im nächsten Raum (10) fortgesetzt. Die Herren von Prunn-Laaber rücken in den Fokus der Überlegungen. Vor allem aber erweist sich die Region im 13. und 14. Jahrhundert als eine Hochburg der Dichtung und Literaturbegeisterung. Lag Prunn also im Herzen des deut-

Detail aus »Calender und Practica«,
1368–1405 (Bayerische Staatsbibliothek, München, Cgm 32, fol. 5v)

schen spätmittelalterlichen Minnesängerlands? Zudem werden die genuin bayerischen Aspekte des Nibelungenlieds vorgestellt, die weit mehr sind als vernachlässigenswerte Kuriosa. Im Gegenteil: Sie dominieren den zweiten Teil des Epos und verleihen ihm eine spezifisch bayerische Prägung.

Dass die Rezeption des Nibelungenstoffs weit über die literarische Fassung des frühen 13. Jahrhunderts hinausgeht und sich gleichsam vom Text emanzipierte, zeigt der folgende kleinere Raum (11), der mit hochrangigen Originalexponaten bestückt ist. Dort wird auch daran erinnert, dass bestimmte Aspekte des nibelungischen Sagenkreises wie der Drache oder die Walküren weniger mit dem mittelalterlichen Epos als mit Richard Wagner und den Bildwelten des 19. und 20. Jahrhunderts zu tun haben.

Ab dem folgenden Raum (Raum 12, Wohnturm) zielen inhaltliche Schwerpunkte parallel auf beide Themenstränge, also sowohl auf das Leben auf der Burg im Mittelalter als auch auf das Nibelungenlied. In dieser Stube des 15. Jahrhunderts mit wunderbaren Fensternischen besteht die Gelegenheit, bedeutende Fensterszenen im Nibelungenlied nachzulesen und vor allem zu hören, wie man sich zu Zeiten vor Buchdruck und Medienpräsenz in Mußestunden unterhielt: Alte Geschichten wurden erzählt, gesungen und schließlich, ab etwa 1200, aufgeschrieben.

War die Liebe zur Literatur vielleicht nicht bei allen Burgbesitzern gleichermaßen verbreitet, so gehörte doch der regelmäßige Gottesdienstbesuch fest zu ihrem Leben, ja sogar eine eigene Kapelle durchaus zum Repertoire der meisten Burgen. Die Christophorus- und

Jakobuskapelle (Raum 14) in Prunn ist noch heute ein sakral genutzter, durch die Jesuiten um 1700 in dieser Form ausgestatteter Kirchenraum inmitten des Burgenrundgangs. Anschließend passiert man einen Zwischenraum (Raum 15, obere nördliche Treppenhalle), in dem Gemälde aus Prunner Bestand hängen, die jedoch keinen inhaltlichen Beitrag zur musealen Erzählung an sich leisten.

Raum 16 befasst sich mit der Jagd. Als Privileg der Herrscher und Adeligen war es ein Standesmerkmal, mit Falken oder Waffen »hohes« oder zumindest »niederes« Wild zu jagen – nicht nur eine angenehme Beschäftigung mit sportlichen Zügen. Auf der anderen Seite wurde Siegfried ausgerechnet auf der Jagd gemeuchelt. Auch der Kleidung der noblen Herrschaften (Raum 17) kann man auf beiden Wegen nachspüren: Im Nibelungenlied schildern viele Strophen ausführlich die prunkvollen Gewänder der Protagonisten; außerdem spielen Brünhilds Gürtel und Ring wie Siegfrieds Tarnkappe in der Erzählung eine zentrale Rolle. Ritterliche Burgherren und -herrinnen jedoch waren oft nicht so gekleidet und gerüstet, wie man sich das landläufig vorstellt. Verschiedene Stoffproben und Rüstungsteile helfen, die tatsächliche Bekleidung des Mittelalters und ihre Funktionen zu begreifen. Raum 18 beschäftigt sich mit Herrschaftsfragen, etwa denen rechtlicher Befugnisse der Herren von Prunn und den »Karrierevoraussetzungen« eines Ritters. Sichtbare Gesten und Rituale führten der Gesellschaft den Rang jedes Einzelnen vor Augen. Hielt ein Mann für den Fürsten den Steigbügel, verdeutlichte dies das hierarchische Gefälle und seinen niedrigeren Stand – wie in trügerischer und verhängnisvoller Weise im Falle von Siegfrieds Steigbügeldienst an Gunther. Unter diesem Raum liegt ein Kellergewölbe (Raum 19), das zwar nicht zugänglich ist, aber bereits von Ferne schillert. An wie vielen Orten wurde nicht schon der sagenhafte Schatz der Nibelungen gesucht …?

Turniere (Raum 20) spielen in unserer Vorstellung vom Ritterleben eine große Rolle. Manch ein Fraunberger von Prunn entspricht mit teilweise legendären Turniererfolgen einem »Bilderbuch-Ritter«. Auch im Nibelungenlied turnieren die Recken überaus wacker. Die mächtige Mauer des Bergfrieds (Raum 21) öffnet sich an dieser Stelle. Fortan wird er erstmals systematisch in den Museumsrundgang eingebunden. Im Inneren werden Licht- und Audioinstallationen das grausige Ende der Nibelungen evozieren. Weniger blutig geht es wieder im folgenden Raum (22) zu, der sich mit konkreten Gerätschaften, Rezepten und Festszenen des Mittelalters und Nibelungenlieds dem Thema Kochen und Tafeln widmet. Der Rundgang schließt mit Fragen rund um die »Herrin und Heldin« (Raum 23): Für Prunn sind einige interessante Frauengestalten konkret fassbar – aufgrund belegter Rechtsakte, die beweisen, dass auch die mittelalterliche Frau nicht ausschließlich im häuslichen Kontext zu denken ist. Vor allem aber basiert das Raumthema auf der Überschrift des Prunner Codex. Allein die Handschrift D ist mit der in Rot gefassten Überschrift tituliert: »Daz ist daz buoch Chreimhilden« – ein Heldenlied der weiblichen Protagonistin Kriemhild! Allerdings nimmt sie, ebenso wie die zweite Heldin Brünhild, viele Rollen ein: edle Königstochter, liebende Ehefrau, eifernde Gegenspielerin Brünhilds und blutrünstige »vâlandinne« (Teufelin). Dieses Zwiespältige ihrer literarischen Schilderung trug seit jeher zu unterschiedlichsten Rezeptionen bei. Die Offenheit der Auseinandersetzung mit unserem kulturellen und historischen Erbe wie die Freude an der Entdeckung solcher Schätze mögen auf diesem – gelegentlich auch augenzwinkernd gestalteten – musealen Weg gestärkt werden.

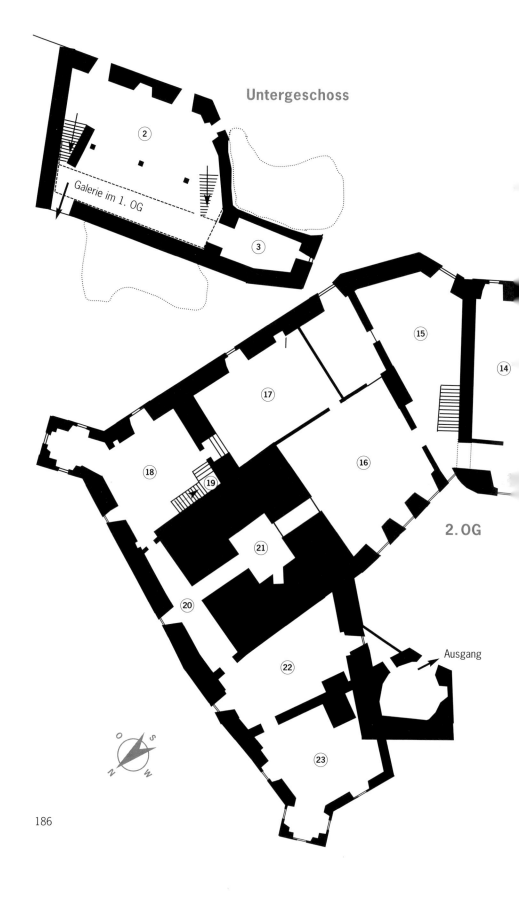

Untergeschoss

Galerie im 1. OG

2.OG

Ausgang

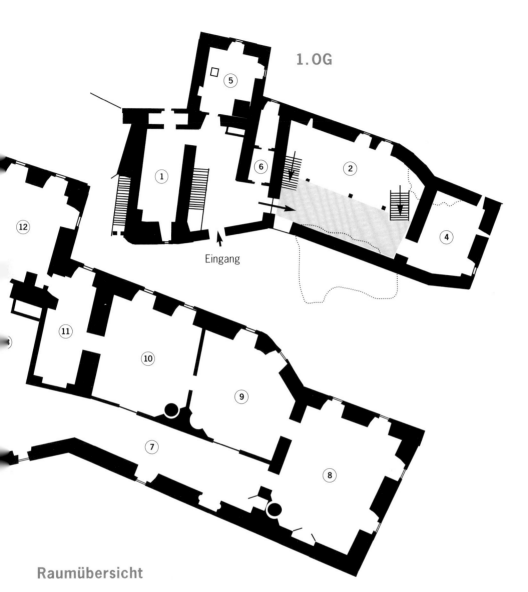

1. OG

5

1

12

6

2

Eingang

4

11

10

9

7

8

Raumübersicht

CHRONIK ZU BURG PRUNN

1037	Erwähnung eines Wernher von Prunn als hochadeliger Zeuge in einer Urkunde von Kloster Geisenfeld
um 1080	Berthold I. mehrfach belegt als Herr von Prunn-Laaber-Breitenegg
um 1200	Errichtung des Bergfrieds Prunn, Gründungsphase der Burg
1288 (15.5.)	Wernher VII. von Praiteneck verkauft seine Burg an Herzog Ludwig von Bayern um 80 Pfund Regensburger Pfennige und erhält sie als Lehen zurück. Seine Schwester Kunigunde bestätigt diesen Akt wenig später mit Ausnahme zweier Dörfer zu ihrer eigenen Verfügung. Nach dem Tod Wernhers VII. 1292 kümmerten sich vielleicht die Verwandten der Laaber-Linie auch um Prunn.
um 1312	Datierung einer hölzernen Ständerkonstruktion im »Dürnitzbau«
um 1314	Datierung der zweigeschossigen Ständerkonstruktion im »Palas« mit großem Saal im Hauptgeschoss
1338 (?)	Hans I. von Fraunberg von Haag kauft Burg Prunn.
um 1340	Umbauten zum gotischen Torbau
1347	Hans von Prunn siegelt mit anderen niederbayerischen Adeligen.
1372	Hans I. stiftet eine Frühmesse.
1381	Hans I. stirbt.
1381	Erwähnung von Ritter Hilpolt (gest. vor 1432)
1392	Bayerische Landesteilung: Prunn gehört zum Münchner Landesteil.
1403	Erste Erwähnung Martha von Laimings zu Amerang als Frau Hilpolts
1405–1478	Hans VII. von Fraunberg von Prunn, genannt der Freudige. Hans hatte viele Ämter inne, u. a. 1439–1460 Hauptmann zu Regensburg, herzoglicher Pfleger zu Riedenburg, Hofmeister; berühmter Turnierkämpfer; Ritterschlag wohl 1452 in Rom; heiratet 1429 Anna Schenk von Geyern (Sohn: Sigmund), die 1451 Etliches für die Pfarrkirche Prunn stiftet; zweite Ehe von Hans mit Margarethe von Fraunberg zu Haidenburg
um 1410	Zweigeschossige Aufstockung des turmartigen Vorbaus an der Süd-Ost-Seite der Burg zum Wohnturm (sogenannter Wohnturm mit Wandmalereien, Hinweis auf Heizung und Belichtung), Palas mit Toilettenerker
1434/37	Die Grafschaft Haag wird zum Reichslehen.
um 1450	Umbau des Bergfriedabschlusses mit vier Eckerkern
1453 (2.12.)	Hausvertrag der Fraunberger: Nur männliche Mitglieder der Familie sind erbberechtigt.
1465 (20.3.)	Erhebung der Fraunberger von Haag in den (Reichs-)Freiherrenstand durch den Kaiser, auch Hans' von Prunn

1467 (28.9.) Hans VII. übergibt seinem Sohn Sigmund und dessen frisch Angetrauter Margaretha von Aichberg »schuldenfrei« Burg Prunn als Sitz.

1476 (24.10.) »Donatio inter vivos«: Hans VI. von Fraunberg von Haag erklärt seinen Vetter Sigmund von Prunn zum Erben der Haager Linie und des Reichslehens.

1478 Hans VII. von Prunn stirbt; Grabstein in Kirche Prunn. Am 1.8. wird sein Sohn Sigmund mit Haag belehnt. Wenig später (1481) erste Erwähnung von Beiträgen in der Reichsmatrikel, also reichsunmittelbare Herrschaft mit Sitz und Stimme am Reichstag

1484 Sigmunds Sohn Wolfgang vermählt sich mit Kunigunde von Fraunberg von Haag. Sigmund übergibt ihnen Prunn als Wohnsitz. Kunigunde wohnt hier bis zu ihrem Tod im hohen Alter (1557). Die Ehe bleibt kinderlos.

1491 Beschädigung Prunns im Löwlerkrieg (durch Truppen Herzog Albrechts IV.) mit nachfolgenden Baumaßnahmen zur Instandsetzung; Versöhnung Wolfgangs mit dem bayerischen Herzog 1493

1509 (31.5.) Erhebung Sigmunds und seiner Söhne Wolfgang und Leonhard in den Grafenstand

1521 Sigmund stirbt. Im Testament vererbt er den Enkeln Ladislaus (1505–1566) und Leonhard III. (gest. 1541) die Grafschaft ungeteilt; die Enkelinnen werden finanziell abgefunden.

1529 Ladislaus verfällt der Reichsacht; Einzug seiner Güter (inkl. Prunn)

1534 Umbauten im südlichen Keller der »Dürnitz«

1551 Maria Salome, die erste Gattin Ladislaus' aus dem protestantischen Hause Baden, stirbt. Ladislaus selbst konvertiert 1556, die Grafschaft wird 1559 protestantisch.

1555 Ladislaus vermählt sich in zweiter Ehe mit Emilia Gräfin de Piis und Carpi, einer Verwandten des Herzogs von Ferrara – ein finanzieller und genealogischer Reinfall, da die Ehe fürchterlich fehlschlägt und eine Scheidung nicht ermöglicht wird.

1555 Lehensexpektanz: Herzog Albrecht V. von Bayern erhält die schriftliche Zusage des Kaisers, dass an ihn die Reichsgrafschaft Haag als Lehen fällt, falls Ladislaus ohne legitimen männlichen Erben stirbt.

1557 Ladislaus wird von Albrecht V. widerrechtlich entführt und nur gegen hohes Lösegeld freigelassen.

1566 Mit Ladislaus, der keine legitimen männlichen Erben hat, sterben die Fraunberger von Haag zu Prunn aus.

1567	Burg Prunn fällt an den bayerischen Herzog Albrecht V. Erbschaftsansprüche werden in Kompromiss- und finanziellen Lösungen beigelegt. Nachlassverwalter ist u. a. der ehemalige Vormund von Ladislaus' Nichten, Joachim Graf von Ortenburg. In Haag und auch auf Burg Prunn werden – teilweise erhaltene – Verzeichnisse erstellt über die hinterlassenen Güter.
um 1567	Wiguläus Hund besucht Prunn und entdeckt wohl bei dieser Gelegenheit den »Prunner Codex«.
1570 (30.5.)	Herzog Albrecht V. verkauft Schloss und Hofmark Prunn an den herzoglichen Rat Karl Köckh zu Bodenmais und Mauerstetten um 18 000 Gulden, der auch als Montanunternehmer erfolgreich ist.
1575	Schenkung des Prunner Codex an Herzog Albrecht V.
1592 (20.11.)	Karl Köckh stirbt, sein Sohn Christoph erbt Prunn.
1596/97	Christoph Köckh erwirbt das Hammerwerk Neuenkehrsdorf und baut in der Folgezeit Werk und Flusswege aus.
ab 1604	Errichtung des Tor- und Kemnatenbaus durch Christoph Köckh und seine Frau Maria von Lerchenfeld (bis 1631)
1621	Verkauf von Hammerwerk und Lehendrittel Aicholding an Karl Köckh zu Prunn
1629	Schuldbrief Karl Köckhs, wird 1635 weitergegeben
1636	Der Besitz von Prunn geht an Heinrich Köckh über, die Güter sind in kriegsbedingt schlechtem Zustand.
1646	Die überschuldete Hofmark wird von Feldmarschallleutnant Georg von Truckmiller gekauft.
1649	Ausbruch der Pest auch auf Prunn
1668	Testament Sebastian Denichius', Weihbischof in Regensburg: Das Ingolstädter Jesuitenkolleg erbt seinen Nachlass.
1671	Sebastian Denichius stirbt.
1672 (28.5.)	Ankauf von Schloss und Hofmark Prunn durch den Ingolstädter Jesuitenrektor Jacob Rassler um 31 000 Gulden
1673	Erneuerung des Dachstuhls über dem Palas
1676–1692	Erneuerung des Dachstuhls über der Kapelle und der »Dürnitz«, 1692 Inschrift Ostseite Wachturm
ab 1700	Umbau Kapelle (siehe 1701, Stich von Michael Wening mit Abbildung der Burg/von Schloss Prunn unter den Jesuiten)
1718	Erneuerung der Zugbrückenkonstruktion
1773	Aufhebung des Jesuitenordens

1781	Übernahme von Prunn durch den Malteserorden bayerischer Zunge; Verbleib bis zu dessen Auflösung 1822
ab 1823	Prunn befindet sich in Staatsobhut und -besitz; ab 1826 Restaurierungsmaßnahmen auf nachdrücklichen Einsatz König Ludwigs I. hin
1829	Teilweise öffentliche Versteigerung von zum Schloss gehörigen Mobilien
1853	Reparaturmaßnahmen an Dach und Fassade
1860	Früheste erhaltene Pläne der Burg (1857–1860 Inventarisierung des mobilen wie immobilen Bestands durch die kgl. Baubehörde Hemau, ergänzt 1893)
um 1890	Sorgfältige Restaurierung unter Regierungspräsident Ziegler und Kreisbaurat Bernatz
1912 (4.7.)	Absturz der nordwestlichen Stützmauer
1919	Treffen der »neudeutschen Pfadfinder« auf der Burg Prunn; das Treffen endete mit dem »Prunner Gelöbnis«.
1922 (6.–8.8.)	Zionistischer Bundestag auf Schloss Prunn; Gründung der »Prunner Armee«, hervorgegangen aus der deutsch-jüdischen Jugendbewegung »Blau-Weiß«
1946	Übernahme durch die Bayerische Schlösserverwaltung; Maßnahmen zur Sanierung, veranlasst von Rudolf Esterer
1950/51	Außen und innen ist die Burg durchgehend »instand gesetzt«; verantwortliche Referentin: Luisa Hager
2003	Jüngste Fassadensanierung
2010	Dachstuhlsanierung
2012	Eineinhalb Geschosse des Palas werden baulich ertüchtigt für eine museale Neupräsentation (ab Mai).

KURZFASSUNG DES INVENTARS AUS DER ZEIT UM 1567

BAYHSTA, MÜNCHEN, GL HAAG 16, LIT B, KÄA 554, FOL. 476–481: [478R] VERTZAICHNUS DER VARNUS ZU PRUNN [AUSZUG]

Im Frauen Zimer
III allte … Tebicht

Am Fletz
XIX Halbarten
IIII Knöblspies
I altarlaichter
Ain Hirschkhörn

In der Duornitz
I alte messin Harken puchsen
War Am flötz ein allte messinge harkenpuchs unnd etliche allte fürnem pögen

In der Kirchen
Ein Cassten darInnen
II hölzerne vergullte Prusstbpilder mit heiltumb
II klaine vergulte Prustpild
I tafel Darin die heiltumb verzeichnd
I vergulter hölzerner gend arm
I vergulte Monstranzen darInnen S. Catarina oel
I zinener kelch
I kupferne vergulte Monstrantz mit heiltumb
II zinen Opfer kandl
I funeral
I verpaintes Truchelein mitt hailltumb
[478v] II Khorröckh
IIII Meßgewandter sambt irer zugehrer
I Alltartuch mit pleben cronnen

Auff dem Altar …

In Graff Lenhartens Camer
I Casten darInnen 2 rotte schamlotts messgewandt
I schwartz schamlots meßgewand mit seiner Zugeherd
I schwartz Sammetten Decke uber ein Par
II Schwartz schamlottene Dam' [Dalmatiken?] P[et?]

I schwartzer Sameter Vesper man[tel]
I Gamosierter Damastener Vespermantel
I weisser Vespermantl
I Khorröckh
XIIII Messgewanter mit irer Zugehorung
...
[479r] x Weiß Alben mit Irer Zugehoren Etlich Pristerhembden
I Schächtlein mit Agnus dei doj unnd Hailtumb

In der Fellsstuben
VIII allte Tebicht Mer in d' Camer dara'
VII gar allt verdorben mauspressige unteugliche tebicht

Auff dem Fletz vor dem haber Cassten
I allte Uhr mit Irer zugeherd

In der Camer ab der Kirchen
II Vesslein mit Pulfer

Auff dem Poden vnd Casstn
(div. Schaff und Metzen für Korn, Weizen, Gerste, Hafer u. a.)

Im gewelb
Alle briefflichen Urkund umb prunn
I silberne Monstrantzen mit hagischen wapen
[479v] I Monstranzen darInnen Kelig paich & petat mit fraunbergsch
unnd hagischen wapen
I Kupfernes ubergultes Kreutz
I silberner vergulter Kelch
I Silberner vergulter Kelch samt der paten mit eisenhofer wapen
I kleine monstrantzen mit zway hagischen wapen mer
XXIII Sturmbhauben …

In der Thurnitz Camern
II Schellen zur gefenkhnus
IIII allte harnisch
Eisen mühl Keten ...

Im Speis gewelb
VI vasslein ...

Im Camerl ab dem Thurn
I guter Eyssener herd
I handtmühl

[480r] *Im Keller*
IIII Eimer Bairischwein ...

Im Pairhoff
III Wagen roß
II Sättl
III Khumeter
I Eisner maulkorb
II Wagen Keten
I Sam Kaste
I Peill ...
II Eisen pickl
I futtertruhen ...
III wägen
III Pflueg
V Holzschlitten
II Egen
I Krautprett
II Schmidstuhl
I Reuttern

In der Stuben
II Hellhapfen

Im Stall
(zahlreiche Milchkühe, Stier, Kälber, (480v) Kühe, Schwein, Ferkel, Mastschwein, Schafe, Hammel, Lämmer)

STAATL. BAUAMT LANDSHUT, 13365
HAUSINVENTAR DES BERGSCHLOSSES IN PRUNN [AUSZUG]

1857 über Benutzung und Unterhaltung der Staatsgebäude

Im Jahre 1823/24 mit der Gesamt-Comende Prunn, gelangte das Schloßgebäude Prunn mit Schlosskapelle von Herrn Grafen von Waldkirch im Abtretungswege an den Staat.

Beschreibung des Aeußeren
Plastische Bilder und Statuen fehlen. Wappen mit Schimmel, Steinwappen
Alle Seiten dem Wind ausgesetzt.

Kellergeschoss
1. Keller im Schloßhofe
2. Holzlege mit Gang
3. weitere Holzlege
4. Pferdestall

Erdgeschoss
5. Einfahrt
6. Gewölbe links der Einfahrt
7. Zimmer rechts der Einfahrt
8. Vorplatz
9. Gesindekammer
10. Küche
11. Speise
12. Holzlege
13. Abort
14. Vorplatz
15. Gewölbe
16. Gesindekammer
17. Vorplatz
18. Küche
19. Heu- und Strohlege
20. kleinere Strohlege

I. Stock

21. Vorplatz
22. Kammer
23. Zimmer
24. Kammer
25. Römerturm mit einer Thüre mit Füllungen
26. Vorplatz
27. Erkerzimmer mit 2 in Stein gemeißelten Wappen mit der Jahreszahl 1604.
28. Gang
29. Schlosskapelle
30. Zimmer
31. Küche
32. Zimmer
33. Zimmer
34. Zimmer

II. Stock

35. Saal

Dachgeschoss

36. Speicherraum
Dachkammer
Römerthurm b

Hofraum mit Ziehbrunnen

Garten mit Schlossgraben

Kamine

Glocken

Schlüssel: 24 Stück

LITERATURVERZEICHNIS

AK ADEL IN BAYERN 2008
Kat. Ausst. Rosenheim/Hohenaschau 2008: Adel in Bayern. Ritter, Grafen, Industriebarone. Hrsg. von Wolfgang Jahn u. a., Augsburg 2008

AK BURG UND HERRSCHAFT 2010
Kat. Ausst. Berlin 2010: Burg und Herrschaft. Hrsg. von Hans Ottomeyer, Rainer Atzbach und Sven Lüken, Dresden 2010

AK DAS FRÜHE PORTRÄT 2006
Kat. Ausst. Basel: Das frühe Porträt. Aus den Sammlungen des Fürsten von und zu Liechtenstein und dem Kunstmuseum Basel. Hrsg. von Stephan Kemperdick, München u. a. 2006

AK DAS FÜRSTENTUM DER OBEREN PFALZ 2004
Kat. Ausst. Amberg 2004: Das Fürstentum der Oberen Pfalz. Ein wittelsbachisches Territorium im Alten Reich. Hrsg. von Karl-Otto Ambronn und Maria-Rita Sagstetter, München 2004 (Ausstellungskataloge der Staatlichen Archive Bayerns, Beiheft 46)

AK GLANZ UND ENDE DER ALTEN KLÖSTER 1991
Kat. Ausst. Benediktbeuern 1991: Glanz und Ende der alten Klöster. Säkularisation im bayerischen Oberland. Hrsg. von Josef Kirmeier und Manfred Treml, München 1991 (Veröffentlichungen zur Bayerischen Geschichte und Kultur 21)

AK IL GOTICO NELLE ALPI 2002
Kat. Ausst. Trient 2002: Il Gotico nelle Alpi 1350–1450. Hrsg. von Enrico Castelnuovo und Francesca De Gramatica, Trient 2002

AK DIE JESUITEN IN INGOLSTADT 1991
Kat. Ausst. Ingolstadt 1991/1992: Die Jesuiten in Ingolstadt 1549–1773. Hrsg. von Karl Batz u. a., Ingolstadt 1991

AK MYTHOS BURG 2010
Kat. Ausst. Nürnberg 2010: Mythos Burg. Hrsg. von Ulrich Großmann, Dresden 2010

AK DIE RITTER 2003
Kat. Ausst. Speyer 2003: Die Ritter. Geschichte, Kultur, Alltagsleben. Hrsg. von Andreas Schlunk und Robert Giersch, Stuttgart 2003

AK ROMANTIK UND RESTAURATION 1987
Kat. Ausst. München 1987: Romantik und Restauration. Architektur in Bayern zur Zeit Ludwigs I. 1825–1848. Hrsg. von Winfried Nerdinger, München 1987

AK VON KAISERS GNADEN 2005
Kat. Ausst. Neuburg: Von Kaisers Gnaden. 500 Jahre Pfalz-Neuburg. Hrsg. von Suzanne Bäumler, Evamaria Brockhoff und Michael Henker, Regensburg 2005

AK »VORWÄRTS, VORWÄRTS SOLLST DU SCHAUEN ...« 1986
Kat. Ausst. Nürnberg 1986: »Vorwärts, vorwärts sollst Du schauen ...«. Geschichte, Politik und Kunst unter Ludwig I. Katalog zur Ausstellung. Hrsg. von Johannes Erichsen und Michael Henker, München 1986 (Veröffentlichungen zur Bayerischen Geschichte und Kultur 8)

ALBRECHT 1995
Albrecht, Uwe: Der Adelssitz im Mittelalter. Studien zum Verhältnis von Architektur und Lebensform in Nord- und Westeuropa, München 1995

AMBRONN 2004
Ambronn, Karl-Otto: Das Territorium des Fürstentums der Oberen Pfalz von seinen Anfängen bis zum Ende des Alten Reiches. In: AK Das Fürstentum der Oberen Pfalz 2004, S. 29–42

APPL/KÖGLMEIER (Hrsg.) 2010
Appl, Tobias/Köglmeier, Georg (Hrsg.): Regensburg, Bayern und das Reich. Festschrift für Peter Schmid zum 65. Geburtstag, Regensburg 2010

ARENTZEN/RUBERG (Hrsg.) 2011
Arentzen, Jörg/Ruberg, Uwe (Hrsg.): Die Ritteridee in der deutschen Literatur des Mittelalters. Eine kommentierte Anthologie. 2. Auflage, Darmstadt 2011

ARNOLD 1993
Arnold, Paul M.: Landshuter Ritter von der Gotik bis heute, Landshut 1993 (Hans-Leinberger-Heft 3)

AUER 1998
Auer, Johann: Altwege im Landkreis Kelheim. Die Geschichte der Fernstraßen von den Anfängen bis zum 19. Jahrhundert, Abensberg 1998 (Weltenburger Akademie, Schriftenreihe 2.20)

AUER 2008
Auer, Johann: Befestigungen und Burgen im Landkreis Kelheim vom Neolithikum bis zum Spätmittelalter, Abensberg 2008 (Weltenburger Akademie, Schriftenreihe 2.27)

BATTS (HRSG.) 1971
Batts, Michael S. (Hrsg.): Das Nibelungenlied. Paralleldruck der Handschriften A, B und C nebst Lesarten der übrigen Handschriften, Tübingen 1971

BECHTOLD 2000
Bechtold, André: Die andere Seite der Minne. Erotische Wandkritzeleien auf Schloss Runkelstein. In: Stadt Bozen (Hrsg.) 2000, S. 203–215

BECKER 1977
Becker, Peter Jörg: Handschriften und Frühdrucke mittelhochdeutscher Epen. Eneide, Tristrant, Tristan, Erec, Iwein, Parzival, Willehalm, Jüngerer Titurel, Nibelungenlied und ihre Reproduktion und Rezeption im späteren Mittelalter und in der frühen Neuzeit, Wiesbaden 1977

BERGBAU- UND INDUSTRIEMUSEUM OSTBAYERN (Hrsg.) 1987
Bergbau- und Industriemuseum Ostbayern (Hrsg.): Die Oberpfalz, ein europäisches Eisenzentrum. 600 Jahre große Hammerinnung. Bd. 1: Aufsätze, Amberg 1987 (Schriftenreihe des Bergbau- und Industriemuseums 12/1)

BILLER/GROSSMANN 2002
Biller, Thomas/Großmann, Ulrich G.: Burg und Schloss. Der Adelssitz im deutschsprachigen Raum, Regensburg 2002

BINDER 2006
Binder, Armin: »In der Liberi vill, vill, unzelich vill Puch«. Das Benediktinerkloster Kastl und seine Bibliothek. In: Bibliotheksforum Bayern 34 (2006), S. 74–91

BOOS 1998
Boos, Andreas: Burgen im Süden der Oberpfalz. Die früh- und hochmittelalterlichen Befestigungsanlagen des Regensburger Umlandes, Regensburg 1998 (Regensburger Studien und Quellen zur Kulturgeschichte 5)

BRUSCHIUS 1553
Bruschius, Caspar: De laureaco veteri admodumque celebri olim in Norico civitate, et de Patavio Germanico ac utriusque loci archiepiscopis ac episcopis omnibus, Basel 1553

BUMKE 1996
Bumke, Joachim: Die vier Fassungen der »Nibelungenklage«. Untersuchungen zur Überlieferungsgeschichte und Textkritik der höfischen Epik im 13. Jahrhundert, Berlin/New York 1996

BUMKE 1997
Bumke, Joachim: Höfische Kultur. Literatur und Gesellschaft im hohen Mittelalter. 8. Auflage, München 1997

BUZÁS 1972
Buzás, Ladislaus: Geschichte der Universitätsbibliothek München, Wiesbaden 1972

DENDORFER/DEUTINGER (Hrsg.) 2010
Dendorfer, Jürgen/Deutinger, Roman (Hrsg.): Das Lehnswesen im Hochmittelalter. Forschungskonstrukte – Quellenbefunde – Deutungsrelevanz, Ostfildern 2010

DOBLER 2002
Dobler, Gerald: Die gotischen Wandmalereien in der Oberpfalz. Mit einem Exkurs zu den Malereien in der ehemaligen Freien Reichsstadt Regensburg, Regensburg 2002

DOMANSKI/KRENN 2000
Domanski, Kristina/Krenn, Margit: Die profanen Wandmalereien im Westpalas, in: Stadt Bozen (Hrsg.) 2000, S. 51–98

DUNNER 1971
Dunner [Dünner], Joseph: Zu Protokoll gegeben. Mein Leben als Deutscher und Jude, München u. a. 1971

EBHARDT 1939
Ebhardt, Bodo: Der Wehrbau Europas im Mittelalter. Versuch einer Gesamtdarstellung der europäischen Burgen. Bd. 1, Berlin 1939

EBNER 1969
Ebner, Herwig: Das freie Eigen. Ein Beitrag zur Verfassungsgeschichte des Mittelalters, Klagenfurt 1969

EINZINGER VON EINZING 1762
Einzinger von Einzing, Johann Martin Maximilian: Bayerischer Löw. Das ist Historisches und Heraldisches Verzeichniß der Bayerischen Turnierer und Helden. Bd. 2, München 1762

EMMERLING 2005
Emmerling, Sonja: Hadamar von Laber und seine Liebesdichtung »Die Jagd«, Regensburg 2005 (Forum Mittelalter 2)

FISCHER/SCHMID 1996
Fischer, Manfred F./Schmid, Elmar D.: Burg Prunn. Amtlicher Führer. 8. Auflage, München 1996

FLECKENSTEIN (Hrsg.) 1986
Fleckenstein, Josef (Hrsg.): Das ritterliche Turnier im Mittelalter. Beiträge zu einer vergleichenden Formen- und Verhaltensgeschichte des Rittertums, Göttingen 1986 (Veröffentlichungen des Max-Planck-Instituts für Geschichte 80)

VON FRAUNBERG 1913
von Fraunberg, Ludwig: Erläuterungen zum Stammbaum der Herren von Fraunberg zum Hag und zu Fraunberg. In: Frankfurter Blätter für Familiengeschichte 6 (1913), S. 161–171

VON FREYBERG (Hrsg.) 1836
von Freyberg, Maximilian (Hrsg.): Regesta sive Rerum Boicarum Autographa. Bd. V, München 1836

VON FREYBERG (Hrsg.) 1838
von Freyberg, Maximilian (Hrsg.): Regesta sive Rerum Boicarum Autographa. Bd. VII, München 1838

FRIEDRICH 1932
Friedrich, Karl: Die Steinbearbeitung in ihrer Entwicklung vom 11. bis zum 18. Jahrhundert, Augsburg 1932

GREBE U. A. 2005
Grebe, Anja u. a.: Burg Runkelstein, Regensburg 2005 (Burgenführer 20)

VON GUMPPENBERG 1856
von Gumppenberg, Ludwig Albert Freiherr: Geschichte der Familie von Gumppenberg, Würzburg 1856

HABBEL 1921
Habbel, Franz Ludwig: Die Weltpfadfinderbewegung, Regensburg 1921

HACKESCHMIDT 1997
Hackeschmidt, Jörg: Von Kurt Blumenfeld zu Norbert Elias. Die Erfindung einer jüdischen Nation, Hamburg 1997

HÄFNER/SCHORER 2010
Häfner, Klaus/Schorer, Fabian: Die Stuckdecken der Renaissanceschlösser von Neuburg/Donau und Höchstädt/Donau – ein technologischer Vergleich. In: Stuck des 17. und 18. Jahrhunderts. Geschichte – Technik – Erhaltung. Ergebnisse einer internationalen Fachtagung des Deutschen Nationalkomitees von ICOMOS in Zusammenarbeit mit der Bayerischen Verwaltung der staatlichen Schlösser, Gärten und Seen, Würzburg, 4.–6. Dezember 2008. Hrsg. von Jürgen Pursche, Berlin 2010 (ICOMOS – Hefte des Deutschen Nationalkomitees L), S. 189–196

HAGER 1952
Hager, Luisa: Zur Instandsetzung von Burg Prunn im Altmühltal. In: Deutsche Kunst und Denkmalpflege. Hrsg. durch die Vereinigung der Landesdenkmalpfleger in der BRD. 10. Jg., München/Berlin 1952, S. 88–90

HAGER 1960
Hager, Luisa: Burg Prunn. Amtlicher Führer, München 1960

HALBRITTER 1992
Halbritter, Maximilian: Alte Häuser in Riedenburg, Riedenburg 1992

HECHBERGER 2010
Hechberger, Werner: Adel, Ministerialität und Rittertum im Mittelalter. 2. Auflage, München 2010 (Enzyklopädie deutscher Geschichte 72)

HEINZLE U. A. (Hrsg.) 2003
Heinzle, Joachim/Klein, Klaus/Obhof, Ute (Hrsg.): Die Nibelungen. Sage – Epos – Mythos, Wiesbaden 2003

HERNAD 2000
Hernad, Béatrice: Die gotischen Handschriften deutscher Herkunft in der Bayerischen Staatsbibliothek. Bd. 1: Vom späten 13. bis zur Mitte des 14. Jahrhunderts, Wiesbaden 2000 (Katalog der illuminierten Handschriften der Bayerischen Staatsbibliothek in München 5,1)

HOFMANN (Bearb.) 1906
Hofmann, Hermann Friedrich (Bearb.): Die Kunstdenkmäler von Oberpfalz & Regensburg. Heft IV: Bezirksamt Parsberg, München 1906 (Die Kunstdenkmäler des Königreichs Bayern 2)

HOFMANN/MADER (Bearb.) 1908
Hofmann, Friedrich Hermann/Mader, Felix (Bearb.): Die Kunstdenkmäler von Oberpfalz & Regensburg. Heft XIII: Bezirksamt Beilngries, II. Amtsgericht Riedenburg, München 1908 (Die Kunstdenkmäler des Königreichs Bayern 2)

HOTZ 1965
Hotz, Walter: Kleine Kunstgeschichte der deutschen Burg, Darmstadt 1965

HUND 1582
Hund, Wiguleus: Metropolis Salisburgensis continens primordia christianae religionis per Boiariam, Ingolstadt 1582

HUND 1585/1586
Hund, Wiguläus: Bayrisch Stammen Buch. Teil 1 und 2, Ingolstadt 1585/1586

JANKER 1996
Janker, Stephan M.: Grafschaft Haag, München 1996 (Historischer Atlas von Bayern, Teil Altbayern, Reihe I, Heft 59)

JEHLE 1981
Jehle, Manfred: Parsberg. Pflegämter Hemau, Laaber, Beratzhausen (Ehrenfels), Lupburg, Velburg, Mannritterlehengut Lutzmannstein, Ämter Hohenfels, Helfenberg, Reichsherrschaften Breitenegg, Parsberg, Amt Hohenburg, München 1981 (Historischer Atlas von Bayern, Teil Altbayern, Reihe I, Heft 51)

KINDT (Hrsg.) 1974
Kindt, Werner (Hrsg.): Die deutsche Jugendbewegung 1920–1933. Die bündische Zeit, Düsseldorf/Köln 1974

KLEIN 2003
Klein, Klaus: Beschreibendes Verzeichnis der Handschriften des Nibelungenliedes. In: Kat. Ausst. Karlsruhe 2003: Uns ist in alten Mären … Das Nibelungenlied und seine Welt. Hrsg. von der Badischen Landesbibliothek Karlsruhe und dem Badischen Landesmuseum Karlsruhe, Darmstadt 2003, S. 213–238

KLEIN U. A. 2003
Klein, Klaus u.a.: Die Handschriften. In: Kat. Ausst. Karlsruhe 2003: Uns ist in alten Mären … Das Nibelungenlied und seine Welt. Hrsg. von der Badischen Landesbibliothek Karlsruhe und dem Badischen Landesmuseum Karlsruhe, Darmstadt 2003, S. 188–208

KOBLER 2009
Kobler, Friedrich: Roter Ärmel und Löwlerbund. Rittergesellschaften im späten Mittelalter. In: Kat. Ausst. Landshut 2009: Ritterwelten im Spätmittelalter. Höfisch-ritterliche Kultur der Reichen Herzöge von Bayern-Landshut. Hrsg. von Franz Niehoff, Landshut 2009 (Schriften aus den Museen der Stadt Landshut 29), S. 104–112

KRAHE 2002
Krahe, Friedrich-Wilhelm: Burgen und Wohntürme des deutschen Mittelalters. Bd. 1: Burgen, Stuttgart 2002

KRATZSCH 1980
Kratzsch, Klaus: Wittelsbachische Gründungsstädte: Die frühen Stadtanlagen und ihre Entstehungsbedingungen. In: Kat. Ausst. München/Landshut 1980: Wittelsbach und Bay-

ern. Bd. 1,1: Die Zeit der frühen Herzöge. Von Otto I. zu Ludwig dem Bayern. Hrsg. von Hubert Glaser, München/Zürich 1980, S. 318–337

KRAUSEN 1950
Krausen, Edgar: Archiv der Freiherren von Gumppenberg zu Pöttmes (Landkreis Aichach), München 1950 (Inventare nichtstaatlicher Archive Bayerns, I. Regierungsbezirk Oberbayern)

VON KRENNER 1804
von Krenner, Franz: Ausführliche Geschichte des Löwlerbundes samt den wichtigeren Aktenstücken desselben. In: Ders.: Baierische Landtags-Handlungen in den Jahren 1429 bis 1513. Bd. 10: Niederländische Landtäge im Straubinger Landantheile, München 1804, S. 124–599

LANGE 2009
Lange, Gunda S.: Nibelungische Intertextualität. Generationenbeziehungen und genealogische Strukturen in der Heldenepik des Spätmittelalters, Berlin 2009

LEHNER-BURGSTALL 1920
Lehner-Burgstall, M. Josef: Burgen und Schlösser im unteren Altmühlgebiet, Riedenburg 1920

LIEBERICH 1964
Lieberich, Heinz: Landherren und Landleute. Zur politischen Führungsschicht Baierns im Spätmittelalter, München 1964

LIEBERICH 1990
Lieberich, Heinz: Die bayerischen Landstände 1313/40–1807, München 1990 (Materialien zur bayerischen Landesgeschichte 7)

LÖCHER 2002
Löcher, Kurt: Hans Mielich (1516–1573). Bildnismaler in München, München/Berlin 2002

MAGES 2010
Mages, Emma: Kelheim. Pfleggericht und Kastenvogtgericht, München 2010 (Historischer Atlas von Bayern, Teil Altbayern, Reihe I, Heft 64)

MARKT LAABER (Hrsg.) 1999
Markt Laaber (Hrsg.): Markt Laaber. Ein Streifzug durch die Geschichte des Marktes in Wort und Bild. Verfasst von Karl Hammerl, Horb am Neckar 1999

MASSER 1993
Masser, Achim: Die Iwein-Fresken von Burg Rodenegg in Südtirol und der zeitgenössische Ritterhelm. Achim Masser zum 60. Geburtstag am 12. Mai 1993. Mit einem Verzeichnis der wissenschaftlichen Schriften Achim Massers, Innsbruck 1993

MAYER 1832
Mayer, Franz Xaver: Prun an der Altmühle bei Riedenburg. In: Verhandlungen des Historischen Vereins für den Regenkreis. Bd. 1, Heft 2, Regensburg 1832, S. 152–157

MAYER 1838
Mayer, Franz Xaver: Monographien, oder topographisch-historische Ortsbeschreibungen des Landgerichts-Bezirkes Riedenburg (Ritenburg) in dem Kreise Oberpfalz und Regensburg. In: Verhandlungen des historischen Vereins für Oberpfalz und Regensburg. IV. Bd., Regensburg 1838, S. 310–319

MAYER 1892
Mayer, Manfred: Leben, kleinere Werke und Briefwechsel des Dr. Wiguleus Hundt. Ein Beitrag zur Geschichte Bayerns im XVI. Jahrhundert, Innsbruck 1892

MEISSNER 2008
Meissner, Ina: CO_2-Schneestrahlen von Bodenfunden. Seminararbeit WS 2007/2008. TU München, Lehrstuhl für Restaurierung, Kunsttechnologie und Konservierungswissenschaft (elektron. Publ.), München 2008, www.rkk.ar.tum.de/fileadmin/media_rkk/downloads/Seminararbeiten/Schneestrahlen_von_Bodenfunden.pdf (abgerufen 3.1.2012)

MEYER 1986
Meyer, Werner: Turniergesellschaften. Bemerkungen zur sozialgeschichtlichen Bedeutung der Turniere im Spätmittelalter. In: Fleckenstein (Hrsg.) 1986, S. 500–512

MONUMENTA BOICA 1777
Monumenta Boica. Bd. XIII: Monumenta Priflingensia, Weltenburgensia u. a., München 1777

MONUMENTA BOICA 1784
Monumenta Boica. Bd. XIV: Monumenta Windbergensia, Understorfensium II, Geisenfeldensia u. a., München 1784

MOSER U. A. (HRSG.) 2004
Moser, Günter/Setzwein, Bernhard/Conrad, Mathias (Hrsg.): Oberpfälzer Burgen. Eine Reise zu den Zeugen der Vergangenheit, Amberg 2004

MÜLLER 1986
Müller, Winfried: Universität und Orden. Die bayerische Landesuniversität Ingolstadt zwischen der Aufhebung des Jesuitenordens und der Säkularisation 1773–1803, Berlin 1986 (Ludovico Maximilianea Universität Ingolstadt-Landshut-München, Forschungen und Quellen 11)

MÜNCH 1984
Münch, Rudolf: Burgen und Edelsitze der Haager Geschichte, Haag 1984

MÜNCH 1987/1993
Münch, Rudolf: Das große Buch der Grafschaft Haag. Bd. 1: Urzeit bis Mittelalter. Bd. 2: Spätmittelalter 1434 bis 1522. Bd. 3: Die Zeit des Grafen Ladislaus, 1521–1566. Bd. 4: Die Zeit der Wittelsbacher, 1566–1804. Bd. 5: 1804–1978. Bd. 6: Haager Militärgeschichte, Haag 1987/1993

MÜNCH 1998
Münch, Rudolf: Die Burg Haag. Der amtliche Führer für die Grafenburg Haag, Haag 1998 (Historica Hagaensis II)

MÜNCH 2008 a
Münch, Rudolf: Die Haager »Faher« 1435–1567. In: Das Mühlrad 50 (2008), S. 91–106

MÜNCH 2008 b
Münch, Rudolf: Haager Frauen. Bd. 1: 1180–1566. Die Haager Gräfinnen, o. O. 2008

MÜNSTER 1820
Münster, Sebastian: Die sechs und dreissig Turniere, welche seit Heinrich den Vogelsteller vom Jahr 938 bis 1487 im deutschen Lande gehalten worden sind …, München 1820

NOICHL 1978
Noichl, Elisabeth: Codex Falkensteinensis. Die Rechtsaufzeichnungen der Grafen von Falkenstein, München 1978 (Quellen und Erörterungen zur bayerischen Geschichte, Neue Folge 29)

ORTH 1986
Orth, Elsbeth: Ritter und Burg. In: Fleckenstein (Hrsg.) 1986, S. 19–74

PAULA U. A. 1992
Paula, Georg/Liedke, Volker/Rind, Michael M.: Landkreis Kelheim: Ensembles, Baudenkmäler, archäologische Geländedenkmäler, München/Zürich 1992 (Denkmäler in Bayern 2.30)

PETZET 1920
Petzet, Erich: Die deutschen Pergamenthandschriften Nr. 1–200 der Staatsbibliothek in München, München 1920

PFISTERMEISTER 1974
Pfistermeister, Ursula: Burgen der Oberpfalz, Regensburg 1974 (Oberpfälzer Kostbarkeiten 2)

PIENDL 1960
Piendl, Max: Die Ritterbünde der Böckler und Löwler im bayerischen Wald. In: Unbekanntes Bayern. Burgen, Schlösser, Residenzen 5 (1960), S. 72–80

PIPER 1912
Piper, Otto: Burgenkunde. Bauwesen und Geschichte der Burgen zunächst innerhalb des deutschen Sprachgebietes. 3. Auflage, München 1912

PÖRNBACHER 1992
Pörnbacher, Karl: Burg Prunn über der Altmühl und die Nibelungenhandschrift. In: Charivari 18 (1992), S. 8–13

PRINZ 1980
Prinz, Friedrich: Die bayerischen Dynastengeschlechter des Hochmittelalters. In: Kat. Ausst. München/Landshut 1980: Wittelsbach und Bayern. Bd. 1,1: Die Zeit der frühen Herzöge. Von Otto I. zu Ludwig dem Bayern. Hrsg. von Hubert Glaser, München/Zürich 1980, S. 253–267

RAFFLER 2009
Raffler, Susanne: Bett 1 aus dem Grab des Seuta(s) in Tuna el Gebel, Ägypten. Möglichkeiten zur Ergänzung und Montage. Fallstudie SS 2009. TU München, Lehrstuhl für Restaurierung, Kunsttechnologie und Konservierungswissenschaft (masch.-schr.), München 2009

REISCHL/KNIDLBERGER 2008
Reischl, Julia/Knidlberger, Maximilian: Injektionsfähige Kittmassen zur Hinterfüllung von Fraßgängen an den Holzbalken der Grabkammer aus Tatarlı, Türkei. Fallstudie SS 2008. TU München, Lehrstuhl für Restaurierung, Kunsttechnologie und Konservierungswissenschaft (masch.-schr.), München 2008

RIEZLER 1894
Riezler, Sigmund: Zur Würdigung Herzog Albrechts V. von Bayern und seiner inneren Regierung, München 1894

RÖSENER 1986
Rösener, Werner: Ritterliche Wirtschaftsverhältnisse und Turnier im sozialen Wandel des Hochmittelalters. In: Fleckenstein (Hrsg.) 1986, S. 296–338

RÖSENER 2000
Rösener, Werner: Codex Falkensteinensis. Zur Erinnerungskultur eines Adelsgeschlechts im Hochmittelalter. In: Adelige und bürgerliche Erinnerungskulturen des Spätmittelalters und der Frühen Neuzeit. Hrsg. von dems., Göttingen 2000 (Formen der Erinnerung 8), S. 35–56

SAGSTETTER 2000
Sagstetter, Maria Rita: Hoch- und Niedergerichtsbarkeit im spätmittelalterlichen Herzogtum Bayern, München 2000

SCHEUERER 1980
Scheuerer, Franz Xaver: Die Herren von Prunn-Laaber und ihre Herrschaft von 1080 bis 1475. 2 Bde. Zulassungsarbeit Universität Regensburg, Regensburg 1980

SCHEUERER 1999
Scheuerer, Franz Xaver: Die Herren von Prunn-Laaber und ihre Herrschaft von 1080–1475. In: Markt Laaber (Hrsg.) 1999, S. 21–66

SCHLERETH 1926
Schlereth, Eduard: Die ehemalige Grafschaft Haag. Geschichtlicher Überblick, Watzling 1926

SCHMID 1996
Schmid, Alois: Kelheim. Die Stadt am Fluß, Stuttgart 1996 (Bayerische Städtebilder, Altbayern)

SCHMID 1999
Schmid, Alois: Kelheim in der Zeit der frühen Wittelsbacher, Abensberg 1999 (Weltenburger Akademie 2,21)

SCHNEIDER 2009
Schneider, Karin: Gotische Schriften in deutscher Sprache. Bd. 2: Die oberdeutschen Schriften von 1300 bis 1350, Wiesbaden 2009

SCHROTT 2003
Schrott, Georg: »Der unermässliche Schatz deren Bücheren«. Literatur und Geschichte im Zisterzienserkloster Waldsassen, Berlin 2003 (Studien zur Geschichte, Kunst und Kultur der Zisterzienser 18)

SCHÜTTE 1994
Schütte, Ulrich: Das Schloß als Wehranlage. Befestigte Schloßbauten der frühen Neuzeit im alten Reich, Darmstadt 1994

SCHWENNICKE (HRSG.) 1984
Schwennicke, Detlev (Hrsg.): Europäische Stammtafeln. Neue Folge 3/1: Herzogs- und Grafenhäuser des Heiligen Römischen Reiches und andere europäische Fürstenhäuser, Marburg 1984

SCHWENNICKE (HRSG.) 1988
Schwennicke, Detlev (Hrsg.): Europäische Stammtafeln. Neue Folge 5/2: Standesherrliche Häuser, Marburg 1988

SEIBERT 2010
Seibert, Hubertus: Non predium, sed beneficium esset ... Das Lehnswesen im Spiegel der bayerischen Privaturkunden des 12. Jahrhunderts. In: Dendorfer/Deutinger (Hrsg.) 2010, S. 143–163

SIEGHARDT 1956
Sieghardt, August: Burgen und Schlösser im Donau- und Altmühltal. Im Raum von Regensburg, Ingolstadt, Kelheim, Riedenburg, Schambachtal, Dietfurt, Beilngries, Eichstätt, Pappenheim. Mit Hinweisen auf alle übrigen Sehenswürdigkeiten. 2., verbesserte Auflage, Regensburg 1956

SIEGHARDT 1977
Sieghardt, August: Oberpfalz. Landschaft, Geschichte, Kultur, Kunst und Volkstum. 4., verbesserte Auflage, Heroldsberg 1977

SPINDLER 1988
Spindler, Max: Handbuch der bayerischen Geschichte. Bd. 2: Das Alte Bayern. Der Territorialstaat vom Ausgang des 12. Jahrhunderts bis zum Ausgang des 18. Jahrhunderts. 2. Auflage, München 1988

SPINDLER 1995
Spindler, Max: Handbuch der bayerischen Geschichte. Bd. 3,3: Geschichte der Oberpfalz und des bayerischen Reichskreises bis zum Ausgang des 18. Jahrhunderts. Neu hrsg. von Andreas Kraus. 3. Auflage, München 1995

SPITZLBERGER 1993
Spitzlberger, Georg: Das Herzogtum Bayern-Landshut und seine Residenzstadt 1392–1503, Landshut 1993

STADT BOZEN (Hrsg.) 2000
Stadt Bozen (Hrsg.): Schloss Runkelstein. Die Bilderburg. Unter Mitwirkung des Südtiroler Kunstinstitutes, Bozen 2000

STEINBERG 1911
Steinberg, Ludwig: Die Gründung der baierischen Zunge des Johanniterordens. Ein Beitrag zur Geschichte der Kurfürsten Max II. Emanuel, Max III. Joseph und Karl Theodor von Baiern, Berlin 1911

STEVENS 2003
Stevens, Ulrich: Burgkapellen. Andacht, Repräsentation und Wehrhaftigkeit im Mittelalter, Darmstadt 2003

STRAUB 1701
Straub, Johann Lucas: Historico-Topographica Descriptio Bavariae. Erster Thail, München 1701

THEOBALD 1914
Theobald, Leonhard: Die Einführung der Reformation in der Grafschaft Ortenburg. Erster Teil, Leipzig/Berlin 1914 (Beiträge zur Kulturgeschichte des Mittelalters und der Renaissance 17)

THEOBALD 1927
Theobald, Leonhard: Joachim von Ortenburg und die Durchführung der Reformation in seiner Grafschaft, München 1927 (Einzelarbeiten aus der Kirchengeschichte Bayerns 6)

THOMAS 1993
Thomas, Heinz: Ludwig der Bayer (1282–1347). Kaiser und Ketzer, Regensburg 1993

THOMAS 2007
Thomas, George E.: In schwarzen Nebeln. Historische und Kriminelle Erzählungen aus der Region, Ingolstadt 2007

TYROLLER 1962
Tyroller, Franz: Genealogie des altbayerischen Adels im Hochmittelalter, Göttingen 1962 (Genealogische Tafeln zur mitteleuropäischen Geschichte 4)

UHL 1999
Uhl, Stefan: Buckelquader. In: Burgen in Mitteleuropa. Ein Handbuch. Bd. 1: Bauformen und Entwicklung. Hrsg. von der Deutschen Burgenvereinigung e. V., Stuttgart 1999, S. 217–219

VON VOITH 1841
von Voith, Ignaz: Der Hammer zu Aicholting oder der Hammer Neuenkerstorf, statistisch-historisch-topographisch beschrieben. In: Verhandlungen des Historischen Vereins der Oberpfalz Jg. 6, Heft 1 (1841) S. 4–67

WATSON 1963
Watson, Robert F. E.: Manuscript D of the Nibelungenlied and Klage (Cgm 31). In: Euphorion 57 (1963), S. 272–291

WENING 1701
Wening, Michael: Burg Prunn. In: Historico-Topographica Descriptio. Erster Thail, München 1701

WIESE 1972
Wiese, Hermann: Exlibris aus der Universitätsbibliothek München. Anläßlich der Fünfhundertjahrfeier der Universität Ingolstadt-Landshut-München zusammengestellt und erläutert, München 1972

WOLF 2004
Wolf, Norbert: Der Herzog von Berry und die reiche Kunst der Gotik. Mit einem Beitrag von Umberto Eco. Hrsg. von Ingo F. Walther, Luzern 2004

ZARNCKE 1856
Zarncke, Friedrich: Zum Nibelungenlied. 1. Die zweite Münchener Handschrift. In: Germania. Vierteljahrsschrift für deutsche Althertumskunde 1 (1856), S. 202–207

ZEUNE 1999 a
Zeune, Joachim: Bayern. In: Burgen in Mitteleuropa. Ein Handbuch. Bd. 2: Geschichte und Burgenlandschaften. Hrsg. von der Deutschen Burgenvereinigung e. V., Stuttgart 1999, S. 181–188

ZEUNE 1999 b
Zeune, Joachim: Burg Prunn. In: Burgen in Bayern. 7 000 Jahre Burgengeschichte im Luftbild. Hrsg. von Peter Ettl u. a., Stuttgart 1999, S. 174 f.

ZEUNE 2000 a
Zeune, Joachim: Burg Runkelstein durch die Jahrhunderte. Burgenkundliche und baugeschichtliche Marginalien. In: Stadt Bozen (Hrsg.) 2000, S. 31–47

ZEUNE 2000 b
Burgen und Schlösser. Deutschland 2. Auflage, Regensburg 2000

QUELLENVERZEICHNIS

■ BAYHSTA MÜNCHEN

GL Haag 16, Lit B
Grafschaft Ortenburg Urkunden O 1189/1, O 1197/1, U 1085, UP 1200, UO 1143, U0 1158
GU Haag 1066
Ingolstadt-Jesuiten: 6. Februar 1432, 30. April 1453, 8. Dezember 1456, 18. Dezember 1456, 20. Dezember 1456, 28. Januar 1462, 29. November 1536, 23. Januar 1560, 30. Mai 1570, 2. März 1577, 15. November 1579, 12. Juli 1581, 1. März 1611, 14. April 1621, 26. April 1621, 31. März 1622, 18. März 1629, 15. Juni 1636, 22. Januar 1647, 3. Oktober 1650, 29. August 1654, 22. Mai 1668, 7. Januar 1675
Jesuitica 1058, 1776, 1777, 1778, 1808, 1809, 1812
KÄA 531, 533 f., 544, 551 f., 554–556, 558, 561 f., 571 f.
KL Geisenfeld 8
KL Weyarn 1
Kurbayern Geheimes Landesarchiv 1170
Kurbayern Urkunden 2691, 2802, 2825, 2828, 2831, 2833 f., 15018, 21921, 21930, 23191, 23461, 23471 f., 24065, 24098, 24127, 24138, 24144, 24197, 24682, 30765, 31242 f., 32222, 32273, 32329, 36401 (früher Kaiserselekt 775)
MF 55923, 59119
MK 51129/17
Monumenta Weltenburgensia Codex Traditionum, Fotobd. 44, Weltenburg 1
Plansammlung 3343

■ BSV MÜNCHEN, ARCHIV BAUDOKUMENTATIONEN DER BAUABTEILUNG

Brütting 2011
Brütting, Georg: Dendrochronologischer Bericht Schloss Prunn (KEH). Holzdecken im Wachstubenturm etc., Ebermannstadt 2011

Dresen 2006
Dresen, Peter: Bauhistorische Untersuchung an Dächern und Kellern von Schloss Prunn im Altmühltal, Bamberg 2006

Eißing 2006
Eißing, Thomas: Dendrochronologische Datierung Tür Bergfried Schloss Prunn nach 1509 ohne Waldkante. Herstellungszeitpunkt um 1520. Untersuchungsbericht Otto-Friedrich-Universität Bamberg, Institut für Archäologie, Bauforschung und Denkmalpflege, Bamberg 2006

Hofmann 2011
Hofmann, Jutta: Dendrochronologische Altersbestimmung Jahrringlabor Hofmann, Nürtingen 2011

Mayer 1996
Mayer, Claus-Peter: Befunduntersuchung auf Raumfassungen und Restaurierung der Decken- und Wandflächen. Neufassung, Bericht und Dokumentation der Arbeiten, Regenstauf 1996

■ **BSV MÜNCHEN, PLANARCHIV DER BAUABTEILUNG**

PR.01.04.00001–PR.01.04.00008

■ **FAMILIENBESITZ DER FRAUNBERG VON FRAUNBERG**

Archivbd. V, 2

■ **STA AMBERG**

Acta der Baubehörde Hemau – Bauinspektion Regensburg 134
Häuser- und Rustikalsteuerkataster Riedenburg 9
Hofmark Prunn KR 1–14, KR 20–23, KR 27, KR 29
Katasterverzeichnis Riedenburg 582
Oberpfalz Urkunden 549
Regierung der Oberpfalz 8919
Regierung des Regenkreises, Kammer des Inneren 2067, 9759
Rentamt Riedenburg 1837–51
Häuser- und Rustikalsteuerkataster Riedenburg 9
Hofmark Prunn KR 1–14, KR 20–23, KR 27, KR 29

ABKÜRZUNGSVERZEICHNIS

Abb. ▪ Abbildung
AK ▪ Ausstellungskatalog
Anm. ▪ Anmerkung
Anm. d. Verf. ▪ Anmerkung des Verfassers/der Verfasserin
BayHStA ▪ Bayerisches Hauptstaatsarchiv München
Bd., Bde. ▪ Band, Bände
Bearb. ▪ Bearbeiter(in)
bes. ▪ besondere, besonders
bspw. ▪ beispielsweise
BSV ▪ Bayerische Verwaltung der staatlichen Schlösser, Gärten und Seen, München
bzw. ▪ beziehungsweise
ca. ▪ circa
cm ▪ Zentimeter
d ▪ dendrochronologisch
ders. ▪ derselbe
dt.-röm. ▪ deutsch-römischer
ebd. ▪ ebenda
elektron. Publ. ▪ elektronische Publikation
evtl. ▪ eventuell
f. ▪ folgende
fl. ▪ Gulden
fol. ▪ Folio
gest. ▪ gestorben
hl. ▪ heilige(r)
hrsg. ▪ herausgegeben
Hrsg. ▪ Herausgeber(in)
inkl. ▪ inklusive
insbes. ▪ insbesondere
Inv. Nr. ▪ Inventarnummer
Jg. ▪ Jahrgang
Jh. ▪ Jahrhundert

kol. ▪ kolorierte(r)
Lkr. ▪ Landkreis
masch.-schr. ▪ maschinenschriftlich
OG ▪ Obergeschoss
o. O. ▪ ohne Ort
r ▪ recto
S. ▪ Seite(n)
St. ▪ Sankt
StA ▪ Staatsarchiv
u. a. ▪ unter anderem
Übers. d. Verf. ▪ Übersetzung des Verfassers
usw. ▪ und so weiter
v ▪ verso
v. a. ▪ vor allem
vgl. ▪ vergleiche
z. B. ▪ zum Beispiel

PERSONENREGISTER

ABBILDUNGSNACHWEIS

Die Angaben »links«, »Mitte«, »rechts«, »oben«, »unten« werden nur gemacht, sofern sich auf einer Seite Abbildungen verschiedener Urheber oder Herkunft befinden.

Archäologisches Museum der Stadt Kelheim im Herzogskasten (Bernd Sorkan): S. 13 ▪ Bayerische Schlösserverwaltung (Konrad Rainer, Salzburg), München: U1, S. 8 ▪ Bayerische Schlösserverwaltung (Andrea Gruber, Rainer Herrmann, Maria Scherf u. a.), München: S. 6, 17, 18, 28, 43, 120, 122 (re.), 133, 134 (Mitte), 135, 139 (u.), 141 (re. u.), 153 (re.), 183 ▪ Bayerische Schlösserverwaltung (Sebastian Karnatz, Uta Piereth), München: S. 40, 124, 126, 127, 128, 129 (o. und u. li.), 131, 132, 134 (o. und u.), 136 (re.), 138, 142, 149, 150, 151 (re.) ▪ Bayerische Schlösserverwaltung (Alexander Wiesneth), München: S. 60, 62 (li.), 64 (Mitte), 67 (re. u.), 68, 69 (o. und li. u.), 70 (o.), 74 (u.), 75 (li.), 76, 77 (re.), 85, 86, 88, 91 ▪ Bayerische Schlösserverwaltung (Heiko Oehme), München: S. 61, 62 (re.), 63, 64 (o. und u.), 66, 70 (u.), 74 (o.), 75 (re.), 77 (li.), 79, 80, 81, 82, 84, 87, 92, 152 ▪ Bayerische Schlösserverwaltung (Franz Wollschläger), München: S. 69 (re. u.), 72 (u.), 89 ▪ Bayerische Schlösserverwaltung (Planarchiv), München: S. 94–109 ▪ Bayerische Schlösserverwaltung (Susanne Raffler, T. Weis), München: S. 118 ▪ Bayerische Schlösserverwaltung (Susanne Raffler), München: S. 121, 122 (links) ▪ Bayerische Staatsbibliothek, München: S. 3, 128, 137, 143, 166–167, 168, 172, 175, 184, U4 ▪ Bayerische Staatsgemäldesammlungen, München: S. 30 ▪ Bayerisches Hauptstaatsarchiv, München: S. 11, 14, 21, 36–37, 56, 136 (links) ▪ Bayerisches Landesamt für Denkmalpflege, München: S. 54, 59, 65 ▪ Bayerisches Nationalmuseum, München: S. 33, 39 ▪ bpk / Agence Photographique de la Réunion des musées nationaux et du Grand Palais des Champs-Elysées: S. 148 (rechts) ▪ Expositurkirche Unserer Lieben Frau, Schambach-Prunn (Foto: Andrea Gruber, Maria Scherf, Bayerische Schlösserverwaltung, München): S. 22 ▪ Herzogskasten Stadtmuseum Abensberg (Foto: Rainer Herrmann, Bayerische Schlösserverwaltung, München): S. 10 ▪ Hofmann (Bearb.) 1906: S. 67 (li.), 71 (u.) ▪ Hofmann/Mader (Bearb.) 1908: S. 72 (o.) ▪ Sebastian Karnatz/Uta Piereth, München: S. 26, 129 (re. o.), 177 ▪ Landesamt für Vermessung und Geoinformation, München: S. 34, 57, 141 (li.) ▪ Rudolf Münch, Forschungsgruppe Reichsgrafschaft Haag: S. 139 (o. und Mitte), 140 (o.), 141 (re. o.) ▪ Museen der Stadt Regensburg, Historisches Museum: S. 90, 93 ▪ Museo Castello del Buonconsiglio: S. 148 (li.) ▪ Nürnberg Luftbild/Hajo Dietz: S. 58 ▪ Stefan Reicheneder, Ruhstorf a.d. Rott: S. 140 (u.) ▪ Sammlung der Fürsten von und zu Liechtenstein, Vaduz – Wien: S. 31 ▪ Stadt Bozen (Foto: Augustin Ochsenreiter): S. 144, 145, 146, 147, 151 (li.) ▪ Alexander Wiesneth, München: S. 67 (re. o.), 71 (o.), 73, 83 ▪ Annika Zeitler, Regensburg: S. 153 (li.), 154, 155, 156, 157, 158, 159, 160, 161

Wir haben uns bemüht, nach bestem Wissen alle Quellen und Nachweise vollständig und richtig anzugeben. Sollte uns ein Fehler unterlaufen sein, bitten wir die Betroffenen, sich mit uns in Verbindung zu setzen.

Graphische Bearbeitung Grundriss: Florian Raff

FORSCHUNGEN ZUR KUNST- UND KULTURGESCHICHTE

SIGRID SANGL: Das Bamberger Hofschreinerhandwerk im 18. Jahrhundert; München 1990 (Hardcover)

GERHARD HOJER: Die Prunkappartements Ludwigs I. im Königsbau der Münchner Residenz; München 1992 (Hardcover)

HORST H. STIERHOF: »das biblisch gemäl«. Die Kapelle im Ottheinrichsbau des Schlosses Neuburg an der Donau; München 1993 (Broschur)

ARNO STÖRKEL: Christian Friedrich Carl Alexander. Der letzte Markgraf von Ansbach-Bayreuth, 2. Auflage, im Bildteil ergänzt und erweitert; Ansbach 1998 (Hardcover)

GERHARD HOJER (Hrsg.): Bayerische Schlösser – Bewahren und Erforschen; München 1996 (Hardcover)

INGO TOUSSAINT: Lustgärten um Bayreuth. Eremitage, Sanspareil und Fantaisie in Beschreibungen aus dem 18. und 19. Jahrhundert; Georg Olms Verlag, Hildesheim 1998 (Hardcover)

CHRISTIAN DÜMLER: Die Neue Residenz in Bamberg. Bau- und Ausstattungsgeschichte der fürstbischöflichen Hofhaltung im Zeitalter der Renaissance und des Barock; Kommissionsverlag Degener & Co., Neustadt/Aisch 2001 (Hardcover)

HENRIETTE GRAF: Die Residenz in München. Hofzeremoniell, Innenräume und Möblierung von Kurfürst Maximilian I. bis Kaiser Karl VII.; München 2002 (Hardcover)

VERENA FRIEDRICH: Rokoko in der Residenz Würzburg. Studien zu Ornament und Dekoration des Rokoko in der ehemaligen fürstbischöflichen Residenz zu Würzburg; München 2004 (Hardcover)

AMANDA RAMM: Die Grüne Galerie in der Münchner Residenz von 1737 bis 1836; München 2009 (Hardcover)

Vorsatz: Decke (Detail), Herrschaftsraum, Burg Prunn

Umschlag, Vorderseite: Burg Prunn, Blick von der Altmühl

Umschlag, Rückseite: Das Nibelungenlied und die Klage, Handschrift D, fol. 1v–2r
(Bayerische Staatsbibliothek, München, Cgm 31)

Bayerische Schlösserverwaltung:
Forschungen zur Kunst- und Kulturgeschichte Bd. XI
ISBN 978-3-941637-15-3

1. Auflage
© Bayerische Verwaltung der staatlichen Schlösser,
Gärten und Seen, München 2012

Projektleitung: Kathrin Jung
Lektorat: Katrin Horvat, München
Graphische Gestaltung: Barbara Markwitz, München
Lithographie: Reproline Genceller, München
Druck: Bosch Druck GmbH, Landshut
Printed in Germany